INSTITUIÇÕES DE DIREITO E PROCESSO PENAL

Dados Internacionais de Catalogação na Publicação (CIP)
(Câmara Brasileira do Livro, SP, Brasil)

Bettiol, Giuseppe
   Instituições de direito e processo penal / Giuseppe Bettiol, Rodolfo Bettiol ; tradução por Amilcare Carletti. – 1ª ed. – São Paulo : Editora Pillares, 2008.

   Título original: Istituzioni di diritto e procedura penale.
   "Correspondente a 7ª edição italiana com apêndice de atualização."
   Bibliografia.

   1. Direito penal 2. Processo penal I. Bettiol, Rodolfo. II. Título.

08-02168

CDU –343
 –343.1

Índices para catálogo sistemático:
1. Direito penal   343
2. Direito processual penal   343.1

ISBN: 978-85-89919-56-2

GIUSEPPE BETTIOL   RODOLFO BETTIOL

INSTITUIÇÕES DE DIREITO E PROCESSO PENAL

1ª Edição

Correspondente à 7ª edição italiana
com apêndice de atualização

Tradução por
Amilcare Carletti

São Paulo – 2008

© Copyright by Giuseppe and Rodolfo Bettiol 2000 and 2001
© Copyright 2008 by Editora Pillares Ltda.

Conselho Editorial:
Armando dos Santos Mesquita Martins
Gaetano Dibenedetto
Ivo de Paula
José Maria Trepat Cases
Luiz Antonio Martins
Wilson do Prado

Tradução:
Amilcare Carletti

Revisão:
Daniela Medeiros Gonçalves

Editoração
Style Up – Bruno Weissmann

Capa:
Triall Composição Editorial Ltda.

Editora Pillares Ltda.
Rua Santo Amaro, 586 – Bela Vista
Telefones: (11) 3101-5100 – 3105-6374 – CEP 01315-000
E-mail: editorapillares@ig.com.br *Site:* www.editorapillares.com.br
São Paulo – SP

TODOS OS DIREITOS RESERVADOS. Proibida a reprodução total ou parcial, por qualquer meio ou processo, especialmente por sistemas gráficos, microfílmicos, fotográficos, reprográficos, fonográficos, videográficos. Vedada a memorização e/ou a recuperação total ou parcial, bem como a inclusão de qualquer parte desta obra em qualquer sistema de processamento de dados. Essas proibições aplicam-se também às características gráficas da obra e a sua editoração. A violação dos direitos autorais é punível como crime (art. 184 e parágrafos, do Código Penal, cf. Lei nº 10.695/2003) com pena de prisão e multa, conjuntamente com busca e apreensão e indenizações diversas (Lei nº 9.610, de 19.02.1998).

Impresso no Brasil

*A meu filho Rodolfo
no qual revivem o nome e o espírito
do seu inesquecível avô.*

Sumário

Prefácio de atualização à Sétima Edição 11
Prefácio à Sétima Edição 13
Prefácio à Sexta Edição 15
Prefácio à Quinta Edição 17
Prefácio à Quarta Edição 19
Prefácio à Terceira Edição. 21
Prefácio à Segunda Edição 23
Prefácio à Primeira Edição 25

Primeira Parte

Capítulo 1
Noções Introdutórias 29
1. Introdução Metodológica 29
2. Direito Penal e Filosofia do Direito 31
3. Noções Sistemáticas sobre o Reato 38

Capítulo 2
Direito Penal e Política Criminal 47
1. O Classicismo Penal 47
2. O Positivismo Criminológico 51
3. As Correntes Diretas para Superamento
   do Contrato 54

Capítulo 3
Direito Penal e Orientações Políticas 59
1. O Liberalismo e a Codificação Ocidental 59
2. O Empirismo Utilitarista Anglo-Saxão. 66
3. O Marxismo e o Direito Penal. 69
4. O Totalitarismo Penal. 74
5. Democracia e Direito Penal 76

Capítulo 4
As Codificações Italianas 81
1. O Código Penal Zanardelli e o Projeto Ferri. 81
2. O Códico Rocco de 1931 e as Reformas Parciais . . . 85
3. A Constituição Italiana de 1948 e o
   Problema Penal 91

Capítulo 5
Os Princípios Fundamentais do Direito Penal Vigente . . . 97
1. O Princípio de Legalidade ou de Reserva Legal 97
2. O Princípio de Objetividade Jurídica do Reato. . . . 105
3. O Princípio de Objetividade Naturalística do Reato . 109
4. O Princípio do Balanceamento dos Interesses 119
5. O Princípio da Referibilidade Psicológica
   do Fato ao Autor 122
6. O Princípio de Culpabilidade e a Liberdade
   do Querer 127
7. O Princípio de Retribuição: A Pena 139
8. O Princípio Preventivo: As Medidas de Segurança. . 153

Segunda Parte

Capítulo 1
O Processo: Fundamentos Ideológicos e Histórico-políticos 163
1. Tipologias Processuais Penais 163
2. Os Fundamentos Políticos do Processo 164
3. O Processo Inquisitório 166
4. O Processo Acusatório 167
5. O Livre Convencimento do Juiz 169

6.	Processo Penal e Verdade Processual	170
7.	O Código de Processo Penal Rocco	171
8.	As Reformas Parciais, a Crise do Código Rocco, a Primeira e a Segunda Lei Delegada para um Novo Código de Processo Penal	173
9.	A Constituição e o Processo Penal	175
10.	Convenções Internacionais	186
11.	Lineamentos do Código de Rito de 1988	187
12.	Modificações Sucessivas	190
13.	Intervenção da Corte Constitucional. Reação Parlamentar	193

Capítulo 2
Os Sujeitos do Processo 199
1. O Juiz 199
2. O Ministério Público 202
3. O Imputado 203
4. A Parte Civil, o Responsável Civil e o Civilmente Obrigado para a Pena Pecuniária 204
5. A Pessoa Ofendida pelo Reato e os Entes Exponenciais 205
6. O Defensor 206

Capítulo 3
Os Atos Processuais, as Provas, as Medidas Cautelares .. 209
1. Atos Processuais e Sanções 209
2. Provas 210
3. Medidas Cautelares 220

Capítulo 4
Dinâmica Processual: Indagações Preliminares e
Ritos Especiais 225
1. Ministério Público e "Prosseguidor" 225
2. Ministério Público e Formação da Prova 226
3. Indagações Preliminares e Ação Penal 228
4. Indagações Preliminares por Iniciativa da Polícia Judiciária 230
5. Indagações Preliminares do Ministério Público ... 233

6. Incidente Probatório 236
7. Arquivamento 238
8. Audiência Preliminar 243
9. Ritos Especiais 256

Capítulo 5
O Debate e os Epílogos Sucessivos 263
1. O Debate 263
2. A Sentença 283
3. O Processo diante do Tribunal em Composição Monocrática 284
4. As Impugnações 286
5. O Julgado 290

Apêndice de Atualização à Sétima Edição

Capítulo 1
Garantias de Efetividade do Direito de Defesa 295

Capítulo 2
Indagações Defensivas 299

Capítulo 3
Várias Modificações Legislativas 305

Capítulo 4
Lei de Atuação do Justo Processo 309

Capítulo 5
Juiz de Paz 323

Bibliografia 331

Prefácio de atualização à Sétima Edição

As importantes inovações legislativas introduzidas no final do ano 2000 e no decorrer de 2001 impuseram uma atualização da mesma atualizada sétima edição.

Particular relevo assume a *função defensiva*.

Em primeiro lugar, devem ser assinaladas as novas regras acerca da defesa de ofício visando a garantir a profissionalização e a independência do defensor de ofício.

Particular relevo assume a Lei n. 397 do dia 7 de dezembro de 2000, com a qual se introduziu no código de rito (processual) a disciplina das *indagações defensivas*, visando a garantir a paridade das partes no processo penal.

Várias modificações legislativas interessam também às medidas cautelares, às impugnações, ao juízo abreviado, aos efeitos das sentenças de aplicação da pena.

De total relevo é a Lei n. 63 do dia 1º de março de 2001, lei de atuação do "justo processo", assim como é configurado pelo artigo 111 da Constituição.

A mesma tende positivamente a *recuperar o contraditório* por meio da limitação do direito ao silêncio do imputado, que em determinadas considerações assumem a qualidade de testemunha.

Particular relevo assume o regime das *contestações do exame testemunhal*, com o qual se retorna à originária impostação do código, afirmando novamente a censura entre as indagações preliminares do juízo.

No dia 2 de janeiro de 2002 deveria iniciar a própria atividade o *Juiz de Paz.*

Trata-se de uma reforma que cria um ordenamento especial, quer no direito substancial, quer naquele do processo e que deve ser vista na própria especificidade.

Rodolfo Bettiol

Prefácio à Sétima Edição

A segunda parte desta edição mais do que atualizada foi refeita pela necessidade de expor novamente uma matéria normativa agora distante daquela originária. Além de elaborar novamente algumas partes, assumiram maior extensão necessária, na nossa opinião, para uma melhor compreensão do atormentado desenvolver-se da normativa.

Rodolfo Bettiol

Prefácio à Sexta Edição

O sucesso obtido desde a 5ª edição impôs uma rápida saída da sexta, limitada às necessárias atualizações.

Agradeço a todos os que apreciaram a obra.

A apreciação é um compromisso para maiores ampliações para o futuro.

Rodolfo Bettiol

Prefácio à Quinta Edição

As tormentosas vicissitudes que acompanharam a entrada em vigor do novo Código de Processo Penal exigem uma nova edição. Preferiu-se, em lugar de intervir sobre o texto, escrever um apósito capítulo de atualização. A escolha é devida, de um lado, a razões práticas, como aquela de evitar uma inútil fadiga de Sísifo em vista de prováveis ulteriores novelas legislativas, do outro, no âmbito de um texto destinado à Faculdade de Ciências Políticas, pareceu oportuno dar razão da atormentada vida do novo rito penal. Na verdade, se a civilização de um povo se reflete no processo penal, é bom que os jovens sejam cientes de quanto dificultosas sejam as conquistas de civilização no nosso país.

Rodolfo Bettiol

Prefácio à Quarta Edição

A atualização de uma obra jurídica é operação delicada. Uma pequena lei destrói bibliotecas inteiras em matéria normativa. Mesmo se por meio da interpretação do texto de uma lei transparecem acenos de *philosophia perennis*, as exigências didáticas não podem ficar satisfeitas dos mesmos.

O texto de *Instituições de Direito e Processo Penal*, em sua primeira parte, não está, porém, obsoleto. Ele se baseia sobre o código penal Rocco, que é substancialmente o código penal vigente, mesmo com muitas modificações.

Daqui na atualização a reprodução fiel das precedentes edições, salvo as necessárias chamadas ao novo.

Por outro lado, justamente as reservas deste Autor nas confrontações da rígida concepção ético-retribuível da pena expressa no livro exigem justamente a máxima fidelidade de reprodução do pensamento originário do Autor com o texto que se atualiza.

A próxima entrada em vigor do novo Código de Processo Penal torna, no nosso parecer, ao invés, impossível uma obra de mera atualização.

Mesmo se de fato os pensamentos e as concepções de um Autor podem transcender o dado normativo, não é possível numa obra que tem sempre uma finalidade didática distinguir o dado normativo do pensamento que o investe. A segunda parte é portanto farinha de um mais modesto saco, mas no fim cada doutrina é como uma jangada, atravessado o rio, é inútil levá-la nas costas.

Rodolfo Bettiol

Prefácio à Terceira Edição

Depois de duas reimpressões inalteradas da segunda edição (1973), sai esta terceira edição enquanto a reforma do código está ainda *in mente diabuli* e aquela do Código de Processo Penal é bloqueada para não agravar uma situação judiciária já tanto compromissada.

Agradeço de coração ao dr. Piero Longo pelo precioso auxílio que também esta vez quis me dar, permitindo dirigir-me novamente para a benevolência dos estudiosos, estudantes e colegas.

Houve, entretanto, uma tradução em língua espanhola desta obra, que demonstra desta forma a sua vitalidade também em relação a situações que se maturaram em outros países depois de experiências autoritárias.

Giuseppe Bettiol

Padova, fevereiro de 1980.

Prefácio à Segunda Edição

Depois da reimpressão inalterada da primeira edição, ocorrida em 1970, sai agora – enquanto as grandes reformas do código penal e daquele de processo penal estão ainda em fase de elaboração –, a segunda edição destas *Instituições*, atualizada com a novelística e as intervenções da Corte Constitucional.

Não achei necessário ampliar além da medida o texto, porque o considero suficiente para os estudantes de Ciências Políticas, tendo em vista a sua preparação. Prova isto a aceitação que o pequeno volume teve na Itália e no estrangeiro. Devo a respeito agradecer ao caríssimo amigo Giuseppe Guarneri pela ampla e orgânica apreciação que como seu igual quis dedicar estas *Instituições* na *Revista Italiana de Direito e Processo Penal*, e enviar um pensamento sentido e reverente à memória de Remo *Pannain*, o qual, no *Arquivo penal*, soube primeiro individualizar a estrutura e a finalidade deste trabalho.

Agradeço sensivelmente ao meu valoroso aluno e assistente dr. Piero Longo pela valiosa contribuição que me ofereceu, e confio o livro à compreensão dos estudantes, aos quais ele é dedicado, e dos colegas.

Giuseppe Bettiol

Padova, maio de 1973.

Prefácio à Primeira Edição

Certamente mais de um leitor maravilhar-se-á do fato de que eu deva publicar um curso de "Instituições de Direito e Processo Penal" depois das recentes análogas publicações de Leone, de Pisapia, de Conso, de Tesauro e de outros ilustres autores. Entendo perfeitamente isto. Mas é que cada um de nós tem uma fisionomia e uma orientação cultural. Se o meu "direito penal", feito para os juristas, tende a superar o conceito de reato como instituto puramente técnico-jurídico para indagar sobre a função ético-política das categorias da dogmática penalística, com maior razão estas minhas "Instituições", feitas para os estudantes da Faculdade de Ciências Políticas, são levadas a considerar o reato, a pena e o processo sob um perfil que chamaria problemático – como melhor direi no texto – no sentido que estes fenômenos da vida social são vistos e discutidos em termos prevalentemente político-culturais. Dogmática jurídica e política não se apresentam mais como planos sobrepostos sem contatos entre si, mas como momentos ou aspectos de um fenômeno que confluem todos para uma visão unitária também complexa do mesmo. O porque das coisas em seu dever histórico pode ser mais útil de um conhecimento imóvel e formal da "coisa em si", especialmente para os estudiosos de Ciências Políticas. E o direito penal é também uma política! Quanto menos a história recente o tem dramaticamente demonstrado.

Dado o caráter do volume, suspendi as notas bibliográficas. Limitei-me a indicar somente num elenco a literatura italiana e estrangeira essencial para o direito penal e processual penal, sem todavia renunciar a lembrar no texto opiniões de alguns Autores quando isto me pareceu indispensável ou particularmente significativo.

E agradeço a Molari, Calvi e Scanferla por toda ajuda que me deram.

Giuseppe Bettiol

Padova, agosto de 1966.

Primeira Parte

CAPÍTULO 1

Noções Introdutórias

1. INTRODUÇÃO METODOLÓGICA

Um estudo institucional do direito penal para os estudantes da Faculdade de Ciências Políticas não pode ser impostado e levado adiante com finalidades *dogmáticas*, assim como acontece com os estudantes da Faculdade de Jurisprudência. Estes últimos precisam, sobretudo, conhecer as estruturas técnicas das normas penais, o reato como instituto jurídico, a pena como conseqüência jurídica: tudo deve, outrossim, ser inserido num *sistema conceitual* no âmbito do qual cada síngula noção deve encontrar a sua posição e a sua explicação em relação lógico-formal com todas as outras. É verdade que hoje o formalismo de uma metodologia nominalística que teve grande sucesso na Itália com CARNELUTTI, de 1930 a 1960, deve ser considerado superado porque não adapta para colher a natura e a função dos conceitos penalísticos: mas de qualquer forma – também naquele no qual se queira interpretar teleologicamente o conceito jurídico – no campo das pesquisas estritamente jurídicas domina a exigência da *sistematicidade* do pensamento científico, no âmbito da qual os conceitos e os princípios (dogmas) se desatam e se dispõem segundo as regras da lógica clássica. O conceito síngulo deve ser inserido no todo e os conceitos "base" devem funcionar de suporte para os conceitos "vértice" num conjunto harmônico e ordenado. Antinomias e contradições devem ser possivelmente eliminadas pelo construtor de conceitos para o operador jurídico, ou quando muito suportar como legado histórico que a evolução dos tempos não conseguiu ainda eliminar ou superar. Toda a história da dogmática penalística – desde quando o direito penal adquiriu consciência de si – é dominada de uma tal exigência sistemática (quer lógica, quer teleológica) que é, em todo caso, indispensável ao jurista para pôr em ordem os seus conceitos, pois na ordem se manifesta o pensamento científico se não quer acabar no confuso e no indistinto. Que desta forma, com este proceder para com as generalizações e o esquematizar sempre mais geral, se chegue a perder o contato com a matéria cultural e com as últimas noções do direito penal, está na natureza mesma do processo mental. Quem dogmatiza abstrai e, na abstração, ordena. Este se coloca, mesmo só em sentido tendencioso, em contraste com uma visão ou interpretação histórico-cultural dos problemas de fundo do direito penal. A exigência sistemática faz perder a característica *problemática* ao pensamento penalístico que está em relação com a história, com a cultura, com os contrastes, com o ambiente, com os choques de interesses, para com o drama da vida. Em síntese, a sistematicidade do pensamento jurídico faz perder de vista a substância e a origem política dos problemas, das doutrinas, das construções mentais típicas do jurista. E é próprio isto que, ao invés, interessa particularmente ao político e ao estudioso dos problemas políticos. Que a antijuridicidade seja uma nota formal do reato ou um seu elemento, que ela se distinga ao menos da tipicidade de fato ou da culpabilidade do sujeito agente é coisa de indubitável importância, mas mais importante ainda para o estudioso de doutrinas políticas é saber em que coisa propriamente a antijuridicidade se traduza e como ela reaja sobre a noção do reato conforme se inicie de uma interpretação liberal ou marxista da história. Devemos tocar as razões últimas do pensamento jurídico que são políticas e, portanto, *problemáticas,* como com razão PETTOELLO escreveu. Não se trata mais de sistematizar mais ou menos impecavelmente os conceitos entre si, mas de colher a razão última dos conceitos sob seu perfil cultural, político, jurídico. Eis porque um tratado mesmo institucional do direito e do processo penal para os estudantes de ciências políticas precisa de uma impostação diversa daquela que é necessária em outros setores do conhecimento. E a este método nós vamos nos ater no nosso breve tratado.

2. DIREITO PENAL E FILOSOFIA DO DIREITO

O nosso tratado "problemático" deve, em todo caso, sair de uma experiência de direito positivo. Nós devemos iniciar pelos códigos penais vigentes, de 1931, em parte já retocados ou reformados depois da queda da ditadura fascista que os tinha expresso. Estes códigos formarão o ponto de partida das nossas investigações, com o escopo de chegar a um conhecimento de seu conteúdo sobre a base dos problemas e das orientações ideológicas que fazem surgir. Mas é também evidente que tudo deve ser inscrito na *cultura* do nosso tempo em relação às necessidades de ordem espiritual e política que o nosso tempo exprime.

Um fato emerge claramente do fundo da nossa convicção e das experiências feitas nos últimos quarenta anos tão atormentados de história: estamos diante de uma *crise da positividade do direito*. A proposição que só o direito seja o direito positivo, isto é, aquele expresso pela vontade do Estado, enquanto ainda a meio século era um dogma intocável para o operador jurídico, hoje é fortemente cortada e discutida. Os apreços que ela exprimia, isto é, a certeza do direito e a segurança jurídica, cedem lugar a uma mais sentida exigência de justiça para as situações nas quais a pessoa humana pode se encontrar. E com a justiça também uma exigência de verdade. É suficiente pensar as vicissitudes e os problemas que fizeram surgir o processo de Norimberga contra os criminosos de guerra para tornar-se ciente, por exemplo, que a apelação do superior para a ordem que vincula não vale se esta ordem não é substancialmente legítima, isto é, se ele não corresponde a uma efetiva exigência de justiça para o respeito dos direitos da pessoa. "Direitos invioláveis", como sanciona o art. 2 da Constituição italiana, que com tal expressão abre uma janela sobre uma ordem jurídica que o direito positivo não cria, mas *reconhece*. Surge, então, o tão discutido problema do poder de um *direito natural* que preexiste àquele positivo, que serve para corrigir os endereços, encher as lacunas, ligar a norma positiva a uma sede de valores éticos que se colocam como imperativos absolutos. Sobre a insuficiência ou sobre a incapacidade do direito positivo, depois das trágicas experiências de sistemas que se confiam cegamente ao poder exclusivo do direito positivo, fala-se hoje de uma crise da positividade do direito e de um *renascimento do direito natural*. E é sobretudo o político que disso deve tomar atitude, se quer penetrar nas mais íntimas exigências de uma participação jurídica inserida no nosso tempo tão áspero e dramático pelas contradições pelas quais é dominado e quase submerso. Nós entendemos que o chamamento ao direito natural – depois da longa dominação do direito positivo e da dogmática formalista – coloca problemas muito delicados. E os coloca porque do direito natural – elaborado pela filosofia do direito – podemos ter diversas impostações e interpretações, as quais podem levar a resultados entre si em contradição. Também a doutrina jurídica nacional-socialista nos anos 1933-45 apelava a um "seu" direito natural que se manifestava na exigência suprema de manter intacta a pureza racial do povo alemão para o qual toda outra exigência – e assim o respeito da dignidade e liberdade do homem – se devia pelo caso ser sacrificada. Mas se nós entendemos por direito natural somente aquelas tendências filosóficas as quais diante do superpoder da coletividade estatal, social, racial ou classista se põem como exigências de *salvaguarda* para a ameaçada liberdade individual, podemos individuar ainda hoje e considerar ainda agora presentes no pensamento filosófico três concepções do direito natural que encontram suas raízes no pensamento *iluminístico,* na *tradição escolástica, na visão existencialística do homem*. E se também sob o perfil especulativo as diferenciações são substanciais, sobre o terreno prático todas as três acabam por exigir que a pessoa humana tenha uma dimensão jurídica que o Estado ou o coletivo não podem sacrificar *ad nutum*. Bastarão a respeito breves acenos.

O direito natural do Iluminismo, que vive e opera ainda no pensamento político de fundo liberal, é derivação direta do *racionalismo absoluto* do século XVIII. Ele, em nome da razão humana (abstratamente entendida), procurava elaborar e deduzir de alguns princípios gerais toda uma série de proposições jurídicas que deviam ser consideradas válidas em si e *per si* e deviam servir de qualquer forma como modelo para os esquemas e proposições do direito positivo, naquele tempo ainda rude e áspero, e no campo penal e processual penal em contraste com exigências de respeito à pessoa humana. O choque com a história é e era inevitável, porque a história assim como se tinha manifestado tinha sido para o homem uma história de lágrimas e de sangue. Não era da história, do ambiente, das articulações da vida que o direito devia deduzir a razão de ser, pois tudo isto era fonte espúria e intoxicada. A razão, a racionalidade abstrata, devia ser a matriz de um direito soberano que se punha como modelo para as futuras legislações para que viessem ao encontro da *exigência de liberdade* da pessoa humana. E é sobre este momento da liberdade que o jusnaturalismo iluminístico põe particularmente o acento; e é desta idéia que as reformas dos códigos penais e processuais penais tomaram o impulso. O mérito da filosofia iluminista foi principalmente aquele de ter sido um estímulo para a reforma de legislações arcaicas e freqüentemente cruéis. Se também é verdade que as esquemáticas são, todavia, sempre modelos abstratos, tais modelos são indispensáveis quando se põe mão numa obra de reforma visando a um substancial melhoramento da situação jurídica. E podemos dizer logo que o jusnaturalismo iluminista influenciou fortemente a ideologia da escola clássica, a qual, por meio de todo o século XIX, foi a sua exigência de liberdade, encabeçando o progresso legislativo e científico.

A esta impostação racionalístico-abstrata do Iluminismo se contrapõe uma outra concepção deduzida também ela da natureza racional do homem, mas mais próxima – pelo menos na sua impostação clássica – a fundamentais exigências de caráter histórico-social. É a concepção tomística ou escolástica do direito natural, surgida antes daquela iluminística e que, em razão de uma impostação concreta a qual reconhece significado ao dever no quadro das relações sociais, exerce ainda hoje um forte influxo entre os estudiosos de orientação cristã. Se a lei positiva não está em harmonia com a lei moral *iam non est lex sed corruptio legis,* tratando-se daquela parte da lei moral que toca o momento social, vale dizer aquele das relações intersubjetivas as quais devem desatar-se com base nas exigências de justiça. Afirma SÃO TOMÁS que a justiça é princípio de coordenação nas relações entre mais sujeitos: *cum justitia ordinetur ad alterum, non est circa totam materiam virtutis moralis, sed solum circa exteriores actiones et res, secundum quandam rationem objecti specialem, prout scilicet secundum eas unus homo alteri coordinatur*. E DANTE nos dirá que o direito é assim *proportio hominis ad hominem*. Não se trata, no âmbito de uma tal concepção (remetemos às páginas de GIORGIO DEL VECCHIO), de desenvolver todo um sistema abstrato de normas e de princípios ao qual referir de vez em vez a realidade jurídica e histórica para verificar concordâncias ou dissonâncias, mas de interpretar em termos de "justiça" as experiências positivas, a justiça sendo a virtude social por excelência à qual devem adequar-se as ações do homem que incidem na esfera de um outro homem. Estamos – para usar a expressão de OLGIATI – diante de uma redução do conceito de direito para o conceito de justiça. E sobre este conceito mais do que sobre aquele de liberdade que o acento é colocado, mesmo não esquecendo que, quando nas relações intersubjetivas a justiça é observada, a dignidade e, portanto, a liberdade da pessoa humana é implicitamente respeitada. Leiam-se a respeito as páginas de OPOCHER no seu escrito penetrante e esclarecedor do seu conceito de justiça.

Uma impostação escolástica, que ao lado do momento estático vê também aquele dinâmico do direito, favorece a evolução histórica do direito (também penal) rumo a formas sempre mais aderentes a uma idéia de "proporção" e nos oferece um critério de medida, especialmente em período de emergência, para avaliar como injusta uma norma do direito positivo. O direito natural, neste contínuo esforço de harmonizar a realidade histórica com a idéia de justiça, é inseparável da natureza racional do homem e fundamento da sua liberdade responsável. Sem querer criar esquemáticas abstratas que bloqueiam o curso da história, a teoria do direito natural assim entendida nos oferece um válido critério de avaliação dos tipos concretos de legislações penais. Estamos diante também de *uma fonte substancial* do direito penal positivo, isto é, diante de uma exigência à qual deve submeter-se a vontade do legislador que não queira acabar no arbítrio e na violência. Ela assim se torna uma garantia de liberdade no reconhecimento da dignidade da pessoa humana, cuja salvaguarda deve ser o termo fixo de cada legislação.

Temos acenado a uma *concepção existencialística* do direito natural e ao seu significado no direito penal. É sabido que a filosofia do existencialismo sobre o plano histórico apareceu como uma violenta reação ao idealismo absoluto das correntes hegelianas, que queriam hierarquicamente inserir o homem no Eu transcendental em cujo âmbito somente ele acabaria por ser valorizado. Sobre o plano prático o homem individual seria apenas uma transeunte manifestação empírica do espírito objetivo por cujas vicissitudes históricas acabaria por ser arrastado. Mas o existencialismo colocou-se não somente contra a concepção dialética, que faz do dever histórico o único centro de criação e de valor na vida, mas também contra aquelas concepções ligadas a uma exacerbante elaboração lógico-sistemática dos conceitos de fundo positivista, onde também a individualidade é sufocada não pelas espirais de um sistema em evolução, mas pelas concatenações lógicas de um sistema rígido. O homem acabaria por ser avaliado somente no sistema; fora dele é irreconhecível.

Tanto o idealismo absoluto quanto as formas de interpretação da vida de exacerbante fundo lógico-sistemático fizeram perder a idéia concreta do homem, o valor e o significado da sua singular individualidade. Basta lembrar BENEDETTO CROCE, para o qual "o único ator da história é o espírito do mundo, que procede por criações de obras síngulas, mas não tem como seus empregados e cooperadores os indivíduos, os quais, na realidade, são uma coisa só com as obras individuais que se atuam e, tirados fora delas, são sombras de homens, vacuidades que parecem pessoas". Ao passo que o existencialismo – estado do ânimo, talvez, mais do que doutrina – em todas as suas tendências fez levar próprio sobre a pessoa, esforçando-se assim em arrancá-la das posições negativas nas quais tinha sido injustamente e longamente confinada. Sobre o plano do método lógico-jurídico uma tal tendência leva, por sua natureza, à ruptura de todo sistema que não seja puramente praxeológico, insistindo sobre a prioridade dos conceitos síngulos ou individuais nos quais a riqueza da vida diretamente se manifesta; e sobre o terreno da filosofia do direito o existencialismo, com a valorização da síngula pessoa humana, é levado a avaliar com menor intensidade a eficácia e o significado do sistema do direito positivo, especialmente quando diante de um conflito de deveres do homem, chamado para *escolher,* opere uma escolha de valores que pode não corresponder àquela do direito positivo vigente. E a tal propósito que se fala de um direito natural existencialisticamente entendido, como apelação do indivíduo para os valores morais que urgem na sua consciência no momento de uma escolha responsável. E é nesse sentido que WÜRTENBERGER fala de um renascimento do direito natural depois das trágicas experiências de uma sistemática jurídica positiva que tinha aniquilado a pessoa com suas exigências morais. É bem verdade que no âmbito de uma tal impostação anti-sistemática pode existir um caminho aberto para a irracionalidade, a solidão individual, a anarquia social. Há tendências existencialísticas que, interpretando unilateral e paroxisticamente as exigências individuais, chegaram a um radical individualismo que nega todo vínculo moral heterônomo e todo liame social; trata-se, porém, de tendências marginais que não devem ser generalizadas em seus resultados. Se fosse assim, todo o direito sairia transtornado, também o direito natural que, todavia, é um metro e portanto uma regra de avaliação. A conseqüência seria um niilismo que, por sua vez, por ironia da sorte, se tornaria sistemático destruindo as premissas anti-sistemáticas das quais parte. Mas, como dissemos, o existencialismo sobre o plano histórico foi só uma força de ruptura contra os sistemas transcendentais ou panlogísticos, e sobre o plano metodológico se põe como um estado de ânimo que quer dar novamente à pessoa humana a posição e o significado que lhe dizem respeito. Dogmaticamente falando, se ele apresenta um ponto fixo, isto é dado pela *posição focal da pessoa humana* concretamente entendida no conjunto dos corpos sociais em que ela se desenvolve e vive. Posição focal que pode assumir também, como no existencialismo cristão, um valor absoluto o metafísico; mas que pode limitar-se, como no existencialismo historicista anti-hegeliano, a identificar na pessoa o valor cultural supremo num dado momento histórico. De qualquer forma, é todavia sempre a pessoa humana ao centro de cada avaliação; por isso o existencialismo apresentou-se e se apresenta ainda como um movimento de restauração de valores pessoais concretos que tinham-se perdido. Como bem disse WÜRTENBERGER na sua clássica obra sobre "A situação espiritual da ciência penal na Alemanha", não é que por meio da experiência existencialística que o direito positivo fique mortificado ou feito em pedaços. Embora se saia de uma posição final da pessoa humana, esta não está isolada sobre o plano histórico e concreto. Vivendo em sociedade, é evidente que deverá aceitar aquelas regras consolidadas de vida social nas quais se exprime o direito positivo. Trata-se de achar uma legitimação autêntica para o poder estadual que exprime as normas do direito positivo, assim como se trata de interpretar novamente a exigência jusnaturalística do respeito à dignidade humana. "Relativamente aos outros ramos do direito – diz WÜRTENBERGER – o direito penal é caracterizado pelo fato de que nele os pensamentos centrais do jusnaturalismo são desenvolvidos da maneira mais pura. De fato, uma de suas tarefas mais elevadas consiste em não perder nunca de vista o respeito para a pessoalidade do homem, concebida como sua liberdade de decisão moral". Todavia, o direito não é algo de "impróprio" relativamente à natureza humana porque não é na solidão que o homem vive e se aperfeiçoa, mas sim no quadro de uma sociabilidade a qual o leva uma vocação natural para reencontrar nas articulações da mesma as condições mais favoráveis para o desenvolvimento moral e social da sua *individualidade*. Esta consideração preeminente da individualidade não pode e não deve levar à desesperada solidão ideológica e moral de algumas exacerbações do existencialismo, mas a uma inserção ordenada do homem num complexo social aberto para o reconhecimento da sua dignidade. E quando um conflito surge entre a rígida sistematicidade dogmática de um ordenamento positivo que gostaria de plasmar o homem e a sua consciência "à sua imagem e semelhança" e a problemática da consciência individual levada ao respeito de supremas exigências éticas, são a estas que no drama concreto, em nome de um jusnaturalismo existencial, deve ser dado reconhecimento.

3. Noções Sistemáticas sobre o Reato

Se é mesmo verdade que aos políticos interessa o direito penal sob o perfil "problemático", algumas noções de caráter "sistemático" são, todavia, sempre necessárias para poder compreender os aspectos políticos do fenômeno jurídico "reato". Dissemos antes de tudo que o reato é um *ato ilícito,* entendendo-se com isto um ato que contraria uma proibição jurídica fornecida de sanção ou conseqüência jurídica. O ato ilícito como tal se contrapõe ao *ato lícito,* isto é, àquele que se concretiza por meio de um sujeito privado *(negócio jurídico)* em vista de um seu interesse pessoal ou por um funcionário público *(ato devido)* para um interesse público (ex.: sentença do magistrado ou ato administrativo do oficial público). Trata-se, por meio do ato lícito, de consentir com a vontade privada de operar no mundo do tráfico jurídico em termos de propulsão social, ou com a vontade de um órgão do Estado de operar em vista do bem ou do útil geral. Trata-se, portanto, de atividades dirigidas à realização ou ao gozo de bens ou interesses. O ato ilícito, ao invés, é um ato visando à destruição ou à negação de um bem ou de um interesse privado ou público. Ele não tem natureza de propulsão e, portanto, positiva, mas determina um arresto no desenvolvimento ordenado da vida social. Se o ato como tal agride um interesse privado porque viola uma obrigação contratual, como o não adimplemento de uma obrigação (ex.: não restituição de uma quantia tida a mútuo), ou uma obrigação extracontratual, como um dano culposo de um bem patrimonial alheio, estamos no campo *do ilícito civil,* que traz como sua conseqüência uma sanção civil, isto é, o ressarcimento dos danos causados ou a restituição do que foi tirado. Se ao invés o ato é cumprido por um funcionário público e é tal que compromete o prestígio da administração pública ou lesa interesses legítimos ou expectativas de terceiros, estamos no campo *do ilícito administrativo* ou também *disciplinar,* que determina a aplicação de uma sanção administrativa (ex.: suspensão do grau ou do salário, censura). Se o ato, enfim, é tal que lesa interesses para cujo sustento está interessada toda a sociedade política e juridicamente organizada, enquanto a lesão do interesse ou do bem agride as condições fundamentais da vida social, estamos no campo *do ilícito penal*. Isto constitui *ratione materiae*, a forma mais intensa de ilícito, e traz como conseqüência uma sanção que se chama pena; esta, dada a natureza dos interesses violados, não pode assumir características satisfatórias ou reparadoras, mas deve ser de retribuição e aflitiva. Nós devemos estudar este último ilícito.

O que é o "reato"? É preciso logo advertir que o termo reato é de gênero, porque no nosso ordenamento o reato se cinde no "delito" e na "contravenção". Todavia, embora estejam vivas sob o perfil político as tendências que gostariam de confinar as contravenções no campo dos ilícitos administrativos e tirar do código penal, ontologicamente não subsiste nenhuma diferença entre as duas formas de ilícito penal; apenas há que às contravenções é feito um tratamento penal menos severo dado o seu mínimo cargo lesivo. O reato, sob o perfil formal, é a *violação de uma norma fornecida de sanção penal*. Não há outra possibilidade de definir o reato quando se queira olhar somente seus momentos ou conotações exteriores. Será uma tautologia, mas ela é o único modo ou a única forma por meio da qual o reato pode ser definido. Sob o perfil substancial, ao contrário, o reato é um *fato do homem que agride as condições de existência, de conservação, de desenvolvimento de uma sociedade num determinado momento da sua história e para o qual está prevista a cargo do sujeito agente como conseqüência uma pena de natureza aflitiva porque privação ou diminuição no gozo de determinados bens jurídicos* (vida, liberdade pessoal, patrimônio etc.). O acento é colocado sobre o conteúdo das situações que o reato nega ou pisa, e está aberta assim também sobre o plano dogmático uma estrada de pesquisa metodológica que entende indagar sobre o *telos* dos conceitos que o direito penal exprime (teleologia).

Quais são os elementos do reato? No quadro de uma impostação formal de procura, a escola clássica, e toda a tradição de pensamento que se reenlaça ao classicismo, distinguiu na noção do reato dois momentos: um *objetivo* ou *físico* (a ação do homem e o evento que dele deriva) e um *subjetivo* ou *psicológico* (a consciência e voluntariedade da ação e do evento). São as duas "forças" das quais falou CARRARA, o máximo expoente do classicismo italiano, que nos deu uma definição formal-causal do reato na qual confluem a filosofia do Iluminismo, que tendia a formalizar os conceitos jurídicos, e os novos prospectos do positivismo metodológico que há um século eram urgentes também para as portas do direito penal. Um grande passo adiante se tinha feito sobre a precedente situação, muitas vezes caótica, em homenagem ao progresso cultural daquele período histórico. E para ficar sobre o plano jurídico, prescindindo das definições do reato de fundo puramente naturalístico da escola positiva, a impostação de CARRARA dominou a cena do mundo e encontra ainda hoje crédito junto àqueles escritores que insistem na *dicotomia* do reato como fato físico e psíquico do homem que viola um preceito penalmente sancionado.

Mas, de boa ou de má vontade, com tal definição fica-se, todavia, sempre ancorado ao mundo da natureza interpretado segundo critérios naturalísticos e positivísticos, enquanto o reato, mesmo tendo um suporte naturalístico, é uma manifestação da cultura e é, portanto, ligado a uma ou mais avaliações do legislador por sua vez expressas em concreto pelo juiz. Se queremos estar em harmonia com as exigências político-culturais do momento, nós devemos definir o reato como um *fato humano típico, antijurídico e culpado pelo qual é prevista como conseqüência jurídica uma pena.* No âmbito desta definição, nós atraímos a atenção sobre um momento naturalístico (o "fato" do homem, isto é, a modificação das condições preexistentes ao agir no mundo da natureza) e sobre três avaliações que, devem ser referidas ao fato assim entendido do homem, porque este se eleva do mundo cego da natureza naquele vidente do direito. A primeira avaliação é aquela de *tipicidade,* o que quer dizer que, no âmbito do nosso sistema, para que haja reato, ocorre que o fato seja expressamente previsto pela lei como tal e que em concreto possa ser acolhido sob um abstrato fato concreto legal. É somente o legislador que cria o reato por meio de uma indicação abstrata de "tipos de comportamento" delituosos aos quais se deve poder referir em todos seus pormenores a "concreta expressão de vida" que interessa. Isto acontece mediante a assunção do fato concreto sob o abstrato fato concreto delituoso: operação, esta, não de pura mecânica lógico-formal, mas sim correspondente à avaliação de uma interpretação da norma.

Estamos diante (e o dizemos logo) de uma exigência de caráter fundamental e, portanto, estabelecida não somente pela lei ordinária, mas também pela Constituição, a qual numa atmosfera de liberdade deve sempre ter presentes as posições e os interesses do indivíduo. O Estado de direito deve partir, no campo do direito penal, da premissa que as relações entre autoridade pública e liberdade privada devem ser reguladas pela lei. A "tipicidade" é, portanto, o primeiro aspecto que deve apresentar o fato de reato. Ela é uma qualificação do fato mesmo que deve ser fixada pelo legislador, não remetida a outras fontes de produção da norma jurídica. Somente o direito positivo cria o reato.

O reato, todavia, não se exaure somente na tipicidade do fato. Também um homicídio cometido no estado de legítima defesa é um fato típico enquanto pode ser assumido sob o tipo de reato que trata o art. 575 CP: "quem quer que seja que ocasiona a morte de um homem". Ele, porém, ainda não é reato porque falta a possibilidade de expressar um juízo de avaliação sobre o caráter *lesivo* do mesmo fato. Quem mata por legítima defesa não destrói um interesse alheio para a vida que goza ainda de tutela jurídica, porque o injusto agressor coloca-se com a sua ação agressiva fora da tutela jurídica. Eis, então, como a *antijuridicidade* se torna o segundo aspecto constitutivo do reato. Não é mais o caso de contrapor uma antijuridicidade formal a uma substancial, vendo na primeira o contraste entre fato e norma e na segunda aquele entre fato e interesse protegido. A antijuricidade formal é somente um sinônimo da tipicidade do fato, enquanto a ausência da antijuricidade está na lesão do interesse. Trata-se de um juízo ou avaliação que deve ser expresso sobre o caráter lesivo do fato enquanto não conforme com as exigências de tutela do ordenamento jurídico. E se trata de um juízo *objetivo*, no sentido que ele é orientado para um escopo bem exato: aquele de determinar a conformidade ou a deformidade de um fato típico diz respeito aos interesses de fundo da vida social que o direito penal tutela. Tipicidade e antijuridicidade são dois juízos distintos: um serve para estabelecer os fatos que interessam ao direito penal enquanto são fatos patológicos relativamente a um normal estilo de vida, e o outro a estabelecer se tal fato incidiu também sobre os interesses tutelados sacrificando um interesse que gozava em abstrato e em concreto de uma tutela.

Sob o perfil metodológico e sistemático, a discussão sobre autonomia do juízo de antijuridicidade diante daquele de tipicidade é ainda viva e há um século forma áspera matéria de discussões e de debates. É a tipicidade *ratio essendi* ou *ratio cognoscendi* da antijuricidade? Vale dizer: estabelecida e acertada a tipicidade do fato, é automaticamente compreendido neste juízo também aquele de antijuridicidade, ou se trata de dois juízos distintos que cumprem finalidades distintas? Somos da opinião que os dois juízos sejam logicamente autônomos; porém, esta divisão apresenta um subfundo político que deve ser frisado. No quadro de uma interpretação formal da realidade política e jurídica, típica do liberalismo conservador, e o que conta e o que supera toda outra consideração é o "tipo", vale dizer a exigência que a "concreta expressão de vida" imputada a um sujeito seja conforme a uma hipótese delituosa. Trata-se de garantir a liberdade individual e a certeza jurídica. Quando, ao contrário, no lugar de um liberalismo abstrato, formal, conservador, assistimos ao irromper de tendências mais concretas, mais intervencionistas, mais ligadas a uma realidade social em movimento, o jogo dos *interesses* aparece em toda a sua importância e em todo o seu significado. Bem podemos dizer como tenha sido uma concepção democrática da vida política, especialmente sob o impulso da social-democracia, a individuar nos interesses submetidos à norma o momento decisivo na economia estrutural do reato. A antijuridicidade começou a se diferenciar de todo outro momento e a afirmar seu primado relativamente a toda outra avaliação. Naturalmente, no Estado de direito isto aconteceu sempre dentro dos limites legais, no quadro do fato concreto e do tipo, porque por tendência uma superacentuação dos interesses em jogo, especialmente se interpretados em termos prevalentemente políticos, pode chegar a quebrar ou a negar a necessidade dos "tipos" e a vulnerar gravemente a segurança jurídica e a liberdade dos cidadãos. Mas, de qualquer forma, um *método teleológico* começou a prevalecer sobre todo outro método lógico-formal e isto permitiu olhar no fundo da noção do reato e de resolver toda uma série de problemas.

Deve-se acrescentar que o juízo de antijuridicidade é um juízo objetivo. Mas a respeito devemos tomar cuidado para não cair num perigoso equívoco. Com isso não se diz que ao juízo de antijuridicidade pertença somente tudo o que se refere em *línea* de fato ao momento objetivo do reato. Se assim fosse, nós deveríamos partir em dois também a ação humana que está na raiz do reato e dizer que somente o coeficiente físico da ação (o movimento muscular) é o suporte de fato ou o objeto do juízo de antijuridicidade. Uma coisa é o juízo de antijuridicidade, que é de natureza objetiva, outra coisa o *objeto* do juízo mesmo, que é dado pela "concreta expressão de vida" na qual confluem momentos objetivos e momentos subjetivos. Também a voluntariedade da ação, o fim da ação nos reatos com dolo específico formam objeto do juízo de antijuridicidade. Não é lícito nem oportuno partir em duas partes entre si antagonísticas o suporte naturalístico do juízo de antijuridicidade. Também elementos subjetivos podem estar à base do mesmo juízo.

O que, ao invés, não acreditamos poder aceitar é o conceito "personalístico" da antijuridicidade, no sentido de que o juízo de antijuridicidade teria sido dependente de toda a atitude ético-psicológica do sujeito agente relativamente ao fato causado. Seria, então, determinante para o juízo de antijuridicidade um conjunto de elementos, de momentos, de atitudes do sujeito relativamente ao fato lesivo causado. E a teoria de WELZEL sobre o ilícito penal, teoria que não nega a lesão do bem jurídico como essencial ao juízo de ilicitude, mas indica como prevalecentes momentos ligados à orientação, à convicção, à atitude do sujeito autor do fato lesivo. Estamos diante de uma séria tentativa de tornar subjetivo o juízo de antijuridicidade depois do período da fase objetiva. Mas o fato é que o direito – também penal – tem necessariamente uma *dimensão* ou *vocação* social; pelo que, mesmo admitido que na sua matriz o momento ético (justiça) seja determinante, não é saindo da atitude personalística do sujeito agente que o problema da antijuridicidade pode ser agredido e resolvido, mas pelo critério objetivo da lesão efetiva ou potencial de um interesse social. Diversamente estaríamos identificando direito penal e moral que, quanto menos relativamente à acentuação do momento do agir, resultam distintos. A moral toca o momento interno do agir: o *animus* do sujeito; o direito acentua aquele externo, isto é, o *exitus*. Não se podem mudar os dois momentos se não queremos chegar à conseqüência que o direito se resolva num solilóquio e é tendenciosamente em choque com as necessidades sociais, quando, justamente no capítulo da antijuridicidade, a lesão de um interesse social é critério determinante de escolha e de avaliação. Um critério objetivo de avaliação é assim essencial. O bem jurídico ou interesse protegido não pode ser diluído numa cor subjetiva onde uma não bem exata atitude pessoal diria a palavra decisiva. A segurança jurídica não pode ser sacrificada quando não é necessário, porque já temos à nossa disposição o que precisamos para alcançar a meta.

O reato não está somente na tipicidade e antijuridicidade do fato de um sujeito. Ele está também na *culpabilidade*. Não há na verdade reato se o fato do qual se discute não é também um fato culpado. Sobre a culpabilidade teremos motivo para retornar mais adiante. Desde já, porém, é necessário esclarecer a sustância do conceito e o seu significado penal. Ao passo que na antijuridicidade aflora o momento social do direito penal enquanto se trata de qualificar um fato como lesivo de um interesse de todos os consorciados, na culpabilidade vem à luz o momento tipicamente *personalístico* da imputação penal, no sentido de que por meio deste juízo se trata de ver se para a perpetração de um fato típico ou lesivo possa ser repreendido um dado autor. E é aqui que na realidade coincidem, pelo menos no atual momento histórico, ética e direito penal, porque tornar alguém responsável por um fato significa exprimir um juízo negativo sobre o ato de vontade que está à base da ação delituosa. Juízo negativo que vale tanto sob o aspecto ético quanto sob aquele jurídico. Somente nas hipóteses excepcionais nas quais a lei penal preveja um caso de responsabilidade objetiva, na qual se prescinde de toda atitude subjetiva em relação ao fato lesivo causado, o juízo moral retrocede e não aparece, deixando campo livre a um juízo jurídico mesmo se anormal. A história do direito penal, todavia, enquanto história civil, é toda uma luta contra as arcaicas e rudes formas de responsabilidade objetiva que um tempo constelavam as legislações penais. À medida que a exigência personalística aflora no campo penal, a culpabilidade vem se delineando como essencial a uma concepção ética e humana do direito penal. E quando falta uma tal exigência personalística, é claro que falta também uma exigência política que podemos em termo lato definir liberal, enquanto somente pelo acertamento de uma culpabilidade pelo fato perpetrado pode surgir uma responsabilidade penal. A exigência que seja acertada também à culpabilidade é uma exigência de liberdade política. E disso se percebe como uma metodologia científica que entenda individuar na noção do reato aspectos particulares não é em função de uma exigência puramente acadêmica, mas é em relação a uma pesquisa científica qualificada e responsável que visa à individualização e à exatidão dos momentos aptos a garantir e a tutelar a liberdade do indivíduo. E na verdade, nos regimes políticos autoritários ou totalitários, também a metodologia perde o seu caráter analítico-teleológico porque entende, "existencialisticamente", conceber o reato como uma unidade onde cada conceituação desaparece no vértice de uma concepção unitária que sacrifica com a clareza dos conceitos também a liberdade do homem.

É sabido que em tema de culpabilidade podemos ter duas noções bem distintas: uma de caráter *psicológico* e uma de caráter *normativo*. Dizemos logo que repelimos a noção psicológica de culpabilidade. Ela liga a mesma culpabilidade a um dado naturalístico-psicológico e se insere assim num mundo onde domina um critério puramente causal-descritivo dos fenômenos. Sobre a base de tal concepção, o fato típico e antijurídico é culpado quando tenha sido previsto pelo sujeito e querido nos respectivos limites do dolo ou da culpa, que são as duas formas que a culpabilidade pode assumir no mundo da experiência sensível. Há dolo quando o sujeito previu e quis o fato constitutivo do reato, vale dizer a ação, o evento, o nexo causal entre a ação e o evento. Há culpa quando o sujeito quis um comportamento imprudente ou negligente do qual derivou um evento não querido mesmo se previsto; ou se não previsto, pelo menos previsível. Em outras palavras, a culpabilidade está toda nestes dois nexos de caráter psicológico entre a *mens rea* do sujeito e o fato do reato.

Contra esta concepção é fácil observar que tais nexos podem subsistir também na hipótese em que um reato não subsiste ou não vem à luz, como no fato justificado ou naquele necessitado. A culpabilidade opera sobre um outro plano que não seja aquele de uma visão naturalística dos problemas ou dos fenômenos. Não se pode ser culpado porque se quis ou se previu um dado fato, mas porque se quis em termos deformes de como se devia querer nas circunstâncias concretas do operar. A "descoberta" que revolucionou o capítulo da culpabilidade está justamente nisto: não se trata da constatação de um fato que pode também ser um nexo psicológico entre sujeito e evento, mas de *um juízo de avaliação* sobre um ato de vontade que está na base do reato. A culpabilidade é também um juízo de valor sobre o não dever-ser do ato de vontade que amadureceu numa dada situação histórica e que sustenta e ilumina o fato delituoso. Somente assim se pode identificar a culpabilidade com o juízo de repreensão e superar uma base puramente naturalística de pesquisa que não pode exprimir as típicas exigências do direito penal. É esta a concepção normativa da culpabilidade que como juízo se ladeia aos outros juízos nos quais ou pelos quais o reato se expressa na sua inteireza e nas suas finalidades. Que isto implique a presença de dados pressupostos de fato, isto é, o nexo psicológico antes acenado, a capacidade do sujeito agente, a normalidade das condições históricas sobre o operar não há dúvida. Mas tudo isto é suporte do juízo de culpabilidade, não é a culpabilidade como repreensibilidade pelo fato perpetrado.

Capítulo 2

Direito Penal e Política Criminal

1. O Classicismo Penal

Há mais de um século o direito penal é lacerado por um profundo contraste em tema de endereços de política criminal. Trata-se do contraste entre a *escola clássica* e a *escola positiva*, contraste de métodos e de fins acerca da ação do Estado na repressão e na prevenção da delinqüência. Querer separar o debate entre as duas escolas de sua matriz política quer dizer obstar uma adequada compreensão de uma série entre os máximos problemas do direito penal.

Dizemos logo que a *escola clássica* do direito penal, florida particularmente no século XIX, pelas suas essenciais e fundamentais impostações e de nítida derivação iluminístico-liberal, enquanto seu fim específico é de elaborar uma concepção e um sistema que sirva para a tutela das posições de liberdade do indivíduo em si e por si fora além de toda conveniência ou utilidade prática. O valor supremo e individual que o ordenamento jurídico penal deve proteger de toda arbitrária intervenção estatal: o Estado pode operar somente dentro dos limites da mais estreita legalidade como convém a um *Estado de direito* que se encontra limitado por exigências de direito natural-racional ou se autolimita ciente da sua alta responsabilidade. Nenhuma razão prática de conveniência pode desviar o Estado da aplicação da sanção penal porque logicamente essa é para HEGEL a negação de uma negação, e portanto uma afirmação de direito do qual é garantia absoluta na história do mundo, isto é, o Estado, que trairia a si próprio quando não interviesse para fechar com a sanção penal a ferida que o reato, negação do direito, tem inferido ao seu ordenamento jurídico. Com isso o Estado realiza a idéia ética a qual ele é único portador como máxima expressão da História ou do espírito objetivo no qual se manifesta a civilização de um povo; e neste quadro a pena é um dos momentos máximos da racionalidade da História que o delinqüente deve sofrer responsavelmente. Se para HEGEL a pena encontra em si mesma a sua justificação lógico-dialética, porque síntese de uma tese e de uma antítese, em KANT a pena encontra em si mesma a sua explicação e justificação porque a ética do imperativo categórico exige que ao autor de um reato deva ser aplicada uma pena independentemente de toda consideração finalística ou de escopo. *Punitur quia peccatum.* Toda indicação de finalidade ou de prevenção geral ou de prevenção especial *turba* gravemente o equilíbrio moral e transforma a pena de provimento de justiça absoluta ou retributiva em um provimento utilitarístico indigno da natureza moral do homem. O classicismo das origens enunciou assim as bases racionais e éticas das teorias penais absolutas para as quais a pena encontra somente em si mesma a sua explicação e justificação. O direito penal se insere nesta impostação filosófica pelo que faz precipitar em termos jurídicos tais exigências absolutas na moldura daquele *Estado de direito formal conservador e autoritário* (mesmo se de inspiração liberal) que historicamente apresentou-se como antítese ao Estado de polícia que não reconhecia ao indivíduo no campo do direito público alguma esfera autônoma de liberdade ou direito público subjetivo.

Os precipitados jurídicos do classicismo das origens devem ser brevemente lembrados. O reato, para usar a expressão de CARRARA, que foi o representante máximo dessa matéria na Itália, é antes de tudo um "ente jurídico". Se hoje a expressão é de evidência extrema, não o era há um século, quando o conceito de reato não tinha sido ainda claramente definido no seu perfil jurídico, mas remetido freqüentemente ao arbítrio do magistrado ou da polícia. A idéia do reato "ente jurídico" chama então logo a idéia de uma disposição de lei preestabelecida que preveja como expressamente delituoso um fato do homem. O princípio de legalidade *nullum crimen, nulla poena sine lege* está assim substancialmente conaturado à impostação clássica do direito penal. Ainda hoje uma doutrina que amolecesse o princípio de legalidade no que concerne ao reato ou à pena deve ser considerado fora do raio de ação do pensamento clássico ou classiquejante.

Em todo caso, para os clássicos o reato está em *um fato* do homem, não num pensamento seu (*de internis non curat praetor*) ou numa maneira de ser (periculosidade do indivíduo que delinque). O reato deve manifestar-se num comportamento que determina um dano no corpo social de tal gravidade que é preciso recorrer como reação somente a um provimento de particular drasticidade, como a pena. A pena então se manifesta no pensamento clássico como reação do ordenamento jurídico em relação àquele que com a sua ação vulnerou tal ordenamento. Ela é formalmente uma reação, substancialmente um castigo retributivo em nome daquela exigência ética que querem que ao bem siga o bem (o prêmio) e ao mal siga o mal (o castigo). Não existem tarefas especiais que cabem à pena. Ela é repressão do reato perpetrado e nesta idéia da *repressão* o direito penal deve aquietar-se. Não cabem, portanto, ao direito penal tarefas de prevenção que seriam tarefas de utilidade social. Isto para a escola clássica em suas origens, mas ela sofreu indubitavelmente transformações que, sem rachar a substância do seu pensamento, colocaram as suas exigências em sintonia com as modificações que assumiu também o pensamento político liberal do qual ela é a mais típica expressão. Na verdade, o liberalismo no curso da sua história abandonou as posições rigidamente kantianas e socialmente negativas das origens (o Estado puro guardião noturno) para tomar sobre si tarefas de política social sem as quais ele se perde no reino das puras abstrações sem contato com a história. Se a pena vira retribuição, a medida da mesma deve adequar-se às avaliações que os cidadãos expressam aos poucos no curso do tempo acerca da maior ou menor gravidade de reatos e a propensão que pode subsistir no corpo social para com determinados tipos de reato antes do que para com os outros. Sob tal aspecto, o legislador que não queira trabalhar no vazio deve prospectar o problema da eficácia intimidadora da pena ou de um dado tipo de pena em um momento de uma dada evolução histórica. Nasce, então, a exigência de uma adequação da qualidade e do limite da pena ao reato para que sejam tirados do mesmo reato aqueles que seriam propensos a cometê-lo: o *critério da prevenção geral do reato,* vale dizer a eficácia que a pena na sua ameaça pode exercer como contra-estímulo ao estímulo delituoso, se torna assim essencial também numa visão clássica do direito penal. Na tradição clássica italiana, ele é sempre presente como momento essencial que liga o abstracionismo inicial a um dado histórico-político concreto.

Mas tem mais: a escola clássica não ficou insensível ao critério da *prevenção especial* como fim da pena, especialmente nestes últimos tempos que viram levada para frente a instância da reeducação ou "resocialização" do réu como fim precípuo da sanção penal. É o homem – em última análise – o protagonista do drama penal, e se é verdade que a pena deve manter seu caráter retributivo ou de castigo, ela deve ser nas modalidades da sua execução dirigida para a recuperação do delinqüente. Mas este critério da prevenção especial no âmbito de um neoclassicismo (hoje ainda seguido) não deve ser bem entendido como critério finalístico que deva desnaturar a pena do seu conteúdo retributivo, quanto como *escopo indireto* que a pena pode realizar quando na sua execução tenha presente a personalidade do condenado. Não se trata, na verdade, de transformar a pena de provimento de justiça retributiva num provimento finalístico-utilitarístico, mas sim de reconhecer que a própria pena retributiva com suas modalidades da sua execução humana pode realizar a emenda do réu. A exatidão é muito importante porque por meio da consideração exclusiva da emenda como fim precípuo da pena pode pular uma fundamental exigência do Estado de direito dentro da moldura da qual cada instância do classicismo deve ser sempre reconduzida: vale dizer, a determinação do limite da pena e uma prorrogação do mesmo limite no caso em que não tenha sido realizada quando do vencimento do limite de tempo fixado na sentença a emenda do culpado. A pena nesse caso deveria ser prorrogada porque a atenção agora passou ao trâmite do critério da prevenção especial do fato delituoso (razão exclusiva de punibilidade) para a pessoa do sujeito culpado.

2. O POSITIVISMO CRIMINOLÓGICO

A prevenção especial consagra o ingresso da personalidade do réu como critério determinante nas articulações e nas finalidades do direito penal. Foi esta uma das conseqüências fundamentais do irromper da escola positiva quando, por volta dos últimos decênios do século XIX – com os estudos de LOMBROSO, FERRI, GAROFALO –, entendeu-se aplicar o método experimental-naturalístico para o estudo do réu e do reato negando a metódica abstrata do endereço clássico de fundo racionalístico. Tinha-se, no entanto, maturada sobre o terreno político uma revisão das tradições ideológicas liberais. O marxismo tinha aparecido sobre a cena política de muitos países da Europa agredindo na raiz as estruturas de uma concepção considerada formal-individualista do Estado para atribuir ao Estado tarefas específicas sobretudo no setor social, para que fossem preenchidas lacunas e tirados do meio atos desequilibrados em favor do reato. O Estado não pode limitar-se a reprimir o reato brincando com um conceito "abstrato" de reato e esquecendo a realidade do delinqüente, mas deve olhar para a realidade e a natureza das coisas para conhecer as leis naturais que disciplinam ou explicam o fenômeno delituoso para que influam sobre suas causas conhecidas no esforço de eliminá-lo. Não se trata mais de reprimir, mas de *prevenir* em nome de uma exigência de defesa social, onde a coletividade (que é para o marxismo o novo absoluto) seja colocada ao abrigo de todo ataque que seja dirigido contra os pressupostos da sua existência, conservação, progresso.

Somente num novo clima político intervencionista se pode explicar e entender a razão do novo endereço penalístico; nem todos os representantes do mesmo endereço podem ser considerados ligados ao verbo marxista. De qualquer forma, toda tentativa feita para pôr de acordo positivismo criminológico de um lado e exigências do Estado de direito do outro ou faliu ou determinou um compromisso ideológico e prático que nós repelimos.

Se, na verdade, a consideração decisiva está no campo dos provimentos penais à personalidade do réu, isto quer dizer que uma sua maneira de ser (*a periculosidade social*) perturba o patrimônio de vida da coletividade e postula uma reação defensiva (*a medida de segurança*) por sua natureza indeterminada. Como imediata conseqüência, o princípio de legalidade para os reatos (o *nullum crimen sine lege*) se torna quanto menos embaraçante porque limita a ação defensiva do Estado, enquanto o princípio da determinação do provimento defensivo violado é negado. A medida indeterminada é a expressão natural das novas instâncias penalísticas. Estas conseqüências e estes perigos foram logo individuados pelo maior representante do endereço da prevenção especial na Alemanha – FRANZ VON LISZT –, o qual procurou harmonizar entre si as exigências novas de política-criminal com os critérios do Estado de direito criado para tutelar os direitos fundamentais do cidadão. Conseguiu isto somente lacerando com profundas contradições o seu sistema, como demonstrou CALVI. E a mesma coisa se pode dizer das tentativas que hoje são cumpridas pelos teóricos da *nouvelle défense sociale* – sobre a qual se difundiu amplamente CAVALLA –, os quais querem harmonizar as tradicionais exigências do Estado de direito reconhecendo que a base do direito penal se encontra na necessidade social de defesa contra o ataque delituoso. Assim em ANCEL e em GRAVEN e em todos aqueles que, abandonando os dogmas iniciais da ideologia marxista, inseriram-se num clima democrático tentando o impossível: a conciliabilidade dos direitos da pessoa (fundamento de toda democracia) com a idéia de uma defesa preventiva contra a ação do delinqüente. Sobre o *plano lógico*, tal conciliabilidade é impossível: diante do reato perpetrado a pena não pode justificar-se com o recurso para a defesa que supõe ainda o ataque em curso; diante do reato futuro é absurdo falar de uma pena-castigo por aquilo que ainda não se verificou e é incerto. Pune-se somente por aquilo que cumpriu, não por aquilo que no futuro pode ser cumprido. Uma pena ligada ao perigo de futuros reatos é um não sentido, é a expressão de uma concepção política totalitária. Sobre o *plano ontológico*, a teoria da defesa social não pode estar em grado de dar um fundamento racional a uma esfera autônoma de liberdade do indivíduo, porque ela parte do pressuposto de uma superioridade do coletivo ou do grupo sobre o individual e sobre o singular. O absoluto é o Estado, enquanto a pessoa goza somente daqueles "direitos" que o Estado lhe atribui e reconhece com um ato gracioso de vontade, de vez em vez, no curso da evolução histórica. O que foi reconhecido pode chegar *ad nutum* revogado. Sobre o *plano político*, uma democracia autêntica não pode inserir-se no quadro de uma "defesa social", mesmo se amaciada enquanto sobre *aquele jurídico* a defesa social leva diretamente à acolhida da pena indeterminada, sendo o critério da prevenção social determinante de escolha para as penas e para sua duração direta para obter a ressocialização do condenado.

Dissemos como o centro focal da escola positiva é dado pelo estudo das causas do reato que não pode prescindir de um exame da personalidade do sujeito agente e do ambiente no qual o delinqüente vive. Cada fórmula que pode sintetizar-se na afirmação que o *delito* = *personalidade* + *ambiente* é de marca positivista, independentemente da acentuação que no âmbito da mesma fórmula pode haver a personalidade do sujeito ou o ambiente em que viveu. Isto pode depender das diversidades de endereços que, todavia, sempre subsistem também no quadro do positivismo criminológico. O critério *biológico* acentua o exame da estrutura do homem delinqüente para procurar a causa do reato numa anomalia biológica do indivíduo (LOMBROSO), enquanto o critério *sociológico* indaga sobre as anomalias do ambiente (FERRI); aquele *psicológico,* enfim, entende procurar a causa do reato numa deformação psíquica do sujeito agente (GRISPIGNI), vale dizer numa anormalidade que se reflete sobre a motivação do ato de vontade. De qualquer forma, o reato é sempre fruto de uma anomalia pessoal (também a anomalia social se subjetiviza e altera, quanto menos a função da psique) que está na base da *periculosidade* do réu. O estudo da personalidade é assim o estudo dos atores que determinam a periculosidade social do réu e a *criminologia* coloca-se no lugar do direito penal como a ciência que indaga sobre todas as causas do reato conjuntamente considerada e indica os meios mais idôneos para eliminá-las. Duas conseqüências descendem inevitavelmente de tal impostação:

se o reato é fruto ou conseqüência fatal de uma ou mais causas, o problema da *liberdade da vontade* humana não tem mais razão de ser colocada. Não há liberdade mas necessidade. O determinismo se torna lei fundamental; quem não a reconhece peca de ilusão e está assim fora de toda base científica. Toda doutrina que no campo penal chega a tirar da ação humana um fundamento voluntário *livre* é de derivação positivística. A segunda conseqüência toca diretamente a técnica de formulação legislativa: se critério decisivo não é o reato mas a personalidade do réu, a formulação dos "tipos de reato" (furto, corrupção, homicídio) perde de importância a vantagem toda da formulação dos "tipos de delinqüentes" síngulos (ladrão, corruptor, homicida) ou de categoria (delinqüente habitual, profissional, por tendência etc.) em razão do diverso grau de periculosidade social que os vários tipos podem apresentar.

3. AS CORRENTES DIRETAS PARA SUPERAMENTO DO CONTRATO

Entre a impostação clássica de uma parte e visão positivística da outra dos problemas do direito penal não pode existir sob o perfil especulativo nenhuma coincidência. A concepção do "homem" que os dois endereços tomam como ponto de partida diverge ontologicamente. Na primeira concepção, o homem é considerado como um ser responsável de suas ações e, portanto, aberto sobre o mundo dos valores dos quais se sente em relação à sua maneira de se comportar quer a exigência seja moral quer jurídica. Sua vontade é considerada em grado (salvo se não subsista uma anomalia) de se elevar acima dos motivos que possam empurrá-la ou detê-la da ação para tomar uma decisão responsável, enquanto o ato de livre escolha é um ato culpável. O homem é, portanto, responsável porque culpado, e a pena está em relação direta com a culpabilidade que exprime um juízo de repreensão pelo fato perpetrado. Onde há homem, há então liberdade; onde há liberdade, há culpabilidade; onde há culpabilidade, há pena. Um termo é necessariamente ligado ao outro e o direito penal com seus institutos fundamentais deve gravitar em volta destes conceitos-valores que emergem de uma interpretação ético-espiritualística da realidade.

Na segunda concepção, ao contrário, o homem é inserido numa interpretação do mundo completamente diversa. Se toda a realidade se submetesse nas suas manifestações ao princípio de causalidade, se cada fenômeno é coligado ao outro por um nexo de necessária sucessão que não admite um espaço vazio – como seria a liberdade do querer –, isto quer significar que cada manifestação de vida do homem é também subordinada ou subjugada à idéia causal. Em síntese, o homem é sempre dominado ou melhor opera sempre sobre a diretriz do motivo mais forte que o determina para a ação, de sorte que, na verdade, cada atividade sua pode se enquadrar e está enquadrada na lei dos instintos de natureza que caracterizam a sua personalidade. Se também o homem se apresenta como o ser mais perfeito no vértice da escala dos vertebrados, não há entre o homem e o animal uma diferenciação substancial, mas somente de grau. O homem, tal como o animal, opera sobre a linha marcada pelo instinto sem se poder subtrair à força do mesmo. Se, portanto, falar de liberdade em tal situação é um contra-senso, também o conceito de culpabilidade como sinônimo de juízo de repreensão não tem base e justificação. Não se pode repreender alguém da perpetração de um determinado fato se não podia agir diversamente como operou, se era necessariamente levado a cumprir o que cumpriu porque o instinto assim comandava que fizesse. Não se pode punir quem não é culpado, mas somente socialmente perigoso. E a pessoa qualificada como tal poderá ser submetida somente a um provimento-defensivo, como a medida de segurança.

Na minha opinião, não há, portanto, possibilidade de sanar com um compromisso o radical dissídio entre os dois endereços. Toda tentativa de superar com frases de acomodação o contraste é destinada ao pleno insucesso porque a própria natureza das coisas rebela-se a ela em termos categóricos. Todavia, há nela uma corrente doutrinal (aquela que chamaríamos a terceira escola ou a terceira força), a qual faz tempo procura conciliar a idéia e as exigências da periculosidade social com a idéia e função da pena. Se diz: a pena é um valor que não pode ser negado ou eliminado da legislação sem gravíssimos contragolpes sobre as mesmas estruturas da nossa ordem cultural e social, mas, em vez de ligar, referir a pena a um conceito inseguro como é aquele da culpabilidade, é necessário referi-la à periculosidade (e ao seu grau) do sujeito agente. Em outras palavras, a aplicação e a individualização da pena supõem o acertamento não mais somente da culpabilidade do agente (conceito metafísico que não é expressamente negado), mas sobretudo o *acertamento da periculosidade do indivíduo*. Pune-se quem é perigoso, e é punido mais ou menos conforme o grau de periculosidade, seja mais ou menos intenso. A pena pode assim manter em abstrato a sua figura de provimento repressivo dirigido para um escopo de prevenção geral, mas em concreto o critério fundamental para a sua aplicação é aquele da periculosidade do réu. Assim, em síntese, GRISPIGNI, que faz da prevenção especial o único fim concreto da pena ou da sansão criminal. Mas não é somente GRISPIGNI – positivista declarado – sobre esta estrada; de fato, toda uma larga fileira de juristas está fascinada pelas tarefas de prevenção social que caberiam à mesma pena. Segundo estes Autores, a periculosidade do indivíduo teria entrado de verdadeira protagonista sobre a cena do direito penal para transformar todas as velhas estruturas e eliminar cada incrustação ou anacronismo. Lembro VASSALLI, DE MARSICO, RANIERI. Há um erro de fundo em toda esta impostação "conciliadora": se à pena se quer manter ainda uma natureza ética no quadro dos valores de um determinado tipo de civilização, não é possível coligar este "tipo" de pena para um lado puramente naturalístico, qual é a "periculosidade" de um sujeito que é probabilidade de futuros reatos sobre a base de um cálculo estatístico. Não se coliga a uma realidade moral índice de supremas exigências (e portanto um valor) um dado e um juízo puramente naturalístico sem conteúdo de repreensão e, portanto, sem substância moral, qual é de fato o juízo de periculosidade. Se sobre isto se insiste, quer dizer que se renuncia também ao conceito de pena, qual é tradicionalmente entendido para transformá-lo num provimento preventivo e indeterminado. O nome não conta mais porque assim dita sanção criminal e em efeito uma medida de segurança. Sob a influência desta terceira escola, todo conceito sai assim transformado ou desfigurado. Mesmo recusando se declarar positivistas, seus representantes acabam efetivamente por trabalhar num clima de marca positivística que não é o mais adaptado para salvar o mundo da tradição, também se há muito nele para ser revisto. É negada a liberdade de querer, que é reconduzida para o esquema da "normal determinação sobre a base dos motivos" ou fechada numa moldura caracterológica não passível de unívoca e clara interpretação doutrinal. A pena é polarizada para a indeterminação que constitui com efeito sua negação, e transformada num provimento preventivo a total desvantagem da liberdade individual. Da substancial confusão de princípios e de idéias sai assim vulnerado também o Estado de direito nas suas fundamentais exigências de clareza e exatidão. Se tudo é polarizado para a periculosidade, a *legalidade de base* saiu disto enfraquecida porque é um tanto difícil determinar com exatidão o "caso concreto" ou os "tipos" de periculosidade sobre os quais fundar um juízo de probabilidade que nas suas conclusões deixa amplas margens para a incerteza. E quando sobre tal base frágil é referida uma pena indeterminada na espera da "recuperação social" do condenado remetido para um juízo, por sua natureza elástico, do magistrado, todos percebem como as estruturas de Estado de direito (mesmo se substancialmente entendido como Estado de justiça) foram irremediavelmente perdidas. Estamos diante de uma visão antilegalitária e antidemocrática dos máximos problemas do direito penal.

Capítulo 3

Direito Penal e Orientações Políticas

1. O Liberalismo e a Codificação Ocidental

Se a filosofia do direito penal com os valores aos quais ela está ligada é a matriz do direito penal positivo e se a filosofia é também uma interpretação racional de uma determinada situação histórica, nenhum direito penal pode ser entendido abstraindo da situação histórica dentro da qual ele vem à luz e chega à sua maturação. Querer desligar o estudo do direito penal positivo do ambiente histórico que o determinou é como querer estudar botânica com um feixe de flores murcho, quando cada linfa vital é agora enfraquecida e a planta não recebe mais alimento e por isso não está mais em condições de viver. História é sinônimo de civilização, vale dizer de abertura da mente sobre os valores que efetivamente servem para o progresso moral, civil, técnico de um povo. Não há história onde falte tal abertura, onde a mente do homem está ainda obscurecida ou bloqueada, onde o instinto (o puro instinto que liga o homem ao animal) é fundamentalmente lei e regra. Mas logo que o homem reflita e chegue a perceber da exigência do *neminem laedere* e do *suum cuique tribuere*, o direito irrompe no corpo social com a precípua função de avaliar em termos positivos ou negativos os comportamentos dos indivíduos. Eis porque aí onde existe um corpo social "aberto" sobre valores existe um ordenamento jurídico que pelos mesmos valores (pela civilização) recebe alimento e justificação. O direito penal que é parte essencial da ordem jurídica encontra-se, então, em direta relação e em estrito liame com os momentos mais salientes da civilização de um povo. Fala-se assim sobre o plano histórico de um *direito penal romano* e de um *direito penal germânico* que apresentam, ao lado dos momentos comuns, notas particulares muito diferenciadas entre si; fala-se hoje de um *direito penal italiano* e de um *anglo-saxônico* com suas diversas peculiaridades; fala-se de um *direito penal democrático* e de um *autoritário,* conforme a acentuação que assume a posição de liberdade do cidadão ou aquela de autoridade do Estado; fala-se de um direito penal *cristão* e de um *laicista* em relação à diversa intensidade do critério confessionalístico e da sua influência no âmbito da mesma legislação, e assim por diante.

Tudo isto significa que o estudo do direito penal se torna um enigma em que se pretende *isolar* o dado jurídico de todo o complexo ideológico que caracteriza a época histórica na qual ele, direito penal, veio à luz. Quem poderá entender, por exemplo, o espírito e a capacidade do código penal italiano de 1889 (código penal Zanardelli) isolando-o da sua matriz ideológico-política liberal? E assim quem jamais poderá penetrar na alma do código penal do Reich alemão de 1871 sem conhecer a essência de um liberalismo conservador de direita de pura marca hegeliana? Quem jamais poderá entender o código penal soviético de 1926 e de 1960 sem conhecer a doutrina marxista-leninista da qual ele é a expressão? Há momentos do ordenamento jurídico que menos sentem de tal origem ideológico-político-cultural (ex. direito cambiário e direito das obrigações), aí onde o direito penal está tudo nas normas de civilidade (para usar a expressão de M. E. MAYER) por meio das quais vai o oxigênio vital. Tudo isto traz dificuldades quando se quer comparar entre si distintas legislações penais: não se trata, na verdade, de sublinhar somente os momentos idênticos ou aqueles diversos (o que é ainda obra de pura lógica formal ou nominalística), mas de explicar as assonâncias ou as dissonâncias em relação aos diversos tipos de civilização aos quais correspondem as diversas legislações. A momentos formativos idênticos podem, ao contrário, corresponder substanciais razões de contraste, ligadas às diversas ideologias das quais os códigos em exame são portadores. Não é com a lógica formal que a comparação deve ser explicada ou levada adiante, mas com a teleológica, vale dizer, com uma lógica que colhe as finalidades ou os escopos determinantes de um dado tipo de legislação.

Hoje não há no mundo uma plataforma ideológica comum. Ela existiu no passado, mesmo num passado recente, quando cada ordenamento jurídico (penal) se distinguia dos outros somente por razões prevalentemente acidentais ou formais. Até o fim do século XVIII, a Europa, na qual se identificava o mundo civil, se regulava sobre o plano penal sobre a base de critérios comuns de avaliação, extraídos de um lado pelas elaborações dos práticos ou pós-glosadores referidas aos textos do *libri terribiles* do Digesto (os últimos três) ou aos particulares textos de lei que os monarcas tinham emendado (no império é suficiente lembrar a legislação penal de Carlos V) e iluminada do outro pela presença de *normas consuetudinárias* e *dos precedentes judiciais* que em parte tinham também amolecido a particular aspereza do direito penal daqueles tempos. E não deve ser esquecida a importância que teve para a determinação de uma plataforma comum de civilização a presença científica dos grandes moralistas católicos (especialmente espanhóis) que trouxeram uma grande contribuição à clarificação de importantíssimas noções indispensáveis para uma justa interpretação de duras e arcaicas disposições de lei. SUAREZ e CAVARRUBIAS são nomes altamente beneméritos que influíram decididamente sobre um processo de gradual "humanização" das categorias penalísticas num mundo ainda ligado a formas que a ciência moderna repele. Sob o influxo das doutrinas dos moralistas e dos juristas ou comentaristas católicos tinha-se criado na Europa uma plataforma ideológica comum a todos os Estados no esforço gradativamente dirigido para alcançar consciência completa e sistemática de todos os problemas penalísticos. Também sem o irromper dos princípios do Iluminismo francês teríamos tido uma transformação das estruturas de fundo do direito penal, sobre o convencimento que ele não pode apresentar-se como instrumento de prevaricação para oprimir a liberdade e a dignidade da pessoa humana, que deve gozar de uma posição de prioridade relativamente a toda outra consideração de escopo particular ou geral. Mas foi, porém, o Iluminismo francês a colher o profundo significado de tal prioridade, prestando-o como fundamental exigência política de renovação e atribuindo à mesma uma justificação filosófica ligada a uma visão *autônoma* do mundo moral que nós cristãos repelimos. Mas se repelimos o fundamento laicista da moral da qual surgiu a *Declaração dos direitos do homem e do cidadão* de 1789, não podemos considerar tais direitos em contraste com a visão que temos do homem e do cidadão sempre toda *protendida* para a salvaguarda das posições individuais de liberdade responsável.

Não há dúvida de que sobre a base da famosa Declaração (à qual hoje se ligam análogas declarações das *Nações Unidas* de 1948 e do *Conselho da Europa* de 1950) vieram à luz importantes legislações européias. Quero lembrar o código penal Napoleão de 1810, que é ainda hoje, mesmo com adequadas modificações, o código penal da República francesa, o qual pode ser considerado como o primeiro código penal "secularizado", vale dizer elaborado sobre a pauta de uma moral laicista que em substância recusa-se a reconhecer significado determinante aos valores religiosos também para os fins de sua tutela. Característica fundamental do mesmo código, todo protendido para a garantia das liberdades individuais, é a coerente aplicação do princípio de estrita legalidade quer no que diz respeito ao reato (*nullum crimen sine lege*) quer no que diz respeito à pena (*nulla poena sine lege*), mesmo à custa de criar tipos por demais rígidos de reatos e das penas fixas e drásticas enquanto orientadas para o critério da prevenção geral. Trata-se de um código penal que hoje julgamos particularmente severo, e que, todavia, no momento histórico no qual veio à luz, representou uma virada na legislação penal, porque se inseria no novo clima do *Estado de direito* que o liberalismo vinha instaurando na Europa depois do arbítrio de um tempo. Estado de direito entendido ainda num sentido puramente formal, mas, de qualquer forma, um superamento das estruturas de um Estado de polícia, o qual negava ao cidadão toda garantia de liberdade. O código penal Napoleão é, ao contrário, o primeiro código europeu animado por uma tal fundamental preocupação: o que foi de grande significado histórico e jurídico. Diz BOUZAT que o código penal Napoleão pode ser julgado como um código severo, empapado de espírito utilitário, na via de meio em tema de poderes discricionários do juiz, baseado sobre abstrações.

Fruto de uma concepção liberal-iluminística, deve sem mais considerar-se o código penal bávaro de 1813, devido à mente de um jurista como FEUERBACH. Também este código, de direta inspiração francesa, é um código que particularmente se preocupa em descrever claramente os casos concretos delituosos ou os tipos de reato e de não deixar nenhuma margem ao juiz no que diz respeito à pena. Sob a influência do pensamento científico e sistemático alemão, ele apresenta dados de particular clareza e é tecnicamente sobre posições mais avançadas do código penal francês. Juntamente com o código prussiano de 1851, ele é indubitavelmente a legislação inspiradora do código do Reich de 1871, no qual o liberalismo inspirador se dispôs para a ideologia estadual prussiana, considerada de pura inspiração hegeliana mesmo se de um HEGEL interpretado segundo exigências políticas de direita conservadora.

Contudo, o código penal italiano de 1889 (o primeiro código penal unitário) nasce sobre uma plataforma política comum européia e é um código penal de pura inspiração liberal, como foi, sobretudo, o código penal toscano de 1854, dito código MORI. A preocupação de se inserir num clima de Estado de direito supera toda outra exigência. A descrição da ação punível, isto é, do reato, deve acontecer em termos de clara demarcação. A pena pode ser também móvel (entre um máximo e um mínimo), mas deve ser sempre determinada porque deve haver proporção entre gravidade do reato e gravidade da pena em concreto, irrevogavelmente estabelecida pelo juiz por meio do uso de limitados poderes discricionários. O fim da pena está, sobretudo, na prevenção geral onde, por meio da sua ameaça e execução, se contraste com um contra-estímulo delituoso. Trata-se, em substância, de uma legislação penal individualista, de um individualismo formal e abstrato que somente se considerava em grado de formar uma sólida base para um direito penal a serviço da liberdade do homem.

E todo outro código europeu que veio à luz durante o século XIX inspirou-se sempre nos pressupostos lógico-racionalísticos de um liberalismo de direita, como expressão também de uma necessidade de tutela das posições políticas que a burguesia veio conquistando e consolidando depois da sua ascensão ao poder. Pode-se também afirmar que a legislação penal européia do século XIX é a *legislação burguesa* que se inspira naquelas ideologias liberais que permitiram à burguesia romper as estruturas do Estado de polícia para instaurar o Estado de direito, onde cada ação dos órgãos públicos deve ser regulada expressamente por uma exata norma de lei para salvaguarda dos direitos do cidadão.

É verdade que, sob o impulso de um liberalismo de esquerda, já por volta do fim dos anos oitocentos, fizeram-se sentir as novas exigências, sobretudo quanto à função, da pena visando, mais do que reprimir, a prevenir o reato incidindo sobre as causas do próprio reato, e portanto sobre a personalidade do sujeito agente, mas, em geral, tudo ia se movendo em termos de normalidade. Foi com a deflagração da Primeira Guerra Mundial (1915-18) e da revolução de outubro na Rússia (1917) que veio se determinando uma *violenta ruptura* do tecido conectivo unitário de um direito penal europeu. A Europa dividiu-se em diversos troncos jurídicos, além de políticos, e determinou-se uma situação de grave embaraço e de tensão. O primeiro ato cumprido pela revolução soviética foi a ab-rogação do código penal czarista, considerado como a mais típica expressão do predomínio da classe burguesa sobre a classe dos trabalhadores, tida em submissão e em escravidão pelo sistema capitalístico e pela legislação penal que de um tal sistema é a mais marcada expressão.

Um primeiro grupo de nações européias que deve ser considerado sob o perfil penalísico homogêneo é aquele das nações continentais, a Europa ocidental (Itália, Alemanha, França, Espanha, Suíça, Portugal, Áustria, Bélgica, Holanda), às quais se devem acrescentar duas nações sul orientais, a Grécia e a Turquia. Tal grupo de nações pode ser considerado homogêno, porque nessas nações se acha que a matéria jurídico-penal deva ser codificada, representando a *codificação* uma particular garantia, especialmente quando ela seja interpretada com mentalidade normativístico-sistemática. Isto significa a excelência ou a preeminência reconhecida à norma escrita no campo das fontes do direito, com a recusa de todo fundamental critério ou relevo a ser concedido à interpretação judicial e ao costume. O reato é de exclusiva criação legal (princípio da reserva de lei) pelo que fora ou além dos tipos de reatos fixados pelo legislador, há somente o lícito jurídico-penal, vale dizer um reconhecimento de liberdade. O mesmo vale para a pena, o caráter prevalentemente retributivo que não pode violar em concreto os limites máximos ou mínimos estabelecidos pelo legislador. O poder discricionário do juiz é limitado ou dirigido pelas normas particulares quando tem encontrado reconhecimento no código para tornar a decisão mais condizente com a realidade das situações. Tal tipo de legislação continental é ansiosamente estendido para uma delimitação de confins entre o lícito e o ilícito até que seja eliminada toda zona de perigo para a liberdade individual. Sobre a consideração do delinqüente e de sua personalidade penal prevalece aquela do reato dentro dos rigorosos limites da determinação legal, embora em algumas legislações mais recentes (como o código penal italiano de 1931) aparecem ao lado da tipologia dos reatos também as primeiras tipologias de réus considerados, porém, com suspeita, enquanto a sua concreta determinação poderia vulnerar o princípio de estrita legalidade. O reato está no fato do homem, não numa maneira de ser da sua personalidade. É algo que deve manifestar-se na realidade exterior para que possa ser avaliado em contraste com algumas exigências jurídicas fundamentais, como a *tipicidade*, a *antijuridicidade*, a *culpabilidade*. Pune-se um indivíduo porque cometeu um fato que a lei prevê como reato, que *fere* um interesse da norma tutelado, que pode formar objeto de repreensão. Dano social e imoralidade do fato fora dos limites estritos de lei não têm nenhum relevo ou significado para ancorar em si mesmos a noção de reato. E é a culpabilidade, isto é, a imputação em termos de repreensão de um fato para o agente, que deve ser considerado determinante, não a *periculosidade social*, esta última, em algumas legislações mais recentes, é critério complementar para os fins da aplicação de uma medida de segurança.

A elaboração dos conceitos jurídicos preside no âmbito deste sistema codicístico uma exigência lógico-sistemática, pelo que vem sendo considerado determinante para os fins interpretativos e aplicativos do direito, não já o conceito individual obtido pela individualidade da síngula disposição de lei, mas o *princípio geral* do qual os síngulos conceitos são uma manifestação. O direito não está na disposição isolada, mas no sistema que liga a unidade às síngulas disposições. Há entre norma e norma uma ligação subterrânea que o intérprete deve pôr em luz; e o conjunto destes liames forma a armadura do sistema. O estudo do direito – também para os fins de sua aplicação – é, portanto, o estudo do sistema que deve ser conhecido e possuído pelo intérprete exatamente para poder dar ao caso síngulo a melhor qualificação possível. Tudo isto leva a concluir que o mundo penalístico continental é ainda hoje de pura derivação racionalística e de inspiração liberal, mesmo por meio das várias diferenciações concretas quantitativas e contingentes entre Estado e Estado.

2. O Empirismo Utilitarista Anglo-Saxão

Um segundo grupo de nações, que formam um outro grupo homogêneo no campo penal, é formado pelas nações *anglo-saxônicas* (*Inglaterra, Commonwealth, Estados Unidos da América*). De acordo com a tradição filosófica do empirismo e do utilitarismo (campo especulativo e campo moral), as legislações de tais países recusam tendencialmente a *escolha codicistica* porque num código fatalmente vem se refletindo a mentalidade abstrata e racionalística que liga entre si o que a experiência ou a conveniência dizem não poder unir num harmônico sistema.

Na verdade, nenhum país de expressão anglo-saxônica conhece um código no sentido europeu-continental da palavra, também se nos Estados Unidos, sobretudo nos últimos anos, muitos Estados – mesmo não ligados a uma forte tradição francesa como a Louisiama – adotaram um "Model Penal Code of the American Law Institute", código-tipo unitário elaborado depois de anos de estudos para superar o deságio do fragmentário que se verifica na legislação penal norte-americana. Em todo caso, como bem diz Mackay Cooper, "a codificação é o produto mais importante e difundido da tradição jurídica civilística. O anglo-saxão por instinto é hostil às codificações. O latino é entusiasta delas. As raças germânicas e eslavas, depois de um primeiro período de hostilidade, também adotaram o sistema dos latinos. O fenômeno da codificação [...] é o resultado inevitável e natural do método de pensar do civilista, que consiste num raciocínio desenvolvido em forma sistemática e na sua aplicação no campo do direito. Descurando os méritos e os deméritos da codificação, é inegável que o sistema civilístico do direito codificado difundiu-se no mundo moderno por imitação livre e voluntária e que trouxe a linguagem e o pensamento romano na maior parte do mundo civil. O direito anglo-americano, ao invés, foi imposto pela conquista bélica em conseqüência das guerras e colonização; somente em raros casos, e também estes discutíveis, foi escolhido livremente por um Estado moderno".

Não é, assim, o sistema ligado a uma interpretação lógico-racionalística de um "código" que deve ter eficácia determinante no campo da regulamentação jurídica, mas a *síngula norma* em relação ao *síngulo caso*, de maneira que a decisão deva ser preparada com critérios de eqüidade. A síngula norma pode se achar numa disposição expressa de lei escrita, numa regra de direito costumeiro, na força vinculadora do precedente judiciário. No âmbito de um tal sistema, o direito encontra a sua fonte não somente na vontade abstrata do legislador, mas também nas decisões concretas do juiz, inspiradas, mais do que sobre critérios gerais, rígidos por sua natureza, sobre uma fundamental exigência de eqüidade. Disso deriva que uma elaboração sistemática das fundamentais categorias penalísticas vem a faltar porque na eficácia das mesmas não se acredita, enquanto mergulhadas de abstrata ou formal racionalidade, que pode encontrar-se em choque com as características do caso concreto. É em toda situação do *caso síngulo* que se devem iniciar e é sobre as decisões dadas sobre tais casos pelos tribunais que a mentalidade do jurista deve formar-se. Não há, portanto, desconfiança para com a ação do magistrado, porque é da mesma aliás que surge o melhor direito para a disciplina do caso concreto. O magistrado eleito pelo povo se torna assim a expressão vivente do sentimento do direito numa relação de confiança entre eleito e eleitor, sentimento que não se esquematiza em áridas fórmulas, mas vive e opera no dever e na mutabilidade das coisas, e, portanto, da história.

Bem afirma SERENI que "a característica mais notável da *common law* consistiria no fato de que ela considera o direito como um produto necessário e espontâneo da sociedade na qual surge e não como obra do Estado. Em outras palavras, a *common law* partiria da premissa que o direito é anterior ao Estado; é de tal preexistente ordenamento jurídico (*the law of the land*) que o soberano derivaria seus poderes; estes seriam válidos somente enquanto reconhecidos pela *law of the land* e somente dentro dos limites por eles previstos... O juiz não se limita a descobrir e aplicar a lei em relação ao caso concreto; ele cumpre outrossim uma função de criação do direito relativamente aos fatos futuros. Conciliam-se assim na função do juiz aquele substrato jusnaturalístico que está na base da *common law*, e o empirismo, ou antes o pragmatismo, que caracterizam porém a inteira vida social anglo-americana; o juiz, com efeito, deve ater-se a certos princípios fundamentais de razão e de justiça, isto é, de direito natural, mas o poder e a função de adequá-los, sobre a base da experiência e das exigências históricas, às situações particulares que se lhe apresentam, para concretamente fazer justiça".

Não se deve, porém, pensar que, num clima tal de desconfiança para com os príncipes generais, os mesmos príncipes sejam totalmente faltantes. LAWSON demonstrou que subsiste uma íntima racionalidade também no direito inglês. E não poderia ser diversamente. Subsistem princípios ou regras gerais que presidem à determinação de alguns fundamentais critérios de orientação, quanto menos no campo da elaboração científica. Veja-se assim HALL, para o qual "the principles of criminal law consist of seven ultimate notions expressing:

1) *mens rea*;
2) act (effort);

3) the 'concurrence' (fusion) of *mens rea* and act;
4) harm;
5) causation;
6) punishment; and
7) legality".

E entre estes basta somente pensar, à grande elaboração que achou na doutrina anglo-saxônica, o elemento subjetivo do reato, aquele que é chamado com frase latina *mens rea*, sobretudo sob o perfil da *imputabilidade* do sujeito agente, do qual têm sido examinados analiticamente os pressupostos das condições, os limites, as modalidades. Também aqui, porém, é mais a força das coisas que leva a conclusões gerais em vez da força da argumentação lógica. Força das coisas que preside também às garantias de caráter formal que um direito penal deve poder libertar para ser instrumento de liberdade. Embora no quadro da filosofia moral do utilitarismo de BENTHAM não haja uma substancial repugnância para sacrificar o indivíduo quando isto serve para a felicidade de muitos, é preciso reconhecer que em concreto as garantias de liberdade e de segurança individuais foram sempre respeitadas e o são particularmente hoje, especialmente sobre o plano processual penal, que não tolera atentados graves à dignidade e à posição defensiva do imputado. Atente-se que o primeiro documento em que se pode ver a presença de uma garantia processual de liberdade, pelo que cada um deve ser julgado por seus pares, é a *Magna Charta Libertatum* de 1215, com a qual Giovanni Senza Terra vinha ao encontro ao pedido dos barões ingleses e punha assim fim à sedição.

3. O Marxismo e o Direito Penal

Um terceiro grupo de nações da Europa oriental foi quase até hoje sob o perfil penalístico regulado por princípios que surgem de uma interpretação marxista leninista da história e da vida. Aqui a ruptura com o mundo ocidental, tudo protendido para a salvaguarda das liberdades do cidadão num clima de estreita legalidade, é radical e completa. Não estamos mais somente diante de uma distinção conceitual (como pode ser aquela entre direito continental e direito anglo-saxônico), mas de uma verdadeira e propícia contraposição inconciliável entre duas diversas concepções acerca da essência e da função do direito penal. Isto vale, antes de tudo, pelo que se refere à lógica ao serviço da elaboração dos conceitos jurídicos, enquanto o mundo ocidental é, todavia, sempre ligado aos cânones de uma lógica tradicional freqüentemente acabada também no formalismo, mas hoje em parte corrigida por considerações de escopo (teleologia), a lógica a serviço da elaboração dos conceitos penalísticos marxistas é em substância uma dialética pelo que cada conceito encerra em si também a sua contradição: somente deste choque entre teses e antíteses se pode esperar um progresso jurídico em função dos interesses econômicos e políticos da classe trabalhadora. O que pode significar que também um texto de lei de origem capitalístico-burguês pode vir, senão agora expressamente ab-rogado, *dialeticamente* interpretado para servir ao progresso econômico e social da classe dominante, desfrutando e potenciando ao máximo os momentos de abertura que cada norma encerra – em prejuízo dos princípios ligados à tradição e, portanto, fechados para a nova realidade –, como seria aquele da *periculosidade da ação*. Bem podemos dizer com GREGORI que "num ordenamento inspirado para a ideologia marxista, o método da jurisprudência não pode ser 'dialética'. Em tal sistema, de fato, os liames entre ciência do direito e socialismo não podem certamente ser contingentes. Os princípios tradicionais podem ficar válidos; mas é natural que eles sejam continuamente superados por uma interpretação 'criativa'". É assim que na Alemanha oriental (dominada por um regime marxista) tinha ficado até 1968 em vigor o código penal do Reich de 1871, interpretado, porém, de maneira que resultados desta interpretação eram anti-éticos àqueles tradicionais. Mas, todavia, no âmbito de uma norma colocada pelo legislador marxista, é válido o critério da interpretação dialética que não olha tanto os critérios formais por meio dos quais a interpretação tem lugar, mas coloca o acento determinante sobre a substancial *carga lesiva* da ação humana pelo que concerne os interesses políticos e econômicos da nova classe ao poder. Uma ação pode ser penalmente relevante também se não prevista expressamente como reato de um texto legislativo por meio de uma interpretação analógica do nullum crimen sine lege nos códigos logo saídos da revolução. O art. 16 do CP soviético de 1926 estabelecia que "se uma certa ação socialmente perigosa não é exatamente prevista pelo presente código, o fundamento e os limites da responsabilidade que tal ação comporta são determinados de conformidade com os artigos do código que prevê os reatos cuja natureza é aquela mais afim". Era, portanto, reconhecida expressamente a analogia *in malam partem*.

Sucessivamente, com a reforma de 1958 e com o código de 1960 (art. 3), o reato é submetido, ao contrário, à reserva expressa de lei, também se a falta de periculosidade da ação possa autorizar o juiz a negar em concreto o reato porque o fato não agride interesses da classe dominante. E esta é, em substância, analogia *in bonam partem*, ligada porém a um critério discriminatório. Malgrado isto não se quer fazer a menos de um critério fundamental de legalidade. Aliás, se assiste neste momento a uma particular acentuação da *legalidade socialista* em contraposição à legalidade do Estado burguês. Legalidade socialista que, abandonando posições de tutela rigorosamente individualísticas, viria, conforme os teóricos deste tipo de legalidade, a reforçar a tutela individual enquanto inserida na tutela dos interesses de classe. O que prova mais uma vez como no quadro de uma consideração de fundo que atribui à classe – e, portanto, ao Estado classista – um valor absoluto, se se pode falar de valor absoluto numa visão dialético-historicistica da realidade. Bem diz NAPOLITANO que "se trata de uma legalidade que não acha e não pode achar verificação nas doutrinas jurídicas tradicionais porque ela não se refere minimamente ao *poder estatal* que não é limitado por nenhuma lei".

Mas há mais. A legalidade no socialismo, além de não limitar de forma nenhuma o poder estatal, é considerada até instrumento para a realização dos fins da ditadura do proletariado, e corresponde, de vez em vez, ao interesse da classe dominante. Desta forma, o indivíduo é *fagocitado*, não tem filosoficamente nenhum significado autônomo porque acaba por se dissolver dialeticamente no grupo ou na classe única portadora de todo valor e de todo interesse. Embora, numa perspectiva final, o Estado classista seja destinado a se dissolver porque sobre estrutura formal de uma substância que realizará a própria fora de toda esquemática jurídica, neste momento histórico, Estado classista e direito penal classista são termos correlativos: o direito penal marxista deve assumir uma *entoação classista* enquanto um instrumento de força para a defesa das posições conquistadas pelos trabalhadores por meio da revolução. Coloca-se, portanto, uma clara contraposição entre direito penal "burguês" de origem liberal-iluminística e direito penal "socialista" de marca marxista, quer por quanto concerne as fontes e a interpretação da norma penal (já lembrada), mas também pelo que se refere à construção dos institutos fundamentais ou essenciais para a nossa disciplina. O reato é na lesão potencial de um interesse de classe, não nas formas ou nas modalidades da empírica manifestação da ação delituosa. Se é necessário que a classe operária venha a defender as próprias conquistas de cada reação ou retorno de chama do espírito capitalístico ainda vivo numa classe vencida, mas ainda não totalmente desaparecida, a eventual ação de defesa do Estado operário deve pular logo que se manifesta uma ação animada de espírito ofensivo. E mais, que as notas formais da ação em relação aos tipos de reato, é necessário – no quadro de uma tal impostação – mirar o *modo de ser* do conteúdo psicológico da ação e na aparência classista do sujeito que deve ser julgado. A noção de reato vem se subjetivizar, personalizar, enquanto é decisiva a mentalidade "burguesa" que está na raiz da ação ou a pertinência do imputado à classe burguesa-capitalística. A tutela dos interesses da classe operária ao poder é feita, sobretudo, por meio da individualização de uma mentalidade politicamente não conformista e de uma dada posição social do presumido réu. É bem verdade que nas últimas fases da evolução do sistema penal soviético o marcado subjetivismo das origens veio se atenuando, mas ficou no sistema uma tendência que interpreta o significado jurídico-penal da ofensa efetiva ou potencial externa em relação aos momentos subjetivos. Não é, portanto, fundada a objeção de subjetivismo sem garantias para o imputado que a ciência penalística soviética move à dogmática e à legislação do ocidente, enquanto justamente preocupado em definir os tipos subjetivos do reato (dolo, culpa, preterintenção). É verdadeiro justamente o oposto porque, quando a reação penal encontra a sua justificação na individualização de um dado movente ou de um dado fim ou no acertamento de uma determinada posição social, todo critério válido objetivo enfraquece e o reato é remetido a momentos subjetivos que consentem toda mais ampla interpretação. O Estado de direito tutor da mais estreita legalidade está assim de fato minado na base.

Também a reação estatal sofre uma profunda transformação. Ela não está mais ligada, como a um indefectível pressuposto, ao acertamento da culpabilidade do imputado. O conceito de culpa é um conceito de origem burguês em íntimo liame com a concepção filosófica individualística do ocidente liberal e cristão. Pune-se não porque culpados segundo critérios morais que a nossa civilização coloca à base do juízo de culpabilidade, mas porque a ação é de *per si* mesma *objetivamente* perigosa para a ordem social, independentemente de pesquisas em torno das noções de dolo ou de culpa, ou porque os *sujeitos* devem ser considerados *perigosos* para a ordem, constituindo-se com a revolução. Estabelece-se, portanto, não um nexo entre pena e culpabilidade, mas entre pena (o nome hoje volta à moda) e periculosidade da ação ou do sujeito que deve ser julgado. O provimento em que a reação estatal se manifesta não entende, então, por quanto se refere ao sujeito, reprimir ou castigar em nome de indeclináveis exigências éticas e jurídicas, mas prevenir novos ataques à ordem nova ou por meio da eliminação física do delinqüente, "inimigo do povo" e como tal não recuperável (pena de morte hoje novamente introduzida e largamente aplicada), ou por meio da recuperação do delinqüente "corrigível" mediante a aplicação de uma pena pedagógica ou preventiva onde este possa convencer-se da errada escolha cumprida e aceitar os postulados e as diretrizes do novo sistema. A pena tem assim uma larga função de "defesa social", porque esta pode ser garantida quer da eliminação como da recuperação social dos "réus". E o condenado recuperado é depois inserido na ordem socialista na qual expressará um trabalho ou uma função úteis para a classe ou para a categoria: o que pode acontecer somente depois de uma radical mudança de orientação mental obtida mediante a necessária ação pedagógica.

4. O TOTALITARISMO PENAL

Na verdade, deve ser lembrado que também na Europa ocidental passou-se por meio de um período no qual o direito penal sofreu uma profunda transformação sob a influência de uma concepção política totalitária qual foi a concepção nacional-socialista na Alemanha de 1933 a 1945. Agora esta é história. É uma boa história que, porém, deve ser lembrada. Teremos mais motivos no curso do tratado de lembrar alguns aspectos de uma tal concepção porque tem indubitavelmente marcado – mesmo se em caracteres negritos – uma época tragicamente acabada numa guerra mundial. Aqui é suficiente lembrar alguns fundamentais aspectos do totalitarismo nazista que incidiram profundamente sobre as estruturas do direito penal de maneira a tornar quanto mais útil uma sua lembrança para os fins de um pleno conhecimento das relações entre política e direito penal. Tratou-se de uma concepção *organicistica* das relações entre povo e Estado e entre povo e indivíduo, no sentido de que cada referência a uma esfera da liberdade natural da pessoa humana diante do *tudo* era considerado num ontológico contraste com a realidade, antes que jurídica, também naturalística da sociedade humana. O vínculo do sangue que liga entre si os membros de um povo fixado sobre um território (*Blut und Boden*) faz com que um se identifique com o outro e todos os indivíduos se resolvem na única realidade que conta: a comunidade nacional racialmente pura que constitui o supremo valor ao qual tudo deve ser relacionado ou referido. Essa forma de supremo critério de juízo de cada atitude do indivíduo chamado somente para explicar no âmbito da comunidade as funções que o *tudo* lhe atribui, não para reclamar os direitos que não têm nenhuma razão de subsistir. O Estado perde as suas estruturações autônomas lógico-jurídicas que especialmente na Alemanha o liberalismo conservador tinha pacientemente elaborado sob a influência de um hegelismo de direita. Ele é somente um instrumento que serve a comunidade racial para realizar plenamente a si mesma, mas não é fonte do direito, nascendo o direito da consciência racial-nacional do povo interpretado pela vontade do chefe (*Führer*), ao qual o destino atribuiu-lhe o comando. O direito penal está subordinado ao princípio autoritário (*Führerprinzip*) e serve para a defesa dos interesses da comunidade popular, nunca – senão de reflexo – para a tutela de disposições individuais de autonomia. No quadro de uma tal impostação de fundo, a lei formal é somente um dos critérios diretivos para o juiz, o qual poderá fazer recurso aos princípios da consciência da comunidade popular para aplicar *analogicamente* uma norma penal incriminadora de um caso expressamente regulado para um caso não previsto. A grande conquista do Estado de direito relativamente à proibição da analogia em matéria penal é assim vulnerado normalmente. Tal estado de direito é, aliás, escarnecido porque de origem liberal-iluminística elaborado pelos publicistas com método e mentalidade talmúdicos. É Estado de direito somente o Estado que serve para os interesses vitais da comunidade racial sem nenhuma preocupação com as liberdades do indivíduo, que são um simples *flatus vocis*. O reato não é a lesão "típica" de um bem juridicamente protegido cuja noção deve ser elaborada dentre estreitos confins de legalidade "formal", mas é um *ato de infidelidade*, uma rebelião da vontade individual para a vontade da *Führung* (guia política), independentemente da lesão efetiva de um interesse que poderá agravar mas não constituir o reato. Contrapôs-se assim um direito penal que olha para a vontade (*Willensstrafrecht*) a um direito penal que visa ao resultado (*Erfolgsstrafrekt*): o primeiro em harmonia com uma concepção organicística das relações indivíduo-Estado popular; o segundo ao contrário, expressão de uma visão atomística liberal toda protendida para salvaguardar a esfera de autonomia ou de liberdade da pessoa. Basta, portanto, a exteriorização de um ato de vontade, também com meios não idôneos para que um reato seja perfeito. A consumação do reato de fato é antecipada àquele que chamamos o momento da tentativa. A pena serve, no quadro de uma tal impostação, antes de tudo para escopos de prevenção geral drasticamente expressos por ameaças particularmente severas; em concreto, para eliminar fisicamente os incorrigíveis e para recuperar no interesse da comunidade os outros.

5. DEMOCRACIA E DIREITO PENAL

Impõe-se, neste momento, uma breve indagação sobre o que significa para o direito penal uma concepção democrática da realidade política hoje retornada em auge depois de tristes experiências e consagrada nos novos textos constitucionais, como, por exemplo, na Constituição italiana ou naquela da Alemanha ocidental. A respeito, para não acabar num perigoso e equívoco nominalismo, queremos distinguir dois tipos de democracia: aquela *penalística* e aquela *popular*. Para nós, no quadro de uma tradição ocidental, não existe dúvida que de democracia se pode falar somente com relação a uma impostação e justificação *personalísica* da mesma, isto é, quando a pessoa humana aparece sobre a cena política como portadora de uma sua esfera de autonomia, e, portanto, de sua responsabilidade, antes de cada intervenção ou de cada reconhecimento estadual. O indivíduo entendido como pessoa (isto é, eticamente qualificado) é o protagonista da política e da história e, portanto, também do direito, que da política e da história é uma manifestação típica, senão a mais típica. Se nós, ao invés, falamos de democracia popular, fatalmente deslocamos o acento da pessoa do grupo ao qual o indivíduo pertence, hipostaticando o grupo e a coletividade como um absoluto, vale dizer como o único e só valor que resume em si cada aspecto ou momento individual da realidade social. Uma outra vez se abre assim a porta a uma forma de autêntico totalitarismo.

Numa concepção democrática do direito penal, o ponto de partida é assim dado pelo conceito de "pessoa". Não se trata mais de uma concepção atomística-individualística do homem como no quadro do contratualismo francês, que empurra os homens a se associarem para sobreviver por meio da forma e o vínculo do famoso contrato social, mediante o qual cada um cede uma sua parte de liberdade para criar as condições da coexistência, porque os homens coexistem entre si por *lei de natureza* e se articulam numa série de agrupamentos sociais que vão da família ao Estado por meio das comunidades intermédias. Independentemente de cada forma histórica de contratualismo (aquela de G. G. Rousseau tem caráter hipotético), subsiste entre homem e homem um vínculo de natureza moral, antes, e de caráter jurídico, depois, pelo que bem se pode dizer que o direito nasce institucionalmente no sentido que onde se manifesta uma constituição social se manifesta a regra de direito. O direito é princípio de coordenação das relações humanas e não há necessidade de coordenação onde falta uma sociedade para coordenar. *Ubi societas ibi ius*. Mas numa sociedade democrática *aberta*, ou seja, democrática, a posição da pessoa humana se encontra avantajada pela presença e pela ação de uma regra ético-jurídica (antes de tudo natural) que eleva a própria pessoa acima de cada outra realidade e de cada outra exigência, pelo que ela se torna o *valor absoluto* e determinante de cada escolha de maneira que não pode ser degradada a metade em vista de um fim para realizar. A pessoa humana goza, então, de uma esfera de autonomia própria que não pode ser diminuída ou agredida sem comprometer as mesmas bases da convivência.

O direito penal que acha a sua última fonte numa exigência de justiça comunicativa ou retributiva da qual o Estado é garantido, tende justamente a garantir ao indivíduo a *inviolabilidade da sua esfera de autonomia* de toda intervenção de terceiros e de toda intervenção arbitrária do próprio Estado. Derivam destas premissas importantes conclusões: o reato não pode ser um fato puramente interno à psique do sujeito agente, porque até que um sujeito fique sobre as suas posições, não viola a esfera de autonomia de um outro e não cria portanto as condições ou premissas de uma ruptura nas relações inter-subjetivas com violação de uma exigência de justiça que reclama a intervenção punitiva do Estado. O reato, vindo a lesar uma esfera de autonomia de um sujeito, vem com isto mesmo a comprometer um particular interesse que, no âmbito da sua esfera de autonomia, estava na possibilidade de gozo do indivíduo. Tal consideração dá um conteúdo à esfera de autonomia individual por meio da indicação do *bem jurídico* que o reato agride e desconhece. A objetividade do reato está exatamente nesta indicação de um bem jurídico lesado. O reato não é puro ato de rebelião ou de desobediência, como afirmam os teóricos do totalitarismo penal (concepção puramente subjetiva), mas é ligado a uma realidade externa. Mas para garantir ainda mais a esfera de liberdade individual de toda arbitrária intervenção estadual, é preciso que a lesão do bem jurídico seja uma *lesão típica*, no sentido de que não toda a ação lesiva de um interesse alheio é reato, mas somente aquela que como tal é descrita pela lei penal. Uma democracia personalística não pode prescindir de reconhecer valor determinante ao princípio de legalidade (*nullum crimen sine lege*) que o liberalismo do século XVIII indicou como essencial a um Estado de direito. E é por esta via que democracia personalística se torna sinônimo de um Estado de direito, não entendido porém como forma jurídica que investe toda uma série de exigências às quais o Estado deve fazer frente para estar à altura de suas mais cambiantes finalidades sociais. Trata-se de um Estado de direito substancialmente entendido, que implica responsabilidade das atividades que incidem na substância das relações humanas de onde à pessoa humana sejam criadas as melhores condições para o seu progresso e para o seu aperfeiçoamento. Em outras palavras, um Estado de Direito no quadro de uma democracia personalística não pode ser um Estado *agnóstico*, mas um Estado *ético* não no sentido hegeliano, em que ele é a essência mesma da moralidade que se atua na história, mas no sentido cristão, pelo que o Estado atua na sua visão social os ditames de uma moral que preexiste ao Estado mesmo e que traça para todos as vias obrigatórias. O que se torna muito importante no setor das conseqüências jurídicas do reato. Na *pena* antes de tudo. Uma visão democrática da pena no quadro de uma concepção ético-heterônoma deve fazer eixo sobre o conceito de *pena retributiva*. A pena se torna assim a expressão de uma suprema exigência: ao mal deve seguir o mal, vale dizer castigo. O mal deve ser entendido em sentido físico e não em sentido moral, porque a pena não é ligada – como alguns querem – ao conceito e ao critério da vingança (*vindicta publica*): ela é, ao invés, expressão de um princípio de justiça. E um provimento de justiça não pode ser um mal. Atribuir à justiça fins particulares quer dizer encontrar a sua justificação fora da idéia da equiparação e, portanto, desnaturar a mesma substância da sanção penal. A pena de retribuição não pode, dessa forma, perseguir fins particulares como se estes fossem ligados necessariamente à sua natureza. A prevenção geral e a prevenção especial dos reatos foram atribuídas como fins à pena por aqueles que negam com efeito a sua verdadeira e única razão de ser: a *retribuição*. Mas a respeito deve ser logo observado como no quadro de um Estado de direito substancialmente entendido, a retribuição não pode ser entendida em termos puramente nominalísticos ou formais. Retribuir quer dizer castigar e castigar um *homem*. O castigo não pode ser entendido como pura reação de retribuição fora da consideração que ele incide sobre uma natureza ética como é a natureza do homem. O *castigo deve ser individualizado*; não pode ser aplicado por esquemáticas abstratas, mas sobre a base de indagações concretas que investem o conhecimento da síngula personalidade que deve sofrer o castigo. A exigência da individualização da pena tornou-se hoje um axioma, mas o é como conseqüência não como uma específica indicação de escopo (prevenção especial) designada à pena, mas como corolário da natureza retributiva da pena que deve operar, concreto, em uma personalidade humana bem definida. Isto significa que a pena deve ser em concreto um castigo *humanizado* ao grau máximo compatível com o critério de retribuição. Somente por esta via pode ser obtida a emenda do réu ou sua recuperação especial. Efeitos estes que a pena de retribuição, enquanto justa e equânime, pode gerar independentemente de sua polarização para um escopo que, se não alcançado, tiraria à pena toda razão de ser. Assim a pena nunca perderá a sua natureza de provimento determinado no tempo. Seu limite será rigorosamente respeitado em vista da salvaguarda da liberdade do indivíduo.

A *medida de segurança* pode – aliás deve – ter, no âmbito de uma democracia inserida numa visão substancial do Estado de direito, uma exata função em vista da realização de um escopo: a recuperação humana do delinqüente anormal e enquanto tal socialmente perigoso. Trata-se de sanar, de curar uma chaga. E isto entra nas tarefas sociais, precípuos de um Estado que entenda estar à altura das suas responsabilidades histórico-políticas. Será, contudo, tarefa da legislação ditar normas as mais exatas possíveis para que também neste delicado setor todo arbítrio deva ser eliminado. A personalidade tarada de um homem delinqüente não pode ser objeto de arbitrárias pesquisas ou de provimentos irregulares, mas deve em todo caso formar objeto de sérias responsáveis indagações, porque é sempre um "homem" em discussão. Estamos diante de um novo tipo de Estado: o *Estado social de* direito, vale dizer um Estado que, sem nada renegar daquilo que representa uma exigência de estrita legalidade, se assume obrigações positivas no campo delicado da ressocialização do delinqüente.

Capítulo 4

As Codificações Italianas

1. O Código Penal Zanardelli e o Projeto Ferri

O código penal hoje em vigor na Itália remonta a julho de 1931. Ele veio à luz no período da ditadura fascista, quando este, porém, mais do que um regime totalitário – ideológica e politicamente –, era prevalentemente um regime *autoritário* com prevalência do poder executivo sobre todo outro poder estadual. Isto é muito importante porque o código não ressente, senão em medida limitada, de uma concepção totalitária da política e das relações – portanto entre o Estado e o cidadão. Em 2000, há cinquenta e dois anos da reconquista da liberdade por parte do povo italiano, ele está ainda em vigor mesmo tendo sido parcialmente reformado. Isto quer dizer que, em substância, ele resiste à nova situação e às necessidades dela, não obstante que deva ser providenciada uma profunda revisão, tendo o governo muitas vezes apresentado às Câmaras projetos de reformas.

Ele é o segundo código da Itália depois da sua unificação, porque não se pode chamar código da unificação o código penal do Reino da Sardenha, estendido a todos os territórios da Itália depois de 1861, feita exceção à Toscana, onde ficou em vigor o código Mori promulgado no Grande ducado em 1854, código que se pode considerar um documento de grande sabedoria e exatidão jurídica. Foi em 1889 que a Itália deu-se a primeira legislação unitária, por obra do Guarda-sigilos Zanardelli, que ao código deixou ligado o seu nome. O código Zanardelli foi, sob o perfil político, um código inspirado por uma ideologia liberal de direita, ligada ao critério da exatidão e da garantia jurídica: exatidão para os conceitos e, portanto, para a certeza do direito do qual deriva a segurança dos consorciados. Seu critério informador foi aquele da exatidão. O Estado deve intervir depois que o reato foi perpetrado com sanções punitivas. Prevenir o reato, além daquela que pode ser a função preventiva da norma penal enquanto tal, significa perigo de incidir sobre as liberdades individuais que o direito é chamado a tutelar. É o reato o centro de toda norma legislativa e de toda discussão científica; além do reato, todo passo é precluso. O problema da periculosidade do agente não tinha sido ainda posto em termos exaurientes pela escola positiva, mas em todo caso não podia considerar-se em harmonia com as exigências de um direito penal que olhava ao reato, ou melhor, ao "caso concreto", como a noção e o valor supremo onde fossem definidos em termos exatos os confins do lícito e do ilícito e eliminar as zonas de perigo para a liberdade individual. Eram o fato e a periculosidade do fato os pólos positivos do direito penal, enquanto a pena repressiva constituía o pólo negativo do sistema codicístico.

Não é o caso de descer no particular. Mas uma coisa está certa: o código podia reger no quadro político cultural no qual ele tinha nascido e ao qual devia servir. Modificando-se o ambiente cultural e político, o código também devia conhecer suas primeiras fendas e abrir o caminho a uma iniciativa de reformas. A Primeira Guerra Mundial levou também a Itália a profundas mudanças nas estruturas sociais, na realidade econômica, nas ideologias políticas. Se o código de 1889 se pode dizer *código da burguesia*, que tinha feito o Ressurgimento em nome de uma perspectiva conservadora das estruturas sociais e políticas, o advento de largas massas do povo para a vida política por meio do sufrágio universal (católicos e socialistas), a transformação das estruturas sociais do mundo de setenta anos atrás que reclamavam uma nova política econômica, a afirmar-se de concepções doutrinais em contraste com o pensamento político e científico que tinha regido a vida do século XIX, não podia não se fazer sentir no setor da vida jurídica do Estado para reclamar as reformas. E houve uma séria tentativa de reformas, também, se não chegou ao porto: aquele do projeto de um novo código penal devido, por iniciativa ministerial, a ENRICO FERRI, então expoente quer do socialismo italiano como da escola positiva italiana, que chegou ao máximo do seu esplendor e do seu poder nos anos de 1920 a 1925.

O projeto Ferri veio à luz em 1921, quando a crise do pensamento e do sistema liberal tinha alcançado o seu acme. É bom conhecer os princípios informadores do projeto também porque eles tiveram uma notável influência sobre o desenvolvimento do direito penal em muitos países além do nosso. Seguindo a Relação ministerial do Rei, podem os sublinhar alguns pontos fundamentais:

1) A legislação penal deve partir do *delinqüente* em vez do *delito*. Isto não quer dizer necessariamente que o código não deva fixar o fato delituoso e o juiz na sentença de condenação possa e deva prescindir do mesmo, mas somente que o reato, antes de ser um "ente jurídico" como estava expresso pelo classicismo, deve considerar-se a *ação de um homem*: "é a este homem depois, não ao fato delituoso, que deve ser aplicado o provimento repressivo estabelecido pela lei. E é este homem que, enfim, depois de descontada a condenação, deverá todavia viver ou respeitando os direitos alheios ou cumprindo novos delitos".

2) As providências para a *defesa social* (critério inspirador do sistema) contra a delinqüência devem, conseqüentemente, se adaptar não tanto à gravidade maior ou menor do delito, quanto à *maior ou menor periculosidade do delinqüente*. A periculosidade social do delinqüente se torna, portanto, o critério de medida para a escolha e para a determinação concreta do provimento de defesa, de onde "critério fundamental para uma reforma das leis de defesa social contra a criminalidade deve ser que os provimentos repressivos sejam mais severos, isto é, mais eficazes, para os delinqüentes habituais e mais perigosos por tendência congênita ou adquirida, e

sejam menos rigorosos, ou seja, melhor aptos pela grande maioria dos delinqüentes ocasionais e menos perigosos". Isto significa que a progressiva mitigação dos provimentos de defesa nem sempre podem ser nas intenções do legislador que se inspira em ideologias positivísticas, porque seria absurdo que a delinqüentes de alta periculosidade social se aplicassem provimentos de excessiva brandura.

3) Como dito antes, leva à necessidade de distinguir sob o perfil da periculosidade os *delinqüentes adultos dos delinqüentes de menor idade* e entre *delinqüentes comuns* e *delinqüentes político-sociais*.

4) A responsabilidade do delinqüente não deve mais ser estabelecida segundo o critério da imputação moral do fato delituoso porque a liberdade do querer ou livre arbítrio não existe, mas deve ser determinada segundo um critério social. A lei estabelece uma responsabilidade porque cada indivíduo, enquanto vive na sociedade, deve assumir o risco das conseqüências das próprias ações. É esta a *responsabilidade legal* pela qual deve ser banida toda lembrança de culpa ligada ao critério metafísico da liberdade moral.

5) Ulterior critério diretivo na reforma das leis penais é que "as sanções destas estabelecidas para os fatos delituosos devem ser estranhas a qualquer pretensão de infligir um castigo proporcionado a uma culpa moral". O critério de um castigo "de retribuição" se torna assim um absurdo "porque não podem, de forma absoluta, ser medidas duas entidades essencialmente heterogêneas como a esperança de um útil (delito) e o temor de um dano (pena)". Tal contrariedade ao critério de retribuição é no pensamento da escola positiva absoluta e incondicionada: ela é a expressão da impostação utilitarística do direito penal, negadora de uma regra moral objetiva e universal.

6) O sistema da pena detentiva a *termo fixo* deve ser considerado superado: "de fato, se não é realizável a pretensão de determinar um castigo proporcionado a uma culpa, e se trata em vez de segregar quando seja necessário um indivíduo não apto para a vida social, esta segregação não pode ter um termo prefixado, mas deve durar tanto tempo quanto seja necessário para que o indivíduo se torne idôneo para a vida livre; e quando ele é incorrigível, deve durar por tempo *absolutamente indeterminado*". É assim que a sanção indeterminada no tempo (seja em via absoluta como em via relativa) se torna o fulcro de uma concepção positivística, e é esta a particular razão pela qual não é possível coordenar as exigências de certeza jurídica do Estado e direito com a falta da segurança para as liberdades individuais que brotam do positivismo criminológico.

7) Conseqüentemente, resulta que toda diferença entre a pena e a medida de segurança vem fatalmente menos porque faltarão as razões *ontológicas* para ficar firme na *dicotomia*. Se toda providência penal está em função da periculosidade social do delinqüente e nesta acha a sua razão justificadora, uma diferença entre pena e medida desaparece. Entramos no quadro daquela que GRISPIGNI chama *sanção criminal* e os alemães, *Zweckstrafe* ou pena-escopo: um superamento decisivo do critério de retribuição, para fazer largo somente ao critério da prevenção e particularmente àquele da prevenção especial dirigida à recuperação social do condenado. Não estamos, porém, diante de um superamento da pena e da medida, mas a uma dissolução verdadeira e própria da pena na medida de segurança. Sob o nome de "sansão criminal" somente esta deveria triunfar.

2. O Código Rocco de 1931 e as Reformas Parciais

O projeto FERRI não conseguiu se tornar lei do Estado, quer por razões científicas, quer por motivos políticos. Na Itália, os tempos – oitenta anos atrás – não eram de forma absoluta favoráveis a um acolhimento de teses positivísticas no quadro da legislação. O amaciamento do critério da segurança com o declinar do dado objetivo do reato, para insistir prevalentemente sobre momentos personalísticos, e a recusa do critério de culpabilidade a favor daquele de periculosidade determinam uma forte reação política e científica, e o projeto foi colocado de lado. Mas o problema de uma reforma do código penal ficava, contudo, sempre sob o tapete, dado que o código Zanardelli era considerado também da parte antipositivística como superado da evolução das situações e da necessidade de uma política criminal que fizesse intervir mais eficazmente o Estado na luta contra o fenômeno delituoso, também em via preventiva. E foi assim que, depois de cinco anos de discussão sobre um projeto – antes preliminar e depois definitivo –, veio à luz o código de 1931, atualmente ainda em vigor, embora em parte reformado e sempre sobre a via de uma mais marcada modificação, em harmonia com a nova realidade política e constitucional.

Deve ser observado que a reforma do código penal nos anos de 1925 a 1931 foi facilitada pela afirmação de uma instância política que entendia apresentar-se como *autoritária* relativamente ao caráter liberal e democrático do mundo político que tinha gerado o código Zanardelli. O "fascismo" então na Itália estava no poder, queria constituir e representar a antítese mais radical da democracia, considerada como forma política superada porque incapaz de enfrentar as tarefas políticas e sociais de um Estado moderno que – como se afirmava – ia se pulverizando no quadro de uma concepção edonístico-individualista da sociedade. Não mais o indivíduo devia ser considerado o fulcro da realidade social e política, mas o Estado que vingava a si um poder originário e autônomo relativamente à vontade dos indivíduos em cada setor da atividade política. O pressuposto do qual se saía era, portanto, aquele de uma concepção do Estado que negava a dogmática política do liberalismo, mas que não conseguia – todavia na antítese ao liberalismo – se caracterizar em forma exata e unívoca.

Por esta razão as caracterizações foram multíplices e diversas conforme que se colocava em luz a política religiosa, aquela econômico-social, aquela racial ou aquela imperialística que todas as outras superava e sintetizava. E é próprio por causa de tais orientações políticas nos diversos setores da vida social que podemos constatar como o código penal de 1931, especialmente na sua parte especial (que é aquele que em linhas gerais mais ressente da ideologia política na escolha da determinação e classificação da matéria punível), exprime uma fermentação ideológica não clara, mesmo se nesta, mais marcadamente do que alhures, manifestou-se o influxo de uma concepção "autoritária" do Estado, que entendia repelir a instância liberal-democrática. Mas se isto é verdadeiro, também o é que os reatos singulares previstos pela parte especial do código são normalmente constituídos e elaborados segundo a técnica legislativa tradicional: *determinação do "bem jurídico" tutelado; descrição do "fato delituoso" em seus elementos constitutivos; presença eventual de condições de punibilidade; determinação da pena no mínimo e no máximo.* Se é, portanto, verdadeiro que alguns fatos concretos delituosos não podem ser levados a uma ideologia política liberal, quer pelo conteúdo quer pela forma, é também verdade que elas vem-se delineando sob o ângulo visual técnico como correspondentes às exigências de uma legislação que entende, se não mesmo ligar, pelo menos *limitar* a avaliação imediata do fato por parte do magistrado. Isto quer dizer também que os critérios fundamentais interpretativos elaborados por uma secular tradição "liberal" são aqueles que mais se adaptam à interpretação das disposições da parte especial do código, sem necessidade – como tinha acontecido alhures – de mudar a orientação também sob este perfil, pondo em perigo a liberdade individual. Nunca foi o caso de recorrer ao critério sujetivístico de interpretação como se a preeminência devesse reconhecer no momento "intencional" na economia estrutural do reato: esta de fato ficou, contudo, sempre baseada sobre o momento objetivo da lesão, efetiva ou potencial, de um bem jurídico. Porquanto seja verdade que os momentos personalísticos ou subjetivos são no código atual mais numerosos que nas passadas legislações penais, isto não significa de forma absoluta que as orientações interpretativas tenham sofrido uma transformação. E isto encontra ulterior confirmação na elaboração da parte geral do código, especialmente com referência às disciplinas dos problemas relativos à lei penal, ao reato, à pena, onde – à parte o regime de maior severidade para as sanções – nada há de substancialmente mudado em relação a uma legislação penal que se queira dizer emanação do mundo ideológico do liberalismo. Com efeito, lei penal, reato, pena são orientados para a *finalidade repressiva* que melhor que toda outra satisfaz as exigências da liberdade e da segurança jurídica.

A *idéia preventiva* teve, todavia, como se manifestar por meio da introdução das medidas de segurança, ligadas à periculosidade do sujeito ativo do reato. As exigências positivísticas que tinham trazido à cena aspectos até então descurados pela política criminal e pelo direito penal, particularmente no que se refere a algumas formas de criminalidade, entendiam dever estar presentes dentro dos limites de sua validade científica e de seu significado político. E no que diz respeito ao perfil político, as dificuldades se apresentavam facilmente superáveis dada a sua ocorrida transformação da concepção e da função do Estado, como o caso de um liberalismo puro que não podia conceber e admitir uma "purificação" política preventiva de lutas contra a delinqüência pelo perigo que teria derivado para as liberdades individuais. Com efeito, toda forma política que não seja de origem liberal reconhece a legitimidade de uma intervenção preventiva do Estado, até *à custa* de prejudicar as supremas exigências de liberdade e de segurança. Sob o perfil científico, ao contrário, é preciso seguir com cautela, porque os princípios do positivismo criminológico não podiam de forma alguma considerar-se todos provados e seguros. Seu reconhecimento no código foi só parcial, e também nos limites do mesmo acolhimento, mais do que uma coincidência de conteúdo, trata-se freqüentemente de coincidências somente formais entre o ditado da norma e a expressão usada pela escola positiva. Isto não quer dizer que a possibilidade de interpretação possa ser diversa, particularmente a propósito da imputabilidade, da capacidade a delinqüir, os delinqüentes caracterizados, como o habitual ou o profissional. Isto quer dizer que a discussão fica ainda aberta especialmente diante de algumas motivações da relação final ao código que não podem deixar perplexos aqueles que acreditam de ver no código a marca da tradição cultural clássica, e já não – como entendia GRISPIGNI – um trampolim de lançamento para o acolhimento intergral do mundo positivístico-criminológico.

O código de 1931 sofreu reformas parciais depois do fim da ditadura que o tinha concebido e promulgado; trata-se de reformas as quais tendem a tirar algumas asperezas do mesmo código por demais ligado a critérios de rigorismo às vezes excessivo e visado a reconhecer ao cidadão o direito de crítica para o operado da autoridade pública e àquele de resistência em relação ao ato arbitrário do oficial público.

Já no mês de setembro de 1944 apareceu o primeiro decreto de reforma do código. Ele introduziu novamente na codificação algumas disposições de extremo interesse e de grande significado. Em primeiro lugar, deve ser lembrada a reintegração das *circunstâncias atenuantes genéricas*, vale dizer daquelas circunstâncias não definidas expressamente pelo código, mas remetidas ao prudente arbítrio do juiz com o escopo de "humanizar" o mais possível a sentença de função de todas as características do fato concreto; trata-se, em substância, de um *favor rei* que não pode ser descurado por uma legislação democrática. Em segundo lugar, nos reatos contra a honra (difamação e injúria), quando a ofensa se concretiza num fato determinado e o ofendido é um oficial público, por um fato que entre no exercício de suas funções, é reconhecida ao ofensor a *exceptio veritatis*: isto é, o imputado tem o direito de provar a verdade do que foi atribuído ao oficial púbico, pelo que, resultando verdadeiro o fato, a ofensa é justificada em nome de um direito de crítica e de controle do privado em relação do operado da administração pública. Em terceiro lugar, no setor dos delitos contra a administração pública, diante do ato arbitrário do oficial público foi reconhecida a *licitude da resistência do cidadão privado* em nome de uma liberdade política que a ditadura tinha negado. A *pena de morte*, enfim, foi abolida, salvo os casos previstos pelas leis militares de guerra. Também nos últimos anos tiveram reformas e retoques também na parte especial (ex. a abolição dos delitos de adultério e concubinato, uma nova disciplina do delito de aborto conseqüente à eliminação dos delitos contra a integridade e a sanidade da estirpe).

Um projeto de reforma da parte geral do código (Projeto Leone, 1968), depois de ter chegado a um avançado estágio de elaboração, não veio mais à luz, mas foi porém em parte utilizado para a revisão, em 1974, de alguns institutos para os quais mais premente e não derrogável percebia a exigência de uma intervenção legislativa inovadora. Assim foi dada uma nova disciplina ao reato continuado, à reincidência, ao cômputo das circunstâncias e a suspensão condicional da pena de maneira tal que pudesse atenuar ulteriormente aquele rigor excessivo ao qual se acenava, consentindo uma maior adequação da pena ao caso concreto, atribuindo, porém, ao juiz maiores poderes discricionários.

Ainda fica aberta a discussão sobre pontos de fundamental importância, quais sejam: a) a abolição do ergástulo; b) eliminação das hipóteses residuais de responsabilidade objetiva; c) uma diversa disciplina das causas, numa visão mais "pessoal" do nexo de causalidade; d) abolição de outros casos de responsabilidade objetiva. Fala-se muito, ainda, de *depenalização,* expressão com a qual se refere à redução e mero ilícito administrativo de reatos "menores" punidos somente com a pena pecuniária. Em 1975, foi introduzida uma lei à qual seguiu a Lei n. 689, de 24.11.1981, que tem, de fato, degradado um grande número de contravenções previstas por leis especiais na classe dos ilícitos administrativos, à qual seguiu a Lei n. 205, de 25.6.1999. Essa tendência, porém, deve ser criticada por uma dúplice ordem de razões. Em primeiro lugar, porque as garantias oferecidas pelo processo penal são indubitavelmente maiores do que as concedidas pelo procedimento administrativo. Em segundo lugar, sobretudo, se produz, desta forma, um progressivo afastamento do direito penal do mundo da maior, depauperando alguns valores fundamentais da particular tutela oferecida pela sanção penal.

3. A CONSTITUIÇÃO ITALIANA DE 1948 E O PROBLEMA PENAL

Depois da grande aflição das guerras e das revoluções nos países da Europa ocidental, o primeiro tormentoso problema foi aquele constitucional, vale dizer a elaboração de uma Carta fundamental que garantisse, em termos de *liberdade*, a autonomia do cidadão, assim gravemente vulnerada à total vantagem do princípio autoritário das ditaduras nazi-fascistas. Também nos países orientais houve uma tendência a constitucionalizar as relações entre cidadão-trabalhador e o Estado-classista no quadro da assim dita "legalidade socialista"; mas o resultado que saiu disso não pode ser considerado homogêneo relativamente ao resultado constitucional dos esforços cumpridos nos países ocidentais e isto em substituição à substancial diversidade de matriz ideológica. O mesmo conceito de democracia é assumido em termos substancialmente diversos nos dois grupos de nações: no ocidente, a democracia é o homem "*indivíduo*", no sentido de que ele tem valor e significado, independentemente da sua inserção no coletivo; nos países socialistas, vice-versa, a única realidade ontológica é o homem "*massa*", o indivíduo inserido no coletivo, na classe ou na categoria à qual a pessoa pertence. Disso a contraposição, já relevada, entre um tipo de *democracia personalística* e um tipo de *democracia popular* que têm em comum somente um momento nominalístico, aquele de democracia, a qual conserva, porém, no âmbito de cada sistema um significado profundamente diverso. Também a legalidade à qual as Constituições "ocidentais" e "orientais" se referem é entendida em termos claramente distintos: a legalidade de tipo ocidental cria o *Estado de direito* (também social), no âmbito do qual toda a atividade do Estado em cada sua manifestação legislativa e executiva é subordinada à observância da *règle du droit*, no interesse das posições individuais de liberdade e de autonomia; a legalidade de tipo oriental, ao invés, determina o *Estado legalitário socialista* exclusivamente protendido para a salvaguarda dos interesses da classe trabalhadora ao poder. De qualquer forma, também nos movimentos legislativos mais recentes dos países socialistas, antes de seu desmoronamento, advertia-se a necessidade de superar o momento puramente revolucionário que subordina o direito ao útil do momento, para pressupor quanto menos, e portanto, para definir situações em termos tais de não consentir mais uma fácil debordação por parte dos órgãos executivos, judiciários ou legislativos.

A nova Constituição italiana entrou em vigor no dia 1º de janeiro de 1948 e constitui sem dúvida a primeira Constituição democrática personalística do país, mesmo se os motivos inspiradores são multíplices enquanto se referem a três diversos tipos de ideologias: aquela *democristã*, aquela *socialista* e aquela *liberal*. Mas, em todo caso, o tipo de "homem" que a Constituição pressupõe no setor particular das normas penais é aquele de um ser responsável pelas próprias ações, capaz de mover o curso das coisas e arbítrio, portanto, do próprio destino. Não há lugar para a idéia de um homem necessitado ao fato no quadro de forças causais não controláveis ou não domináveis: o homem é o artífice da sua história.

Porquanto especificamente se refere aos princípios penalísticos que nenhuma legislação do amanhã poderá superar, a Constituição fixa alguns pontos muito importantes. Antes de tudo o *princípio de legalidade*, dispondo o art. 25, parágrafo 2, que "ninguém pode ser punido se não por força de uma lei que tenha entrado em vigor antes do fato cometido". Estamos diante do tradicional princípio liberal-democrático que caracterizou cada código penal europeu e latino-americano desde a época do código penal Napoleão de 1810. Sua solene afirmação na Constituição italiana apresenta um evidente significado político depois das experiências, também penalísticas, da ditadura ideológica do fascismo. É uma reafirmação de liberdade da pessoa humana. A fórmula agora reportada, para a verdade, parece limitar o princípio de legalidade para a individualização do "fato" típico de reato, enquanto nada se diz relativamente à "pessoa" que poderia ser deixada ao arbítrio do juiz. E se isto fosse verdadeiro, uma grave lacuna existiria *in limine constitutionis* a toda desvantagem da liberdade individual. Mas isto não pode ser porque a interpretação do art. 25, parágrafo 2, deve ser conduzida no quadro do sistema e levando em conta, outrossim, os trabalhos preparatórios. No sistema, encontramos a constitucionalização do princípio de legalidade a propósito das medidas de segurança, enquanto o parágrafo 3 do art. 25 da Constituição italiana afirma que "ninguém pode ser submetido à medida de segurança senão nos casos previstos pela lei". Se a estrita legalidade está prevista para um provimento de caráter administrativo, qual seja, a medida de segurança, não se percebe porque tal princípio deveria ser vulnerado por um provimento de caráter jurisdicional como a pena. E é justamente no quadro de tais provimentos jurisdicionais que historicamente a necessidade da mais estrita legalidade se fez ouvir. De resto, MOLARI frisou a expressão usada pelo constituinte "ninguém pode ser punido em força de uma lei"; o que confirma que todo o sistema (reato e pena) deve ser subordinado ao princípio da reserva legal fora de cada discricionalidade.

Fica, portanto, entendido que o fato delituoso deve ser expressamente previsto pela lei como reato. "Fato" delituoso significa manifestação de vontade de um sujeito que deixa um sinal ou determina uma conseqüência no mundo sensível. Isto é uma prova de que o direito penal "democrático" não pode ser um direito penal objetivamente orientado, no sentido de a *nuda cogitatio* ou uma *voluntas* que não se traduza em termos de idoneidade para realizar um evento lesivo não podem constituir matéria de reato. Um fato de reato deve ser algo que transforma as condições ambientais preexistentes à ação do culpado. E quando se fala de fato de reato deve-se fazer referência a toda espécie de reato, tanto ao *delito* quanto à *contravenção*, vale dizer tanto aos reatos mais graves como aos reatos menos graves. A exatidão é importante porque a Constituição francesa de 1958 deixa, ao invés, a disciplina das contravenções ao poder normativo do executivo em harmonia com a acentuação da preeminência do mesmo executivo na Constituição gollista. E a maioria dos criminalistas franceses observa, a respeito, que ter abandonado a matéria das contravenções ao poder executivo constitui um grave atentado ao princípio de legalidade dos delitos e das penas.

A referência específica ao fato do reato exclui que possa considerar-se em harmonia com a letra e o espírito da Constituição um direito penal "sintomático", vale dizer um direito penal que toma o fato não como razão suficiente da pena, mas como simples *indício de periculosidade* do sujeito agente, quer para medir sobre a mesma periculosidade da pena, quer para aplicar uma medida de segurança. A estrutura do direito penal italiano em termos de Constituição é aquela de um direito penal etiologicamente entendido, vale dizer, projetado para o efeito lesivo da ação que causa. Não é o modo de ser do sujeito que interessa, mas o fato e o seu modo de ser em relação a um tipo de reato pré-fixado pelo legislador sobre a base do princípio da legalidade. E também aí é onde o modo de ser do sujeito adquire em via subordinada relevância para os fins da aplicação de uma medida de segurança e isto deve ser previsto pela lei. Mas prever a medida em termos de estrita legalidade significa também legalizar o "fato concreto de periculosidade", vale dizer, fixar com clareza legislativa os casos, os pressupostos e as situações presentes às quais uma medida pode ser aplicada. Não se pode deixar o acertamento da periculosidade social de um sujeito ao simples indício ou ao mais amplo poder discricionário do magistrado, mas ocorre proceder a uma séria e honesta tipificação do fato concreto de periculosidade. Somente uma reserva legal estendida também a este setor pode ser uma eficaz garantia contra o arbítrio e a licença.

Corolário do princípio de estrita legalidade é o princípio da *proibição da aplicação retroativa da lei penal*. As leis olham para o futuro, nunca para o passado. Não se trata, porém, de um princípio de lógica, mas de política jurídica, porque nada impede que o legislador possa qualificar em termos juridicamente negativos também fatos humanos que se exauriram antes da entrada em vigor de uma determinada lei. No entanto, o que logicamente é possível se torna politicamente inoportuno, enquanto constituiria um atentado à liberdade do homem. Somente os regimes políticos que se fundam sobre a razão de Estado podem admitir eficácia retroativa à lei penal incriminadora, isto é, àquela lei penal que prevê reatos e sanções. O que tinha acontecido na Alemanha nazista também para a pena de morte.

A Constituição italiana não podia ficar indiferente ao problema e no art. 25, que temos lembrado expressamente, sancionou a proibição. Todavia se trata de uma proibição não absoluta, enquanto se refere somente às normas penais incriminadoras de um fato como reato. Não se estende, ao invés, às normas que abolem um reato, que têm sempre efeito retroativo, nem tem vigor em caso de sucessão entre mais leis modificadoras quando uma lei posterior modifica *in melius* a disciplina jurídica penal de um fato constitutivo de reato.

Um terceiro princípio constitucional fundamental em matéria penal é sancionado pela primeira parte do art. 27, segundo a qual "a responsabilidade penal é pessoal". É o princípio da *personalidade da responsabilidade penal*. Por meio desta chamada constitucional se quer, antes de tudo, considerar como não admissíveis formas e casos de responsabilidade penal por fato alheio (ex. fuzilamento de reféns, represálias pessoais etc.), tão comuns infelizmente em períodos tempestuosos como os períodos atormentados pelas guerras civis e revoluções. Diferentemente do direito civil, que pode estabelecer responsabilidades civis (obrigação do ressarcimento do dano) por fato alheio (como a responsabilidade do genitor por danos cometidos pelo filho), o direito penal considera a responsabilidade penal como exclusivamente ligada ao próprio fato. Se pode ser punido somente por um fato, que possa ser referido em termos personalísticos ao sujeito agente. Mas o caráter personalístico da responsabilidade penal pode significar também algo a mais, isto é, que a responsabilidade penal para ser afirmada como tal deve levar em conta as *modalidades típicas do operar humano*. O homem com a sua ação não atua uma causalidade puramente material ou mecânica porque a ação tanto pertence ao homem, enquanto nela se traduza a sua "humanidade", isto é, a previsão e vontade das conseqüências e, portanto, sua evitabilidade. Se isto entendeu a Constituição, segue que cada forma de responsabilidade objetiva deve ser considerada constitucionalmente baseada sobre a simples constatação de um nexo objetivo, seja mesmo esporadicamente, no código penal vigente. Assim o partícipe responde ao reato diverso e mais grave cumprido pelo autor principal (art. 116 CP). Tais disposições deveriam hoje encontrar-se em contradição com a letra e o espírito da Constituição; mas a Corte Constitucional achou que o raio de ação do art. 27 seja limitado ao caso de responsabilidade por fato alheio sem incluir nele também a hipótese da responsabilidade objetiva. Malgrado isto, fica para sempre a deixa de uma concepção arcaica do direito penal, hoje superada pelos valores que determinam o tipo da nossa civilização.

Um quarto princípio constitucional se refere, como temos acenado, à *abolição da pena de morte*, salvo os casos previstos pelo direito penal militar de guerra (art. 27, 3, do CPV). Com Lei n. 589, de 13 de outubro de 1994, a pena de morte foi suprimida também para os delitos previstos pelo código militar de guerra e pelas leis de guerra. Trata-se de uma disposição em harmonia com as novas normas de civilização que deram uma marca à Constituição, também se numerosos são os países de regime democrático (Estados Unidos, Inglaterra, França etc.) que entenderam reconhecer também direito de cidadania a tal provimento.

Um último princípio fundamental é aquele da *humanização das penas*: "as penas não podem consistir em tratamentos contrários ao sentido de humanidade e devem tender à reeducação do condenado". Essa disposição se insere também num clima todo particular como é aquele do momento atual que se quer, salvo os valores da pessoa humana gravemente ameaçados pelos sistemas penais inspirados em particular crueldade. Isto quer significar, antes de tudo, o banimento de toda forma de pena corporal, visando a fazer sofrer o condenado sobre seu organismo físico as conseqüências da sanção penal. Assim, a mutilação da mão ou do pé, a castração, que é a amputação do pênis, fustigação são penas corporais puras e de irremediável contraste com a disposição constitucional. Na Itália, desde muito tempo foram banidas. A disposição do art. 27 quer, outrossim, afirmar que as penas "humanas" devem tender à "reeducação" do condenado. Isto não significa – e veremos isto em seguida – atribuir ao instituto da pena de retribuição uma determinada finalidade, mas impostar a execução das penas de maneira que a reeducação (onde é necessária) possa apresentar-se como um esperado e positivo efeito da mesma execução. O argumento é muito importante e significativo porque em torno do mesmo floresceu agora uma literatura. Lembraremos em tempo oportuno os momentos mais salientes e característicos, sem desfigurar o que deve ficar firme: a *natureza da pena como castigo*.

CAPÍTULO 5

Os Princípios Fundamentais do Direito Penal Vigente

1. O Princípio de Legalidade ou de Reserva Legal

Tendo chegado neste ponto, achamos necessário individuar os princípios fundamentais do direito penal vigente no atual momento histórico nos países que respondem a um tipo de civilização "ocidentalística" e, portanto, a uma impostação política democrática "personalística", com particular consideração, bem entendido, à legislação penal italiana vigente. As diferenciações entre código e código são, porém, agora mínimas, de maneira que podemos bem falar de uma plataforma legislativa comum que, justamente ilustrando alguns princípios fundamentais, entendemos esclarecer aos estudantes.

Antes de tudo, o *princípio de legalidade*, vale dizer a regra do *nullum crimen, nulla poena sine lege*. Muitas vezes temos recorrido, no decorrer da exposição, à mesma, mas agora é necessário descer mais no particular. Do ponto de vista técnico-formal, ele equivale a uma *reserva legal* no que concerne à matéria dos *reatos*, das *penas*, e hoje das *medidas de segurança*. Em geral, não somente os códigos mas também as constituições sancionam tal princípio para garantir a liberdade dos cidadãos. Reserva de lei em tal matéria significa que a matéria penal deve ser expressamente disciplinada por um ato de vontade daquele poder do Estado ao qual compete por Constituição a faculdade de legiferar, isto é, do *poder legislativo*. Isto não dispensa que, em certas situações de necessidade e de urgência, caiba também ao poder executivo a faculdade de emanar comandos que vinculam (por *decreto-lei*), salvo a faculdade de retificação por parte do Parlamento. Também por *decreto legislativo* pode ser emanada uma norma de lei, o que não representa uma anomalia. O decreto legislativo, com efeito, é emanado pelo poder executivo sobre *delegação* do poder legislativo: vale dizer, sobre a base de uma lei que deve indicar, pelo menos no quadro constitucional italiano, o objeto, as diretrizes de fundo da lei delegada ou decreto legislativo e o tempo dentro do qual deve ser emanada a lei delegada. Se deve tratar, quando se fala de lei, como fonte de matéria penal, de lei do Estado, porque é somente o Estado, no exercício do seu poder soberano, que pode indicar o que é penalmente ilícito e portanto limitar a esfera de liberdade do indivíduo, não outro organismo político que vive e opera democraticamente, mas sempre no quadro do poder estadual, como as regiões. O direito constitucional italiano não reconhece às regiões poder normativo penal, e com maior razão ainda nenhum poder normativo poderá ser reconhecido às províncias e às comunidades. O regulamento, isto é, o ato normativo do poder executivo também visando a tornar executivas as normas gerais, perde assim toda eficácia normativa penal. Diz bem SPASARI que o legislador italiano reservou para si mesmo, e de maneira absoluta e exclusiva, a disciplina da matéria penal: "e isto quis por medo que, confiando, mesmo sendo em linha mediata e subsidiária, a normação a outros poderes, se pudesse ofender num setor tão delicado a certeza do direito e, sobretudo, aquela concepção da justiça e das liberdades individuais das quais é historicamente o custódio". E é assim que também ao *costume* não pode ser reconhecida eficácia de fonte constitutiva de um preceito ou de uma sansão penal, podendo-se somente falar de um costume interpretativo que serve para o juiz harmonizar a sua decisão com as estruturas e a evolução ético-social do mundo que o circunda.

No plano estritamente jurídico, o princípio de legalidade implica a proibição da *interpretação analógica* da norma penal. Já no plano constitucional, ele é corolário típico do princípio enunciado: cai e permanece com o primeiro. Nos ordenamentos penais que sacrificaram o princípio de legalidade, se manifesta imediatamente a licitude do procedimento analógico também para as normas que prevêem reatos e sansões, sobre a base da especiosa argumentação que diversamente se daria via livre às formas mais sutis e perigosas da delinqüência que eludem as malhas da lei formalisticamente considerada. Mas o fato é que a abolição da proibição da interpretação analógica serviu, ao invés, sempre para justificar excessos políticos, com a complacência de um poder judiciário subordinado ao poder político ou executivo. Como tal, a abolição da proibição na recente história foi sempre fruto de uma mudança radical de endereço político.

No ordenamento jurídico italiano, em geral em todas as legislações de orientação codicística ocidentais, a proibição da interpretação analógica tem caráter absoluto no que concerne às *normas penais incriminadoras*, isto é, para aquelas normas que pressupõem reatos, prevêem penas ou medidas de segurança. Mas no código, ao lado das normas incriminadoras, nos deparamos com normas assim ditas *eximentes* (que isentam) (ex. aquele que prevê a legítima defesa, o estado de necessidade, a execução de uma ordem legítima ou não da autoridade etc.). Vale dizer para essas normas de proibição da analogia? Sobre a base de uma interpretação formal do art. 14 da Lei n. 262, de 16 de março de 1942 que prevê "as disposições sobre a lei em geral", alguns acham que também para as que isentam (eximentes) vale a proibição analógica que, mesmo não sendo leis "penais" verdadeiras e próprias, são todavia sempre leis que "fazem exceção às regras gerais". Estando assim as normas que isentam (eximentes) normas excepcionais, não seria admissível sua extensão analógica pelo caso previsto para um não previsto, também porque se racharia a *ratio* das normas incriminadoras que devem ser rígidas e, portanto, "não assumir dimensão diversa daquela resultante de seu explícito ditado" (SPASARI). Na nossa opinião, porém, estamos na presença de um círculo vicioso, não sendo demonstrado que as que isentam são normas excepcionais. Na verdade, eles têm a tarefa de determinar *limites de validade* das normas incriminadoras, não aquele de prever exceções às mesmas normas. A norma da legítima defesa não traz uma exceção àquela que incrimina o homicídio, mas somente especifica que não é homicídio injusto a morte do autor de uma injusta agressão porque *vim vi repellere licet*. E isto entra plenamente na *ratio* da norma incriminadora do homicídio. Não se percebe, portanto, a razão política e técnica de fundo pelo que deveria ser negada uma interpretação analógica (*analogia in bonam partem*) das normas penais que isentam, quando com uma tal interpretação se dá respiro à liberdade individual em vez de comprimi-la, como ocorre sobre a base de leis incriminadoras. A proibição do procedimento analógico em matéria penal deve, portanto, estar dentro de limites exatos. Estão dentro da proibição as normas incriminadoras e toda outra forma (também que isenta) que seja verdadeiramente excepcional (ex. 649 n. 1), ao passo que toda outra norma do código penal é suscetível de interpretação analógica.

Na ciência penal, está difundida uma tendência em excluir, além da interpretação analógica, também aquela *extensiva*, malgrado que esta não vai além dos limites racionais da disposição individual a ser interpretada e aplicada, como se a interpretação da lei penal devesse ser a qualquer custo *restritiva* para favorecer o imputado. Mas a regra *in dubio pro reo* que se quer ligar a uma interpretação restritiva não causa somente referimento à interpretação da lei penal. Veremos a seu tempo que se trata prevalentemente de uma regra processual relativa ao ônus da prova, em virtude da qual uma dúvida do juiz sobre um fato constitutivo, modificativo ou impeditivo da pretensão punitiva deve ser resolvida em vantagem da posição defensiva do imputado. Tal regra, portanto, não diz respeito somente à interpretação da norma penal, mas determina as conseqüências processuais penais de um fato incerto que o juiz deve trazer na sua sentença. A proibição da interpretação analógica para as normas incriminadoras não pode significar obrigatoriedade de uma interpretação puramente literal ou formal da norma, porque tanto faz negar à norma um particular escopo de tutela, em outras palavras, uma função. A individuação do escopo é, portanto, um momento essencial do procedimento interpretativo. Embora se deva reconhecer que por meio da indicação dos fins se pode com facilidade exorbitar dos limites de uma suficiente e conveniente tutela, a expressão literal da norma funciona como freio. Não existe, portanto, no quadro de uma impostação penalística ligada ao princípio de legalidade, uma interpretação que prescinda do momento literal e daquele funcional ou teleológico: o primeiro marca o limite dentro do qual se deve mover a atividade do intérprete; o segundo, as razões da norma que devem ser individuadas para dar aos resultados da interpretação um dado conteúdo e, portanto, um certo significado. Toda outra impostação interpretativa acaba no bigotismo literal ou no mais desenfreado e perigoso arbítrio. Se é verdade que a exegese literal era a preferida dos clássicos (BECCARIA dizia que cada interpretação era um mal), isto se explicava como reação ao mais amplo arbítrio judicial que tinha caracterizado a praxe do direito penal até o fim do século XVIII. E se é verdade que a outra forma de interpretação de caráter puramente funcional ou de conteúdo é hoje preferida por parte dos juristas ligados a concepções políticas totalitárias, isto é devido como reação ao desesperante formalismo das metodologias hermenêuticas liberais, conduzidas à critérios de uma lógica puramente descritiva. Na nossa opinião, uma via de meio, vale dizer uma interpretação literal teleologicamente orientada, é ainda a mais segura e que mais responde àquelas exigências de substância que uma democracia penal deve ser sempre em grado de tutelar ou de expressar. A segurança jurídica deve ser ancorada a um dado de substância dentro de bem claros limites formais.

De qualquer forma, surge um problema muito importante quanto à determinação dos "tipos" de reato que podem, em alguns casos, comprometer a mesma segurança jurídica, vale dizer o problema de como o legislador determina os próprios tipos. Não estamos somente diante de um problema técnico, mas de um de natureza política verdadeira e própria. Se diz que os casos concretos penais "descrevem" tipos de reatos. Assim é furto "o apoderar-se de uma coisa móvel alheia com subtração a quem a detém e com a finalidade de trazer proveito para si ou para outrem" (art. 624, CP); é homicídio "a causa da morte de um homem" (art. 575, CP) etc. Nessas hipóteses, especialmente naquela do homicídio e em geral em todas aquelas nas quais o caso concreto gravita em torno do verbo "causar", não surgem particulares dificuldades. Os elementos relacionados pelo legislador como determinantes para o fim de indicar um caso concreto delituoso são de natureza tal que fazem postular somente uma *constatação* por parte do magistrado intérprete sobre a base de um acertamento de natureza experimental. Os elementos do reato são *fatos de natureza* grupados segundo certos esquemas ou certos tipos que não envolvem juízos de avaliação por parte do intérprete: basta constatar a morte (fato fisiológico) como conseqüência de uma ação de um sujeito (princípio de causalidade) para que o homicídio seja em concreto individuado e acertado. Não surgem problemas relativos a dúvidas acerca dos confins do lícito e do ilícito. Freqüentemente, porém, a situação não é tão simples, e para perceber isto, basta relevar que, por exemplo, já no caso concreto do delito de furto se fala de apossamento de uma coisa móvel "alheia". O alheio da coisa não é um momento do fato concreto que possa ser acertado sobre a base de um critério experimental naturalístico. Trata-se, ao invés, de um juízo que o magistrado intérprete deve expressar tendo presentes as normas jurídicas que disciplinam a propriedade e a passagem de propriedade da coisa móvel. Estados diante de uma *avaliação* que deve ser cumprida e expressa com base em determinadas exigências de *caráter jurídico*. Veja-se, outrossim, o caso concreto do delito de *atos obscenos* previsto no art. 527: "quem quer que seja que em lugar público ou aberto ou exposto ao público, cumpre atos obscenos é punido...". O conceito de obscenidade é fruto de um juízo de *natureza ética* sobre o fato perpetrado pelo imputado. Não basta acertar em concreto um determinado fato, ocorre também que ele seja tal que ofenda o sentimento do pudor acertável somente com referimento ao sentimento moral médio de um povo, do qual o juiz deve tornar-se intérprete por meio de uma avaliação. Veja-se, enfim, o caso concreto do *derrotismo político* do qual trata o art. 265: "quem quer que seja, em tempo de guerra, difunde ou comunica vozes ou notícias falsas, exageradas ou tendenciosas que podem despertar no público alarme ou deprimir o espírito público etc.". Em tais hipóteses, a determinação do caso concreto é cumprida sobre a base de uma avaliação de caráter político que, sem dúvida, pode abrir as portas a um arbítrio verdadeiro e próprio por parte do magistrado e tornar – como diz DELITALA – *farisaico* o mesmo princípio de legalidade. Em todas as três hipóteses prospectadas (referimento a critérios jurídicos, éticos, políticos), um ou mais momentos de um caso concreto delituoso postulam, para os fins de um seu acertamento concreto, um juízo particular de avaliação por parte do intérprete. O elemento do caso concreto delituoso que importa e exige tal avaliação é chamado *momento normativo*, para distingui-lo do *momento descritivo ou naturalístico*. Os primeiros são chamados também *casos concretos abertos*; os segundos, *casos concretos fechados*.

Está claro que a presença de um momento normativo encaixado no caso concreto delituoso aberto coloca sobre o tapete grossos problemas jurídicos e políticos que se sintetizam nos *poderes discricionários* que devem ser deixados aos magistrados em tema de acertamento do caso concreto delituoso. É oportuno que um delito penal seja articulado de maneira a negar ou consentir o uso dos poderes discricionários por parte do magistrado? Convém que o magistrado seja um puro e fiel executor de uma vontade de lei fixada pelo órgão legislativo, ou é conveniente deixar uma certa margem de liberdade ao juiz para transformá-lo, de qualquer maneira, num colaborador do legislador? Uma resposta é fácil em abstrato porque uma rígida separação dos poderes importa também uma delimitação estreita de tarefas respectivas; mas em concreto nunca houve um sistema político que tenha negado ao juiz uma esfera discricionária, reduzindo-o a um autônomo ou a um *robot*. É certo que tendencialmente um sistema liberal limita os problemas e os poderes da discricionariedade judicial, enquanto um autoritário é levado a acentuá-los (é suficiente pensar ao ocaso das regras de estreita legalidade nos regimes totalitários); sobre o plano concreto, todavia, tudo é problema de limites e de discrições. Se é verdade que o código penal italiano, enquanto de origem autoritária, é aberto para os poderes discricionários do magistrado, é também verdade que o problema dos elementos normativos do caso concreto está maturado na Alemanha, sobre um código de marca liberal. O que podemos dizer é que numa codificação a qual entenda tutelar ao máximo a liberdade do indivíduo, os elementos descritivos devem prevalecer sobre os normativos a fim de que tudo não seja remetido a uma decisão do magistrado.

Uma regra importante – de resto corolário daquela atinente à estrita legalidade, especialmente em referimento à "certeza" mais do que à justiça formal do direito (SPASARI) – é o princípio da *não retroatividade da lei penal*, sobre o qual nos entretemos a propósito dos princípios ínsitos na Constituição. O que quer dizer que a lei penal dispõe somente para o futuro, não se podendo aplicar a fatos perpetrados anteriormente à sua entrada em vigor. Também este princípio – como já dito em precedência – é uma conquista de liberdade do cidadão e, portanto, extraído da idéia democrática, porque não existem *rêmoras* lógicas para a admissibilidade de uma interpretação retroativa da norma penal, mas somente um eventual obstáculo político. Mudando a estrutura política da sociedade, também a proibição de uma aplicação retroativa da norma penal pode enfraquecer. E isto historicamente verificou-se em todo sistema político que acentua a preeminência do Estado e dos presumidos interesses públicos sobre posições de liberdade do cidadão. De resto, mesmo querendo ficar ligados a uma pura impostação psicológica da norma penal, seria absurdo fazê-la pular com suas graves conseqüências independentemente da possibilidade de operar como motivo na formação do ato de vontade que está na raiz do reato. Tudo leva, então, a considerar insustentável uma tese orientada para o reconhecimento de uma eficácia retroativa da norma penal.

A norma penal, outrossim, não pode nem ser *ultra ativa*, isto é, continuar a disciplinar juridicamente uma situação quando por uma determinada razão cessou de ser norma vigente. Falta, com efeito, por meio da ocorrida ab-rogação, o interesse de considerar como reatos dos fatos, tenham sido eles já julgados ou ainda *sub judice*. Somente no caso de sucessão entre leis penais modificadoras do regulamento jurídico de uma dada situação pode surgir um problema, isto é, se a lei modificadora *in melius* da posição do imputado possa ter efeito retroativo. A resposta em geral é positiva, salvo que tenha intervindo sentença transitada em julgado, caso em que a lei penal precedente, mesmo se modificada, continua no caso concreto a exercer eficácia enquanto não se quer tocar o julgado.

2. O Princípio de Objetividade Jurídica do Reato

No âmbito do ordenamento jurídico italiano e em geral no quadro de todo ordenamento, um princípio fundamental do direito penal é o princípio da *objetividade do reato*. Que se entende com tal expressão? Para adquirir clareza de idéias é necessário contrapor ao princípio da objetividade aquele de subjetividade, para o qual a essência do reato consistiria numa desobediência, numa rebelião, numa infidelidade do cidadão em relação à vontade estadual. O reato é dado pelo contraste entre a vontade individual e a vontade coletiva: ele é em substância a violação de um *dever de fidelidade*. No decorrer das recentes experiências políticas totalitárias temos tido modo de assistir à irrupção de uma semelhante concepção subjetiva: esta, perdendo todo ponto de referimento ou contato com os valores da vida social, introduziu no setor penalístico um critério de juízo, tão vasto, mudável, filiforme que determinou o fim de toda certeza e, portanto, de toda segurança jurídica. Não se nega que o reato seja violação de um determinado dever de lealdade ou de obediência do indivíduo para com o Estado, mas ele não se substancia somente neste. Antes de tudo, o reato é *lesão efetiva* ou *potencial de um bem jurídico*. Que quer dizer uma semelhante afirmação? Se o direito em geral é disciplina de relações sociais e se estas relações sociais gravitam todas em torno de determinadas exigências, a dados valores, a dados bens que devem ser garantidos para garantir um específico gozo por parte de todos, o reato – tornado anti-social por excelência – não poderá se referir a um tal momento objetivo, a sua mais autêntica substância encontrando-se num momento que se reflete sobre toda a coletividade.

A ausência do reato é dada, em outros termos, pela lesão de um bem jurídico, vale dizer da lesão de um bem da vida social garantido pela norma penal. E a norma penal, de sua parte, não é somente *imperativo* ou comando em cuja violação se substanciaria – segundo a concepção subjetivística – o reato, mas é também *avaliação*, isto é, critério para julgar a conformidade objetiva de uma ação humana com as exigências de tutela de determinados bens da vida social. O comando jurídico não pode cair no vazio; ele deve ter uma razão plausível, que se encontra em ser a norma penal colocada como garantia das supremas exigências relativas à existência, conservação, desenvolvimento da vida social. São essas exigências que o reato agride, de maneira que, *antes de violação de uma norma ou de um dever, ele é lesão de um bem jurídico*. Uma tal consideração leva o reato a uma realidade objetiva, oferece ao reato um conteúdo, determina uma garantia para todos. Eis porque a concepção objetivística do reato é aquela que mais responde a uma impostação política de liberdade, por causa da garantia que ela oferece, por meio do reato objetivo, ao indivíduo imputado de não ser condenado pela desobediência, mas pela agressão aos bens da sociedade. Não se diga que por meio da idéia do bem jurídico se consiga negar todo fundamento ético do direito penal, servindo-se de um conceito utilitarístico, onde o direito penal é víndice das supremas exigências de justiça. Ser víndice de justiça não significa absolutamente materializar algo. Esse conceito não concerne o objeto material da lesão, mas o critério com base no qual alguém é constrangido a sofrer as conseqüências (de retribuição) do seu operar lesivo de bens ou interesses sociais. Mas são exatamente estes últimos que não devem ser entendidos em termos puramente utilitarísticos. É aqui que o direito penal revela toda a sua alma ética a qual colore de ética também as situações que mais aparecem imersas num mundo de considerações utilitarísticas. Deve antes de tudo ser dito que o bem jurídico não é a coisa em si, entendida em sentido material, sobre a qual cai a ação delituosa. A coisa em si é o *objeto material* do reato. Mas o interesse, ou o bem jurídico, é a relação entre um sujeito e uma coisa enquanto apta a satisfazer sua necessidade. E é esta relação que no direito penal não pode ser resolvida em termos de pura utilidade: de fato, se a necessidade tem no campo do direito privado uma prevalente exceção econômica, naquele penal assume uma tonalidade e um conteúdo ético. Nos delitos contra o patrimônio, mais do que um bem econômico apto a satisfazer uma necessidade de um sujeito, vem sendo tutelada a exigência de fundo relativa à ordem que deve ser observada na aquisição dos bens. Os bens ou os interesses se sublimam e se espiritualizam assim nas exigências ou nos valores, vale dizer nas *relações de ordem* entre a realidade racionalmente interpretada e as ações dos consorciados. Estamos num campo onde predominam interpretações éticas da realidade social. O conceito de valor, isto é, do bem jurídico entendido em termos éticos, é assim inserindo num campo dominado pelas idéias éticas da culpa e da pena, que são as idéias eixos do direito penal. De uma base pura ou prevalentemente utilitarística, como aquela de um bem jurídico "economicamente" entendido, não seria, na verdade, possível passar "em mais respiráveis ares", aí onde dominam idéias e conceitos que brotam de uma interpretação ética da realidade. Também usando habitualmente o termo *bem jurídico*, entendemos por bem frisar que fazemos isto por razões tradicionais, mais do que recalcar uma interpretação econômico-utilitarística do mesmo.

Para entender exatamente o conceito de bem jurídico é necessário particularmente referir-se a um dos artífices do código de 1931. Entendemos por bem falar de ARTURO ROCCO, que na evolução histórica do pensamento penalístico italiano foi o primeiro fixado o momento do bem jurídico como ponto terminal ou de incidência do processo executivo do reato. Com isto, um momento contenutístico objetivo teleológico entrou triunfalmente na dogmática penalística. Precedentemente, o reato era entendido com critérios puramente formais (reato = fato material do homem). Com ROCCO, ao invés, o reato é na sua substância concebido como agressão e, portanto, lesão efetiva ou potencial de um bem da vida social tutelado por uma norma penal. O "bem jurídico" se torna então razão de individuação e de sistematização dos fatos penalmente ilícitos. Cada reato tem a sua individualidade jurídica e mais reatos podem ter entre si um denominador comum (objetividade jurídica de categoria de delitos contra a fé pública, contra o patrimônio etc.). Bem, portanto, se pode dizer, como no código penal vigente, que o reato seja construído sobre tal critério fundamental, que é critério de escolha, de sistematização e de interpretação. De escolha pelo que concerne à criação de um reato em vista de um determinado bem a ser tutelado; de sistematização pelo que se atém à agrupação de reatos sobre a base de uma sua substancialidade jurídica; de interpretação para iluminar – individualizado o bem jurídico – cada momento do fato concreto delituoso. Temos já dito como a interpretação penal seja em substância uma interpretação *teleológica*, o que significa uma interpretação que, longe do desatar-se sobre o fio de abstratas impostações e deduções, deve acontecer tendo presente o escopo de cada norma que se identifica com o bem jurídico tutelado. Diz bem GREGORI quando afirma que, desta forma, a idéia do bem jurídico "perde a cristalinidade lógica, mas se torna categoria substancial que vivifica a *ópera* do legislador e da ciência". Sob tal aspecto se fala também de uma função metodológica do bem jurídico, enquanto da sua individualização se elaboram depois os conceitos penalísticos. Mas se trata, todavia, sempre do bem tutelado pela síngula norma penal, porque somente isto pode ter caráter *constitutivo*. Os critérios teleológicos *categoriais* não devem, ao invés, considerar-se determinantes ou constitutivos para os fins da interpretação, e sim prevalentemente critérios de cômodo ou de orientação, que não se podem sobrepor à realidade se esta é diversa. Valha o exemplo para o conceito da fé pública, típica hipótese – na nossa opinião – de categoria escolástica ou de cômodo sistemático, a qual não pode ser invocada como realidade efetiva quando o fato do falso não tenha concretamente trazido também dano aos interesses tutelados ou preservados pelo caráter genuíno ou verídico do meio probatório falsificado (caso do falso inócuo ou do falso grosseiro). Assim, um falso, quer em ato público como em escritura privada, que não tenha provocado um prejuízo ou um dano aos interesses que a genuinidade ou veracidade do ato tutela não é reato, a violação de uma presumida "fé pública" sendo um critério puramente extrínseco de sistematização, útil para pôr ordem na matéria legislativa e não já um elemento capaz de dar razão de vida a um reato.

Não quer dizer, porém, que um reato tenha sempre e somente uma única objetividade jurídica. Pode acontecer que ele lese ou comprometa dois interesses específicos. Assim é do peculato que é reato que compromete o prestígio da administração pública e provoca ao Estado um dano de caráter patrimonial. São esses os reatos *pluri-ofensivos* que postulam para o fim da consumação as lesões de todos os interesses ou bens que eles tutelam.

O critério da objetividade é, portanto, um critério fundamental para entender o reato no quadro da vigente legislação penal. Sobre tal objetividade está ancorada – como já foi dito – uma interpretação da norma não ligada a dados puramente formais e extrínsecos ou que derivam de impostações subjetivas ou eziológicas. A noção do dever é momento que não pode ser construído num mundo real. Ele é o aspecto subjetivo de uma realidade objetiva: aquela da *lesão do bem jurídico*.

Do que foi dito deriva que o reato não pode surgir quando por *inexistência do objeto* ou por *inidoneidade da ação* não é possível a lesão de um bem jurídico. Assim que atira contra um fantoche acreditando ser um homem, não comete reato porque nenhuma lesão do bem da vida é possível na situação concreta. Quem usa um revólver descarregado com intenções homicidas não pode responder por homicídio porque o meio é totalmente inidôneo para determinar uma lesão jurídica, mesmo se manifestou uma vontade "rebelde", uma vontade em desarmonia com os deveres jurídicos que surgem da convivência social. Nas hipóteses em exame, embora não ocorra o reato, manifesta-se porém uma situação de periculosidade social. O sujeito que opera nas situações e nos modos lembrados é socialmente perigoso, e enquanto tal pode ser submetido na medida de segurança (liberdade vigiada). Mas isto prova que não há reato!

3. O Princípio de Objetividade Naturalística do Reato

O reato não é um fato interno à psique do sujeito. Ele é um acontecimento no mundo da natureza que se refere ao comportamento de um homem. O restante é um *quid* que deve ser passível de percepção sensória. Afirma-se com frase sintética que "pensamentos não pagam alfândega" ou que *cogitationis poenam nemo patitur*. O princípio é de fundamental importância e se liga àquela impostação objetivística que postula como termo último a lesão do bem jurídico. O princípio de objetividade naturalística do reato é o suporte de fato da exigência de uma lesão jurídica. A lesão é um juízo objetivo da nossa mente, ao passo que o fato é a materialidade em que o reato se manifesta e se torna suscetível de percepção sensória. Também tal princípio de objetividade naturalística, ou de "materialidade", se liga a uma exigência de certeza, e portanto de segurança jurídica no interesse da liberdade individual. Somente os primeiros totalitários escrutam nos "rins" do homem e indagam – para os fins de uma inquirição – cada mais sutil pensamento. Os regimes em caráter liberal, ao invés, exigem que o reato se deva manifestar num fato objetivo para não remeter o juízo sobre a existência do reato para o acertamento, muitas vezes difícil, se não impossível, de momentos puramente internos na psique do sujeito. Garantia de liberdade, portanto, que não nos consente traduzir um juízo jurídico num juízo moral que olhe somente para a intenção ou para o motivo, não se interessando pelo resultado no mundo da experiência.

Duas ilações descendem de uma tal afirmação. A primeira diz respeito à impossibilidade de individuar um reato numa *atitude voluntária puramente interna*. Também a prova seria em tal hipótese ou impossível ou remetida a presunções por um ou mais indícios externos. O direito penal se tornaria assim instrumento de prevenção por meio da caça ao pensamento delituoso; ao passo que deste se responde somente no foro interno diante da própria consciência, ou diante de Deus.

Mas também se o pensamento ou o ato de vontade interno é manifestado, o reato não pode subsistir até que a manifestação como tal não é idônea a comprometer ou lesar um bem jurídico. Será suficiente, por exemplo, manifestar ou expressar uma palavra ultrajante para determinar a lesão da honra ou do decoro alheio. Todavia, não bastará manifestar um propósito homicida para que o homicídio possa ser considerado consumado ou tentado, sendo necessária a respeito uma ação que tenha como conseqüência a destruição da vida de um sujeito ou uma ação por si mesma idônea para causar também a morte, se esta não se verificou por causas independentes da vontade do sujeito agente. O pensamento delituoso se deve, assim, externar na realidade naturalística e social e que nos circunda para que adquira um significado jurídico penal. Sem um fato não se dá reato; ele é a plataforma naturalística de todo juízo de diminuição do valor penal.

A segunda ilação concerne à impossibilidade de individuar o reato numa *maneira de ser da pessoa*. Não se entende tanto fazer referência a um estado fisiológico (sono) ou a um estado patológico (doença), quanto àquele que é chamado estado de *periculosidade social* de um sujeito ou ao *caráter* do mesmo (direito penal caracterológico). Na verdade, o conceito de periculosidade social como sinônimo de probabilidade que um determinado indivíduo condenado por um reato possa cometer um reato ulterior entrou triunfalmente na doutrina e na legislação penal, mas entrou nelas como um pressuposto para a aplicação de uma medida de segurança, também se a mesma periculosidade é depois utilizada por alguns (como já demonstrado) como critério de co-mensuração da pena. Mas em ambas as hipóteses, a periculosidade social não se atém ao *fato*, mas ao *autor do fato*. Não entra em consideração para ancorar a noção do reato ou de um seu elemento, mas somente para indicar que um sujeito, por causa de um particular estado pessoal, deve ser tratado com um provimento de natureza preventiva pelo que a sociedade deva ser defendida e o indivíduo, recuperado. Porquanto se conheçam agora os *fatos concretos de periculosidade*, estes podem constituir matéria de reato. Entre os fatos concretos de periculosidade e o caso concreto de reato subsiste uma diversa razão de ser e um *telos diverso*. Os problemas da periculosidade, malgrado sejam previstos pelo código penal, têm uma dimensão e um valor diverso daqueles típicos da matéria penal.

É ao *caso concreto de reato* que deve ser dirigida a nossa atenção quando se examina o princípio da materialidade do reato. Em outras palavras, é ao fato do reato que devemos nos dirigir para analisá-lo e procurar extrair conclusões válidas para os nossos fins. Pelo exame dos fatos concretos delituosos do código penal podemos logo individuar um momento extremamente importante para construir o conceito de reato e individuar aquele momento no qual deve externar-se uma intenção delituosa: esse momento é a *ação do homem*, que pode ser descrita *analiticamente* (reatos em forma vinculada: quem quer que seja com "artifícios" ou "enredos"; quem quer que seja com "violência" ou "ameaça") ou indicada *genericamente* por meio do uso do verbo causar (reatos de forma livre): quem quer que seja "causa" a morte de um homem. À parte os problemas específicos que podem surgir conforme é indicada a ação genérica ou analiticamente para a maior ou menor segurança jurídica que a tais fórmulas pode conseguir, do fato concreto pula clara a figura e a necessidade de uma *ação* para que um reato possa verificar-se. Podemos dizer com tranqüilidade que não há reato sem ação.

Mas é aqui que surge o grave problema que concerne o conceito de ação. *O que é a ação?* Quais são seus elementos; quais seus limites? Nesses últimos anos, o conceito de ação formou objeto de encarniçadas discussões, especialmente por mérito de WELZEL, que prospectou seu *conceito finalístico da ação*, típico de LISZT, de pura marca natural-positivística. Na verdade, duas são as possibilidades de indicar uma via de saída para o intérprete quando procura construir o conceito de ação. Na medida de uma primeira concepção, se agir quer dizer inserir-se com um comportamento próprio no nexo dos acontecimentos objetivos, ligados entre si por uma sucessão causal, também este comportamento deve ser levado a um denominador causal. A ação é causa do evento lesivo delituoso como pode ser causa de um evento danoso, um antecedente de um outro tipo qualquer. Não há nenhuma substancial diferença entre o agir da "ação" humana e aquele do "antecedente" de todo outro fenômeno da natureza. A ação humana é causalidade, a causalidade é um fenômeno da natureza, a ação humana é natureza. Estamos, então, na ordem de uma interpretação causal-condicionalística do agir humano, reduzido ao denominador comum de "precedente causal". Pode-se dizer que toda a dogmática penalística que se desenvolveu no período do positivismo metodológico e sistemático tenha ressentido dessa concepção "naturalística" da ação. Todo o direito penal, do conceito de *ação* àquele de *evento*, daquele da *omissão* àquele de *nexo causal*, foi assim enredado dentro das barras de uma visão causal-naturalística, e foi por isso bloqueada toda abertura sobre as realidades de fundo das quais tais problemas surgiram. Mas a esta concepção puramente naturalística – ou físico-mecânica – da ação se contrapõe uma concepção que chamaremos de valor ou *social-valutativa*, dentro da qual pode ser levada também a interpretação finalística da ação (ação = todo comportamento do homem conscientemente dirigido à realização de um fim), a menos que não se queira exasperá-la sistematicamente – como WELZEL, – para torná-la razão de uma substancial ruptura com todo o passado. O comportamento do homem não pode na verdade ser levado todo e somente a um critério de causalidade mecânica, porque o homem se põe com o seu comportamento uma causa por um dado evento, põe tal causa numa situação ou contingência histórica por ele bem conhecida em vista de um determinado escopo que funciona como causa final no jogo interno dos motivos que se adensam em torno do ato de vontade. A inserção da ação humana numa soma de dados antecedentes não acontece de olhos fechados ou sobre o pressuposto que assim fatalmente deve acontecer, mas sim sobre a base de uma avaliação que o homem faz da situação histórica concreta em vista da possibilidade de desfrutá-la para o fim de obter um resultado esperado. Há uma consciência no homem que age no mundo a ele externo e há, portanto, a possibilidade de poder endereçar, no emaranhado dos outros antecedentes causais, a sua ação de maneira que leve a um resultado do qual se tem bem clara a visão.

A ação é, portanto, um comportamento voluntário do homem que opera no mundo social com a consciência dos nexos e das relações de valor que o ligam ao mesmo mundo e com a visão clara de um fim a ser realizado. Nestes termos, a pura interpretação finalística da ação se insere numa gama de avaliações sociais que lhe dão um conteúdo e um bem exato significado. Diversamente se pode acabar sobre a aridez de um puro formalismo individual-psicológico, num perigoso subjetivismo que temos repelido por razões de segurança como critério decisivo para aí construir a noção do reato, a qual deve, ao invés, ser ancorada numa realidade social e nas avaliações que gravitam em torno dela.

E é nesse propósito que surge o problema da *ação socialmente adequada*, isto é, daquelas ações que – mesmo podendo-se abstratamente considerar como protendida para a lesão de um determinado bem jurídico estatisticamente considerado – não são, todavia, ações que interessem ao direito penal. Pense-se, por exemplo, a amputação de um órgão por ocasião de uma intervenção cirúrgica necessária para salvar a vida do doente, ou uma intervenção correcional do genitor relativamente ao filho díscolo. Os exemplos poderiam se multiplicar, como se pode ver no volume de FIORE. Não estamos, naqueles casos, diante de uma lesão pessoal justificada pelo consentimento do interessado, pela necessidade ou por um dever profissional médico; nem estamos diante de um fato típico de pancadas justificadas por um direito de correção que cabe ao genitor. Estamos diante, ao invés, de ações que se inserem perfeitamente na dinâmica da vida de relação, da qual interpretam substancialmente exigências éticas e culturais. A *ação é portadora de um valor ético-social* que num dado momento da evolução histórica de uma coletividade se impõe com tal força que imprime – independentemente do evento lesivo ou presumido tal – uma *marca positiva* à mesma ação, a qual nem formalisticamente pode ser levada *intra moenia juris poenalis*. Não se trata, nem por isso, de ações típicas, que tenham depois necessidade de ser justificadas por específicas causas de licitude.

De qualquer forma, a ação deve ser um comportamento do homem que incide na realidade do mundo (naturalístico e social) que o circunda. Sob esse perfil – repetimos – ocorre que a ação se manifesta como um movimento muscular (*momento externo*) voluntário (*momento interno*) dirigido para realizar um fim de valor ou de significado social (*momento finalístico-avaliativo*). A síntese desses momentos nos dá o conceito de ação e nos permite individuar num comportamento humano a *matéria de reato*. Mas surge logo um outro grande problema: aquele da *omissão*. Na verdade, quando examinamos o código, encontramos fatos concretos penais ancorados não já num fazer, mas num *não fazer*, para omitir uma ação comandada (ex. omissão de socorro, recusa de atos de ofício, omissão de denúncia etc.). E se nessas situações o reato se substancia num *não fazer*, a conclusão é obvia: temos reatos sem fisicidade, sem elemento ou momento de materialidade. Uma brecha seria assim aberta no sistema, a total desvantagem da certeza e da segurança. Todavia, uma primeira observação deve ser feita: assim dizendo se esquece que quando é imposta uma determinada ação (socorra o teu próximo infortunado), o indivíduo que omite a ação comandada não é que não faça nada, porque cumpre uma ação diversa ou inversa daquela que da lei lhe é comandada. Aqui está a raiz daquela teoria que vê na omissão já não a ausência da ação, mas sim somente um *alius, agere*, como DELITALA bem demonstrou. Portanto, uma fisicidade haveria e o sistema não seria vulnerado. Outrossim, deve-se observar que embora postulando o reato um elemento de fisicidade e exigindo que tal elemento seja também um dado naturalístico, trata-se, todavia, sempre de um dado naturalístico que se insere numa avaliação social. Não é o dado naturalístico puro da cega causalidade, quando antes um *quid* que se insere num clima de avaliações sociais que são sempre objetivas. Quem omite uma ação que, segundo o juízo social, poderia ter dado ao curso das coisas uma direção diversa, efetivamente teve um comportamento que favoreceu o evento que se verificou e desse deve responder se havia uma norma de lei que o obrigava a agir. É com referimento a esta norma, em virtude desse *contato normativo,* que a omissão se revela a nós em toda sua natureza. Admitido também que sobre o plano puramente naturalístico a fisicidade da omissão consista num *aliud agere*, a sua realidade se manifesta somente quando o fazer coisa diversa da coisa comandada pode ser qualificado ilícito sobre a base do mesmo comando de ativar-se. A verdadeira realidade da omissão é, portanto, uma *realidade normativa.* Somente o não fazer o que nos é comandado pode ter um relevo e um significado penalístico. Nesses termos normativos se explica a realidade social da omissão e a sua diminuição de valor jurídico, quer se trate de reatos de *omissão própria* (ex. omissão de socorro) ou de reatos *omissivos impróprios* ou reatos *comissivos mediante omissão* (ex. homicídio da mãe que se omite de amamentar o bebê).

Mas os casos concretos muitas vezes não se limitam somente a descrever um comportamento do homem (ação ou omissão) para os fins de indicar o que precisa para que um reato deva subsistir: eles vão além desse limite, e exigem que como conseqüência da ação deva produzir-se um determinado *evento* (ex. a morte de um homem no homicídio). Estamos então diante de um reato cujo fato concreto deve resultar composto de uma ação e de um evento. São estes os *reatos de ação e de evento*. O evento é aquela modificação do mundo sensível assumida por um fato concreto penal como elemento constitutivo de um reato. Nem toda conseqüência da ação humana é um evento para os fins penalísticos, mas somente a conseqüência típica conforme foi dito em tema de tipicidade do fato. Entre as várias conseqüências que uma ação humana necessariamente produz o legislador opera uma *escolha* e indica como relevante somente aquela cujo acertamento se pode presumir que um bem jurídico tenha sido lesado. Trata-se de uma escolha de valor.

Entre a ação e o evento assim indicado deve subsistir um *nexo de causalidade*, ainda antes que o código exija a lógica dos fatos humanos. Mas justamente porque se trata de fatos humanos, também a causalidade, ou melhor, o nexo de causalidade deve ser resolvido em termos "humanos", já não em termos de fria lógica naturalística segundo a teoria naturalística da *condicio sine qua non*. Em outras palavras, para que uma ação humana seja causa de um evento não basta que ela se apresente como condição sem a qual o evento, não se teria nunca produzido, mas é preciso que, dentro de tal limite lógico, a ação humana se apresente *mais bem qualificada*. Para o fim de estabelecer se ela foi ou não causa de um evento, ocorre ter presente a natureza *vidente* do comportamento humano e possibilidade de manobra que tem o homem quando opera na densidade de uma série de antecedentes causais, dada a sua capacidade de prever as conseqüências do agir. Sob este perfil, entre as várias teorias que foram até agora prospectadas, aquela que melhor responde a uma exigência humana e equânime é a teoria da *causalidade adequada*. Para esta, a ação humana deve ser considerada causa de um evento lesivo somente quando o evento possa ser ligado a ela segundo uma relação de normalidade ou de regularidade estatística. Em outras palavras, os eventos excepcionais, mesmo se reportando ao comportamento do homem com base no critério lógico da *condicio sine qua non* (ex. o ferido que morre no hospital em conseqüência do incêndio do mesmo), não podem ser religados juridicamente porque entre a ação e o evento há uma sucessão atípica, anormal, irregular. A sucessão causal não se verifica sobre a base do *id quod plerumque accidit*.

Essa solução permite, de um lado, não gravar além de um determinado limite a posição do sujeito agente, enquanto não se lhe atribuem os eventos excepcionais do seu operar, e se respeita depois a característica típica do agir humano, uma vez que a possibilidade de prever uma determinada conseqüência está em função da sua previsibilidade, e previsível nunca pode ser a conseqüência totalmente excepcional. A teoria da causalidade adequada vem, portanto, ao encontro daquelas que sob o perfil ontológico são as características do operar humano. Com isto, não se diz que sobre a base do código vigente se possa dizer um fato pacificamente adquirido, porque a disciplina da relação causal (arts. 40-41) ressente de uma mentalidade lógico-naturalística que marcou de si toda a dogmática dos anos 1930. É suficiente pensar na disciplina do fenômeno das *com causas*, vale dizer da presença de uma pluralidade de antecedentes causais que tenham cooperado com a ação humana para a produção de um dado evento: o nexo causal nunca é excluído, e portanto uma responsabilidade é afirmada, se trate de *com causas* (fragilidade dos ossos cranianos), *concomitantes* (noite particularmente fria que faz morrer o ferido que ficou no sereno) ou subseqüentes (infecção que se verifica no hospital). Somente para as *com causas subseqüentes* o nexo causal é considerado excluído quando elas tenham sido sozinhas suficientes para produzir o evento. Fórmula do código, esta, verdadeiramente diabólica, porque se pode chegar às mais aberrantes conseqüências se a impostação de fundo do problema causal não é – relativamente à formula do código – corrigida pelo critério da adequação. Com a reforma do código em fase de análise o problema será, ao invés, diversamente resolvido, porque o nexo causal considerar-se-á quebrado quando as *com causas*, também antecedentes ou concomitantes, sejam excepcionais relativamente à situação do fato na qual o agente encontra-se operando. Prova esta da necessidade que cada interpretação da lei não perca o contato com o momento ontológico do agir humano e, portanto, com um certo dado. As esquematizações puramente lógico-formais em tema de interpretação se resolvem em funções, a total desvantagem da liberdade do homem; e um importante banco de prova é constituído justamente pelo problema interpretativo do nexo causal entre a ação e o evento.

Em tema de momento objetivo ou de princípio de materialidade do reato surge um problema muito importante também sob o perfil político, vale dizer aquele da *consumação* de um lado e da *tentativa* do outro. Digo político porque, conforme se parta de uma mais do que de outra concepção política, o problema é diversamente resolvido. Àqueles que vêem no fato lesivo a razão da intervenção estatal tudo o que precede a realização do fato e a lesão efetiva do interesse protegido pode também não interessar ou sob certas condições, o interesse é a título de tentativa de delito; para aqueles, ao invés, que vêem no delito uma atitude de rebelião da vontade do indivíduo contra a vontade da norma penal estadual, o delito é consumado já no momento em que o agente realiza um primeiro ato mesmo se com este não chegue ao cumprimento da ação e à lesão efetiva do bem jurídico. Cada reato se torna um *reato à consumação antecipada*, ou de "atentado" como ainda acontece em certos reatos políticos. Não há dúvida que na raiz das duas distintas impostações encontramos duas distintas concepções políticas: liberal a primeira, não liberal ou totalitária a segunda, a qual desloca o fronte de ataque contra a delinqüência sobre posições tão avançadas que golpeiam às vezes até a mesma manifestação do pensamento.

Sob o perfil mais estritamente jurídico coloca-se o problema relativo à qualificação que os atos de tentativa devem assumir, para que de tal forma "imperfeita" de realização delituosa se possa falar. A doutrina liberal tinha sustentado que de tentativa se pode falar somente quando uma "ação" se possa cindir em mais "atos" e os atos se apresentem como executivos. Durante longo tempo a contraposição entre ato *preparatório*, não punível, e ato *executivo*, punível a título de tentativa, dominou a cena política, embora com efeito um critério distintivo entre um e outro não tenha sido nunca de fácil individuação. E é também por esta razão que o código vigente (art. 56), quando fala de delito tentado, prescinde da ântica dicotomia, preferindo aquela entre atos *idôneos* e atos *inidôneos*. Somente o ato idôneo, para determinar o efeito lesivo, pode configurar uma tentativa punível, mesmo se um tempo podia ser considerado somente preparatório e, portanto, não passível de pena. Circunstância esta que não é somente técnica, mas responde a uma exigência política certamente não liberal da qual o código de 1931 se fez portador, tendo assim querido indicar um fronte de ataque deslocado mais adiante; deriva disto, inevitavelmente, um grave dano às liberdades individuais, que podem ser rachadas sobre a base dos amplos poderes que hoje tem o juiz em tema de avaliação acerca da idoneidade do ato de tentativa.

4. O PRINCÍPIO DO BALANCEAMENTO DOS INTERESSES

O direito não é feito para as abstratas meditações de poucos estudiosos. Ele é regra das ações humanas nas recíprocas relações de homem para homem. É de regra sobretudo nos casos de conflito entre diversas posições de mais sujeitos relativamente aos bens da vida social tutelados pelo direito penal. O conflito é um momento patológico, ou melhor, dinâmico da vida do direito, o qual, do seu lado, deve também dar uma regra ou um critério de solução do mesmo conflito. Quando alguém é agredido numa posição de gozo relativamente a um bem, devemos saber se e dentro de quais limites pode recorrer a autotutela, quando seja possível uma tempestiva intervenção direta do Estado por meio de seus órgãos. Assim, se alguém se acha numa determinada situação de necessidade com perigo de dano grave à pessoa, devemos saber se se pode sair de uma tal situação de perigo por meio do sacrifício de um bem ou de um interesse de uma pessoa *inocente*, isto é, que não deu motivo para o surgimento do estado de necessidade mesmo. E assim por diante.

O código prevê expressamente algumas situações nas quais o sacrifício de um determinado bem ou interesse penalmente tutelado é considerado em concreto lícito. São estas as situações previstas pelas normas que tipificam as *causas de justificação*. Tais são: o exercício de um direito, o adimplemento de um dever, a execução de uma ordem legítima ou ilegítima da autoridade que vincula o subordinado, a legítima defesa, o uso legítimo das armas, o estado de necessidade, o consentimento de quem tem o direito. Isto quer dizer que, quando alguém se encontra em dever de agir numa das situações tipicadas, não comete reato, a lesão de um bem ou de um interesse, não sendo mais considerada ilícita enquanto o legislador, avaliando a situação de conflito, indicou o interesse prevalente que deve ser tutelado. O homicídio em estado de legítima defesa, o furto por necessidade, a privação da liberdade pessoal em seguida à execução de uma ordem da autoridade etc., são fatos que constituem reatos porque justificados pelo legislador sobre a consideração que um determinado interesse deve ser sacrificado para tutelar um de significado e de valor eqüipolente ou superior àquele em concreto sacrificado. Somente assim se pode achar uma solução nas hipóteses de conflito e fazer triunfar uma exigência jurídica. É a idéia da *proporção* entre os interesses em conflito que domina soberana as normas que tipificam causas de justificação. Diz a norma do art. 52 que a legítima defesa é consentida "sempre que a defesa seja proporcionada à ofensa"; afirma a norma do art. 54 que o estado de necessidade pode ser invocado sempre que "o fato seja proporcionado ao perigo". O legislador entende que os interesses em conflito devam se *balanceados* entre si, porque a idéia da desproporção e uma solução a ela adequada repugnam à mesma natureza do direito, que é *proportio hominis ad hominem*, e portanto justiça da disciplina das relações intersubjetivas. Isto é, o que se evence pela leitura das normas que tipificam expressamente as causas de justificação é o índice de um princípio subjacente a todas as mesmas causas, sejam elas previstas ou sejam não previstas expressamente pela lei penal. Não achamos, na verdade, que as causas de justificação previstas pelo código possam estender-se por analogia (*analogia legis*) ou com base num princípio geral de direito (*analogia juris*). As normas penais que as prevêem – como já demonstrado – não estão submetidas à proibição de uma interpretação por *analogia legis* ou por *analogia iuris*, enquanto não são normas restritivas das liberdades como as normas incriminadoras ou excepcionais. Elas todas gravitam em torno do princípio que numa hipótese de conflito de interesses uma prevalência deve ser dada a um dos dois, enquanto seria absurdo consentir o sacrifício de ambos. Eis então que o interesse do agredido prevalece sobre aqueles do injusto agressor, como o interesse daquele que opera em estado de necessidade prevalece sobre aqueles que vêem sendo sacrificados, enquanto se trata de dar o reconhecimento ao instinto vital que leva a salvar a si mesmo também à custa de sacrificar os outros, *salvo em todo caso a proporção*, porque se entre o interesse que um sujeito procura tutelar e aquele que é com efeito sacrificado há uma evidente desproporção, a justificação não vale mais.

Mas quem é que determina a relação de proporção entre dois bens jurídicos em conflito? A pergunta se põe logo porque um critério deve existir. É lógico que um critério exclusivamente mecânico-quantitativo não pode ser levado em consideração, porque as soluções jurídicas são soluções de qualidade, também se ele – dentro de certos limites – pode ser invocado. Nem será um puro critério hedonista a ditar uma solução; na verdade, o direito penal, defensor dos máximos valores morais, não pode com isso resolver talvez o mais delicado de seus problemas hermenêuticos e aplicativos, porque então tanto valeria remeter tudo à fórmula mágica de BENTHAM, que acha moral o que produz a felicidade do maior número. Mas a minoria, que mais de todo outro tem necessidade de proteção, sairia disto esmagada nesta concepção utilitarística do direito penal. Em tal momento, o problema se torna *ético-político* porque o critério de avaliação da proporção entre os bens em conflito não poderá ser deduzido pelas *normas de civilização* que estão na base do sistema. Numa democracia personalística que deve à pessoa humana o mais alto dos valores, serão a autonomia, a dignidade, a liberdade da pessoa humana, com todos os direitos e as prerrogativas que gravitam em torno dela, para constituir critérios de solução de tantas situações concretas. Nada há de mais alto da pessoa humana em suas condições biológicas, psicológicas, morais e sociais de sistema. Somente a necessidade que justifica o sacrifício de um inocente representa uma trágica exceção no âmbito de um sistema todo protendido para salvaguardar os direitos da pessoa humana.

5. O Princípio da Referibilidade Psicológica do Fato ao Autor

Que se entende por princípio de referibilidade psicológica do fato ao seu autor? Entende-se que por hipótese afirmar uma responsabilidade penal é necessário provar que entre a *mens auctoris* e o fato do reato subsiste um nexo de causalidade psicológica nos limites do dolo ou da culpa, e segundo alguns da preterintenção considerada como forma psicológica autônoma. A necessidade de um liame psicológico é uma das maiores conquistas do pensamento e da civilização humana no campo do direito penal. Em tempos longínquos, não em via absoluta e no quadro de impostações culturais – legislativas primitivas –, a responsabilidade penal está enraizada sobre o acertamento de um simples nexo de causalidade material – entre a ação de um homem e o evento lesivo. Já dissemos a respeito sobre os princípios constitucionais em tema de orientações penalísticas que a responsabilidade penal tem caráter *pessoal*, entendendo que com tal expressão o Constituinte quis não somente excluir toda forma de responsabilidade por fato alheio (na área penal se responde somente pelas próprias ações), mas também indicar *como* a responsabilidade penal deva relativamente ao fato próprio comportar-se. Trata-se de uma típica e clássica forma de responsabilidade humana, e o agir em tanto é humano enquanto seja sustentado pela previsão das conseqüências do operar e iluminado e dirigido pela vontade. Quando se diz que a responsabilidade penal é pessoal, entende-se justamente exigir que ela seja enraizada sobre uma plataforma psicológica, de maneira que o fato possa entrar na *suidade* do autor, para usar uma expressão de ANTOLISEI. Sob este perfil, toda forma e todo caso de responsabilidade objetiva deveria considerar-se em contraste com a Constituição e *atípica* relativamente às exigências do direito penal entendido em termos humanos. No âmbito do nosso ordenamento jurídico, as normas e os casos de responsabilidade objetiva ainda subsistem, mesmo esporadicamente. É suficiente pensar na responsabilidade para o evento mais grave nas hipóteses de reatos agravados pelo evento, na responsabilidade do partícipe para o reato diverso e mais grave perpetrado pelo autor principal. Não há esforço lógico ou hermenêutico tal que possa superar o escolho da existência no código de hipóteses de responsabilidade objetiva. Infelizmente, porém, a Corte Constitucional não entendeu pronunciar-se a respeito em termos de clareza com uma decisão de inconstitucionalidade, mesmo declarando-se por tendência favorável a uma eliminação dos mesmos casos do código penal. É, porém, também o projeto de reforma ao qual se acenava antes, deixa todavia sobreviver sempre alguns casos de responsabilidade objetiva.

De qualquer forma, a regra fundamental do código é que a forma típica e normal de responsabilidade penal sob o perfil do nexo psicológico seja aquela dolosa. Mas o que é o dolo? Não há dúvida que ele seja uma forma que assume o liame psicológico entre a *mens auctoris* e o fato do reato. Diz-se sob este perfil que o dolo é uma combinação de atividade intelectiva e de atividade volitiva: ele é a *previsão e a voluntariedade* da ação e do evento constitutivo de um reato. Quando um sujeito opera com uma clara visão das conseqüências do agir e deseja as *conseqüências mesmas*, age no dolo. Diz o código (art. 43) que "o delito é doloso, ou *segundo a intenção*, quando o evento danoso ou perigoso, que é o resultado da ação ou da omissão e da qual a lei faz depender a existência do delito, é pelo agente *previsto e querido* como conseqüência da própria ação ou omissão". Trata-se, em outras palavras, de aplicar ao dolo o esquema psicológico ao qual pode ser inserida toda forma normal de comportamento humano. Previsão e voluntariedade são, portanto, os componentes psicológicos necessários e suficientes para que um fato, enquanto ato humano, possa ser considerado doloso. É um certo fato que sobre tal definição psicológica e tal combinação desenvolveu-se a teoria do dolo como definida pelo código e como considerada, em termos que podemos dizer dogmáticos, a Corte de Cassação.

Todavia, é evidente como uma solução em pura chave psicológica do problema do dolo seja uma solução naturalística, o que significa que ela pode se achar em contraste com as *exigências de valor* hoje dominantes no quadro da dogmática penalística. Já por alguém tinha sido observado que, incidindo o evento do reato sobre um dado de menor valor jurídico, qual sem dúvida é a lesão de um bem jurídico, à noção do dolo não pode ser estranha à consciência desta diminuição de valor, vale dizer a consciência que o fato querido e previsto é fato lesivo de interesses tutelados. Assim GALLO, e não há dúvida que desta forma uma plataforma puramente psicológica-descritiva é superada. A consciência do desvalor do fato quebra a angústia tradicional de uma definição acadêmica *ancien régime*. E é sobre esta exigência, mesmo se não próprio sobre esta estrada, que se movem todas aquelas opiniões pelas quais a noção do dolo não se exaure somente na indicação dos dois momentos psicológicos (previsão e voluntariedade do fato), mas compreende também o conhecimento do desvalor moral e social do fato (vale dizer a sua contrariedade com as fundamentais normas de civilização), não se podendo – nos termos do direito positivo italiano – postular a consciência da antijuridicidade específica do fato, ao passo que para o art. 5 do CP "ninguém pode invocar como própria desculpa a ignorância da lei penal". Temos assim definido o dolo como "consciência e voluntariedade do fato constitutivo de um reato com a ciência da sua substancial ilicitude". Somente quem opera nestes termos opera dolosamente. Quem opera em boa-fé, vale dizer com a convicção de operar de qualquer forma *extra moenia juris poenalis* (feita exceção para o estrito erro de direito *ex vi* do art. 5 do CP), não age, na nossa opinião, com dolo. De resto, a Corte constitucional com sentença n. 364, de 26 de março de 1988, declarou a parcial ilegitimidade do art. 5 do CP na parte em que não reconhece o valor que desculpa a ignorância e o erro inevitável na lei penal. A mais recente psicologia, ligada a uma concepção de "valor" do homem – diferentemente de quando achava uma psicologia puramente descritiva que resolvia toda atividade da psique com a fórmula dos processos mecânico-associativos, considera a ação voluntária como uma *ação empenhada*. O homem na sua individualidade não é puro ser mecânico que opera sobre as resultantes dos instintos ou segundo dadas tabelas estatísticas de previsão, mas é uma realidade pensante, vidente e operante num mundo estruturado em termos de valor que o homem deve conhecer se quer realizar fins adequados à natureza moral. O homem é, portanto, um ser *empenhado* para operar num determinado sentido para que não sejam traídas as expectativas que uma sociedade livre lhe põe. A ação do homem é, portanto, a expressão das exatas *convicções* que ele se fez em termos de valor acerca de tudo o que o circunda. Somente uma tal convicção eleva para uma ação dolosa uma ação que fica diversamente ligada a uma interpretação formal e descritiva, todavia sempre limite do dolo, mas sem substancial conteúdo de vida.

O liame "psicológico" entre fato e autor pode pretender também a forma da culpa, seja mesmo somente nos casos expressamente previstos pela lei penal. Para o art. 43, o delito "é culposo, ou *contra a intenção,* quando o evento, mesmo se previsto, não é querido pelo agente e se verifica por causa da negligência ou imprudência ou imperícia, ou pela inobservância de leis, regulamentos, ordens ou disciplinas". O esquema sobre a base de uma exceção puramente literal da norma é psicologicamente simples: a culpa consiste na voluntariedade e uma ação da qual deriva um vento não querido. Mas justamente esta simplicidade revela o pioneirismo da disposição. É verdade que a lei qualifica a ação como contrária a uma norma genérica ou específica de prudência; mas há um momento essencial que nesta definição não deve ser esquecido, vale dizer o liame psicológico que deve todavia sempre ligar à ação imprudente o evento lesivo. Caso contrário, acaba se resolvendo os casos de delito culposo em outros tantos casos de responsabilidade objetiva, o que não pode ser porque a responsabilidade objetiva no art. 42 é contraposta daquela culposa e afirmada como totalmente excepcional. Na responsabilidade por culpa deve sempre subsistir um nexo psicológico entre a ação imprudente e o evento lesivo: este é dado pela *previsão* ou, quando não, pela *previsibilidade* do evento. *Previsão,* quando o evento foi previsto pelo sujeito agente, que também operou confiando que o evento não teria se verificado e, portanto, sem aceitar o risco do mesmo evento (a diferença do dolo eventual onde o agente fica indiferente acerca da verificação do evento ou aceita seu risco); *previsibilidade* quando o autor, mesmo sem ter efetivamente previsto, se encontra na impossibilidade de prever as conseqüências do operar nas condições histórico-ambientais nas quais realizou a ação de risco. A previsibilidade é o momento mais tipicamente humano do agir culposo, porque somente o referimento à possibilidade de rever as conseqüências lesivas do próprio operar um comportamento pode ser qualificado culposo ou imprudente.

Com efeito também na culpa, além de uma impostação puramente psicológica, há um momento de valor: isto é, a ciência de assumir um risco não consentido pela lei com o perigo de determinar uma lesão jurídica que, também se não querida, podia porém ser evitada com um esforço maior de atenção. Por demais tempo insistiu-se em tema de culpa somente sobre as lacunas representativas, para usar a expressão de PETTOELLO, enquanto estas são um indício ou um limite da culpa, mas não o em si da culpa. Também a culpa é uma renúncia consciente de um compromisso de responsabilidade do indivíduo para com a sociedade. A vida social importa exigências dos esforços, dos deveres. Cada qual no seu operar deve ser consciente de um exato compromisso que o obriga, com as devidas cautelas e com a devida prudência, a não superar certos limites para não provocar danos ao próximo.

Tanto o dolo como a culpa são, portanto, liames psicológicos entre o fato e o autor, mas além desta plataforma, deparamos numa exigência de valor, vale dizer na *violação de um compromisso*, numa abdicação da consciência humana relativamente a deveres que surgem da mesma convivência que, antes de toda coisa, é convivência eticamente justificável. Não se trata no dolo e na culpa de resolver tudo em descrições psicológicas em caráter formal, mas se trata de individuar aquele momento que a transforma em entidade digna de consideração penalística sob o perfil do desvalor. Dolo e culpa não se contrapõem assim entre si, como se o dolo fosse a expressão da ação humana na plenitude de seu conteúdo psicológico (teoria de WELZEL que identifica a ação finalística com a ação dolosa) e a culpa uma ação raquítica que não acha, por causa do momento finalístico, a sua plena expansão (assim também MARINUCCI). Ambas as formas que pode assumir o nexo psicológico entre fato e autor podem ser conduzidas a um denominador comum em termos de valor: se a ação humana é sempre *ação compromissada,* este momento do compromisso no dolo é dado pela convicção de operar *in re illicita,* e portanto *da assumpção* de uma responsabilidade, na culpa em não atender a um dever e, portanto, na *renúncia* a uma responsabilidade por não causar um fato lesivo da ordem social.

Sobre a *preterintencionalidade* há pouco a se dizer: o evento mais grave daquele querido (morte em vez de lesões) é atribuído ao agente já não a título de responsabilidade objetiva – como quereria ZUCCALÀ –, mas a título de culpa, enquanto o evento mais grave era com efeito previsível. Além do dolo, da culpa, da preterintencionalidade, há a forma excepcional da responsabilidade objetiva que, segundo já foi dito várias vezes, deveria ser expurgada de um código inspirado sobre uma ideologia personalística.

6. O Princípio de Culpabilidade e a Liberdade do Querer

A presença de um nexo psicológico entre a *mens auctoris* e o fato causado, nos limites respectivos do dolo e da culpa e da preterintencionalidade, ainda não resolve o problema mais alto e mais importante para o direito penal: trata-se do problema relativo à *culpabilidade* do sujeito agente. Prever e querer um fato não significa ainda ser culpado do mesmo fato. Isto supõe a possibilidade de expressar um juízo de reprovação que importa a aquisição de dois outros momentos ao lado daquele do nexo psicológico. Trata-se da capacidade de direito penal, ou imputabilidade, de um lado, e do outro, da ausência de causas que incidam, em concreto, sobre a livre motivação do ato de vontade.

O homem deve ter agido *livremente.* Eis o problema de fundo do direito penal sobre o qual são baseados tanto o juízo de culpabilidade, quanto, e conseqüentemente, o instituto da pena de retribuição. Onde não há liberdade, não há culpabilidade; onde não há culpabilidade, não há possibilidade de pena-castigo, que é pena de retribuição. Se esta idéia de fundo não pudesse encontrar uma plausível explicação, é claro que não poderíamos mais continuar a nos referir a conceitos tradicionais. Não se pode ficar indiferente relativamente aos problemas do determinismo ou do indeterminismo do ato de vontade. A liberdade é valor fundamental de maneira que, afirmando-a, o direito penal toma uma dada orientação, negando-a, se move sobre a estrada oposta. Já vimos a respeito a contraposição entre classicismo e positivismo que se chocam, justamente, sobre a idéia da liberdade da ação humana. O código não esclarece expressamente o problema da liberdade, mas quando parte da imputabilidade, sanciona (art. 85) que "é imputável quem tem a capacidade de entender e de querer"; e ao art. 42 afirma que ninguém pode ser punido por um fato se não o cumpriu "com consciência e vontade". Fala-se então de consciência e vontade em ambas as disposições da lei, mas não se fala nunca de "livre vontade". É ela subentendida e resolvida em termos positivos no quadro do sistema? Ou não é nomeada porque somos levados a negá-la, quanto menos sob o perfil normativo, para não ligar a escolha à concepção filosófica do livre arbítrio?

 O momento *sistemático* tem seu valor porque como o problema inteiro de homem imputável e, portanto, culpável é resolvido, podem-se deduzir os indícios importantes quanto ao critério ao qual se ateve o legislador. Ora, não há dúvida que o problema da imputabilidade como sinônimo de capacidade de entender e de querer é realisticamente limitado por uma série de normas as quais prospectam situações em que se deve excluir que um sujeito possa livremente querer um determinado fato delituoso. Assim para a menoridade: o menor de 14 anos é presumido incapaz de entender e de querer dada sua imaturidade biopsicológica. Acha-se que antes desse limite prorrogável até os 18 não se possa falar de uma personalidade formada de maneira tal que se possa julgar que o ato de vontade possa pular em termos de espontaneidade e, portanto, de liberdade. Mas também quando *ratione aetatis* se poderia falar de uma personalidade formada, e portanto em grado de operar responsavelmente, a lei prevê toda uma série de situações patológicas das quais a impunidade é negada porque a situação, é tal que altera o normal processo de formação do ato de vontade ou porque a consciência está perdida ou o mecanismo da vontade alterado. Assim é para o vício da mente, para a embriaguez derivada de uma força maior ou de caso fortuito, pela intoxicação crônica por causa do álcool ou dos entorpecentes, por surdo-mudismo. E ao lado de tais causas de plena e total exclusão de imputabilidade encontramos aquelas causas que incidem só parcialmente sobre a capacidade de entender e de querer, diminuindo-a grandemente mesmo não excluindo-a, como o vício parcial da mente etc. O fato que esteja estabelecendo uma indicação legislativa tão detalhada relativamente às causas de total ou parcial inimputabilidade, e que ela seja outrossim pontualizada em coligação com os dados empíricos extraídos das ciências experimentais – pelo que nos casos indicados o ato de vontade não se pode mais dizer ato livre, mas ato necessitado –, nos leva então a esta conclusão: que o legislador, quando fala de capacidade de entender e de querer, quer mesmo se referir à liberdade de necessidade como termo que qualifica o ato de vontade responsável que está na raiz do reato. A liberdade da vontade é assim subentendida quando o código fala de capacidade de querer, a qual não pode ser um *quid* deduzido mecanicamente pela presença de dados antecedentes típicos da ação (os motivos), mas deve ser entendida, ao invés, como uma verdadeira e própria capacidade da vontade; em virtude de tal capacidade, a própria vontade – mesmo no quadro dos motivos – pode escolher seu caminho, isto é, querer ou não querer algo numa determinada direção.

Trata-se, no pensamento do legislador, também de algo de empírico que não deve ser transferido *sic et simpliciter* sobre o plano filosófico para não ficar "enviscado" nas conceições metafísicas do livre arbítrio, consideradas inúteis para explicar os problemas do direito penal. Convencidos, porém, como somos, de que o direito penal sem a filosofia permanece um enigma insolúvel, porque ele não é uma ciência da natureza, mas uma ciência da cultura e, portanto, do espírito inserida no mundo dos valores, devemos concluir que a liberdade do querer não é um puro fato que possa ficar circunscrito no mundo das pesquisas naturalísticas, mas um *valor* suscetível de ser plenamente entendido somente em plano filosófico-cultural. Na solução deste problema está em jogo a mesma natureza do homem e, portanto, o "tipo" de homem que o legislador deve todavia escolher para (legislar) suas normas responsáveis. O direito penal não é um puro conglomerado de norma sem fio condutor ou sem escopo, mas é um complexo de avaliações que fazem eixo sobre dados e noções claras e exatas. As experiências da antropologia e psicologia criminal em tema de liberdade do homem não puderam negar ou destruir um dado de fato certo: o homem, desde que não tarado, tem sempre a possibilidade de agir diversamente de como age ou de como agiu. Não é absolutamente verdadeiro que no passado não tenha havido liberdade: que o ato agora querido seja um fragmento da natureza decifrável só deterministicamente, no quadro de todos os seus componentes e de todos os seus antecedentes. Devemos nos reportar ao momento em que o sujeito operou, para indagar se naquele momento – no complexo de todos os dados que precederam ou acompanharam a ação – o sujeito podia agir *diversamente* de como agiu. E este é um dado empírico que, no quadro de uma *antropologia filosófica* a qual leve ao nível especulativo os dados concretos, torne-se um momento ou um aspecto indefectível do homem *responsável,* portanto *livre,* que está como fundamento do direito penal num dado tipo de sociedade política. Na nossa opinião, este é o "tipo" de homem do qual se serve o nosso legislador para os fins do conhecimento e da pena de retribuição. Não se trata de um homem necessitado, quase um fragmento de natureza que opera segundo as leis do instinto ou do ambiente, mas de uma *pessoa* que, estando aberta sobre a totalidade das coisas e sobre os valores (capacidade de entender e de querer), opera livremente quando sobre ela não incidem causas patológicas, orgânicas ou ambientais.

  Alguém afirmou – como BARATTA – que uma tal conceição é todavia fideística, no sentido que é deduzida por um *a priori* como a idéia de liberdade, postulada por exigências práticas de caráter social e de natureza política. Se uma conceição filosófica da liberdade do querer é uma conceição apriorística, "custe o que custar", BARATTA poderia até ter razão, mas é próprio o que não é. Filosofia do homem não parte de preconceitos ou de uma conceição astral do homem, não desce do alto para o baixo, não ilumina com idéias inatas a realidade empírica que lhe está de frente, mas parte desta para procurar interpretá-la em termos racionais e, portanto, universais, para o fim de explicar o fenômeno mais alto e importante do universo.

Não é que a liberdade possa ser entendida em termos "dialéticos", pelo que somente o agir com plena consciência de todos os momentos da realidade histórica seria um agir livre. O conhecimento de todos os momentos históricos que acompanham a ação humana ainda não nos diz nada sobre a liberdade da sua motivação. Estamos sobre um plano puramente intelectualístico que poderá enriquecer o conhecimento do agir, mas que não toca ainda o momento verdadeiramente decisivo e único: a *autodeterminação*. O que não quer dizer absolutamente que a vontade aja, fora dos motivos, no vazio, como era na lógica da doutrina do livre arbítrio imotivado. A vontade, quando age, opera para as razões específicas num determinado ambiente histórico. Repetimos que o homem não é um ser astral ou irreal: é um ser formado de momentos biopsicológicos que opera limitado historicamente caracterizado. De todo este complexo de elementos brotam os *motivos* da conduta, relativamente aos quais o homem não se move como o animal sobre a estrada do motivo mais forte, mas escolhe o motivo mais conveniente, o qual se torna assim o mais forte que o levará à ação. Mas o levará somente porque ele assim quis, não porque tenha sido subjugado pelo mesmo motivo. Já na biologia do homem há uma passagem para a liberdade, porque os impulsos e os instintos, que da natureza orgânica do homem aparecem na sua consciência, são pelo homem meditados e avaliados. O homem examina se, em relação à sua natureza moral, há ou não há conveniência em segui-la; o homem é assim o único ser da criação que pode cooperar contrariamente ao empurro ou ao impulso dos instintos.

A liberdade da autodeterminação sobre a base de um motivo que a vontade escolhe entre as séries de motivos antagonistas é a liberdade da qual necessita o direito penal para aí ancorar o conceito de culpabilidade. Ela, portanto, não se coloca como essência de motivos e portanto como um *quid* que não tenha uma causa. Ninguém mais do que nós está convencido de que em cada fenômeno da realidade humana deve, todavia, sempre encontrar-se uma causa, porque as "coisas" não vêm ao mundo por geração espontânea. O ato humano de vontade é sempre historicamente condicionado enquanto o homem opera numa situação que ele acha preexistente a toda sua intervenção e nisto se insere, tornando-se, por sua vez, início de outras séries causais. Pode-se, aliás, deve-se falar de determinismo no sentido que um fenômeno se liga a outro numa relação de sucessão e numa série de recíprocos nexos: mas não se trata de um determinismo mecânico-psicológico, como se a vontade fosse sucumbente do complexo dos antecedentes ao seu manifestar-se concreto ou de um dos mesmos. Há no homem a capacidade de operar, mesmo na concretização de situações históricas que ele acha, de maneira que sabe desfrutar os elementos de tal situação para dirigi-los conscientemente para um determinado fim que é o *seu* porquê por ele previsto e cientemente realizado. Nisto está o momento *indeterminístico* do agir: não na ausência de uma causalidade, mas na presença de uma finalidade que a supera e a transcende ou a utiliza para seus fins. O homem se apodera assim da situação histórica, a domina e a orienta para um escopo plausível. O mérito da doutrina da ação finalística, da qual temos falado, está justamente em ter frizado o momento "vidente" do agir do homem que o torna dono dos fins do operrar, mesmo se na raiz da ação o homem encontra uma situação que não é sua, mas que o liga sob o perfil causal a todo o mundo de ontem. Determinismo e antideterminismo se entrelaçam assim para explicar a ação humana da qual o sujeito leva a responsabilidade porque se torna *sua* enquanto pode senhoreá-la finalisticamente e empurrá-la para determinados resultados. E tudo isto, válido já sobre um plano experimental psicológico e moral, é filosoficamente avaliado por meio da afirmação de que o homem é um ser responsável porque é um ser formado de "livre arbítrio", no sentido que somente ele se torna o árbitro das grandes decisões nas situações concretas que a história lhe apresenta.

Essa liberdade é uma realidade e não é certamente por meio da filosofia do "como se" que o direito penal pode encontrar um sólido fundamento. Segundo esta conceição, como não se poderia sobre o plano especulativo demonstrar a existência de uma liberdade da vontade, a qual, porém, seria sempre necessária para explicar no atual momento histórico o direito penal e suas tarefas, o legislador deveria colocar na base de suas normas a liberdade do querer como um postulado prático; "como se" ela, liberdade, fosse um dado positivamente adquirido. Todavia, a recusa de uma tal solução é óbvia depois do que foi dito. E deve-se acrescentar que falar ou se referir a uma "função jurídica" quando estão em jogo os destinos do homem não pode ser considerado procedimento sério sob o perfil científico. Melhor recusar a função e apontar tudo sobre o critério determinístico que, todavia, apresenta sempre sólidas bases científicas também se na síntese nada absolutamente convincente.

Quando o código fala da "capacidade de entender e de querer" refere-se à idéia da liberdade nos termos antes acenados. É dado que a vontade não é cega, fazendo preceder a capacidade de entender àquela de querer; entende-se pôr em evidência a capacidade do homem de perceber, individuar, compreender as conseqüências do próprio operar no significado ético-social que elas apresentam na situação histórica sobre a qual incidem. São, em outros termos, o conhecimento do fim da ação. Ele, conhecimento dos fins, dá ao homem o sentido da liberdade das próprias ações que o acompanha em todas as vicissitudes da vida, quer relativamente à liberdade da escolha, quer relativamente às conseqüências da ação livremente cumprida. O sentido do remorso, a possibilidade do arrependimento, a libertação psicológica do complexo de culpa, demonstram que um tal complexo está em relação direta com a liberdade de escolher entre dois termos (bem e mal) antes do cumprimento da ação. O eu está sempre presente a si mesmo, até que não operem anomalias orgânicas e funcionais, e é nesta presença que se enraíza o sentido vivo da própria responsabilidade. Nestes termos, o homem é "pessoa", isto é, ser capaz de avaliações morais relativamente às ações que cumpre, sem que um artificioso desdobramento da personalidade deva referir "o bom" ao "eu" dos estratos neolíticos da consciência humana, "o mau" ao "ele" dos estratos paleolíticos, sobre a base de uma psicanálise que entende tirar do indivíduo o sentido da própria responsabilidade numa interpretação rigorosamente naturalística da vida. Sob tal perfil, entre o positivismo grosseiro dos tempos e a sutil impostação psicanalítica de hoje subsiste somente uma diferença de grau não de substância: o momento ético da responsabilidade para as próprias ações é negado em todas as suas concepções e o "desvio social" imputado a fatores estranhos ao eu ou quando não referíveis a momentos ou situações que o eu superior não está em grado de controlar. Com isto não se quer dizer que toda pesquisa psicanalítica deva ser repelida: o sentido da concretização da responsabilidade para as próprias ações exige freqüentemente um exame aprofundado relativamente aos momentos ou à raiz psíquica do operar humano. Não pode negar que também a consciência humana possa apresentar-se estratificada e que as últimas razões de uma ação possam enraizar-se num estrato "paleolítico" da mesma consciência. Mas isso não significa também que a liberdade do homem, e portanto da ação, se deva negar, porque não está absolutamente demonstrado que certas inclinações, fruto também de leis hereditárias, não possam ser responsavelmente enfrentadas e repelidas. O homem não opera sobre as pegadas dos instintos primordiais como o animal. Desde que não se trate de um sujeito enfermo, cada homem tem na mão um leme, isto é, a vontade, com a qual pode se direcionar também contra o momento naturalístico do seu eu e as suas presumidas leis necessárias. De resto, os fenômenos psíquicos se diferenciam dos fenômenos biológicos ou físicos. Aquilo que parecia ainda um dogma em tema de causalidade foi criticamente enfrentado por MEZGER, para o qual não está absolutamente demonstrada a *inexistência de soluções de continuidade no mundo dos fenômenos psíquicos,* mesmo se sob o perfil especulativo ligado a uma física naturalística a hipótese determinística pode aparecer fundada. Isto quer dizer, em outras palavras, sair hipoteticamente de uma premissa determinística, pelo que a cada efeito deve corresponder uma causa, interpretando porém tal nexo causal por certas determinadas séries de fenômenos em termos de pura *sucessão*, não de causalidade determinante. A ação humana se desvincula assim de todo um complexo de antecedentes para se apresentar em termos de *espontaneidade finalística*, diversa por isso de todo outro fenômeno do mundo sensível.

Estabelecida assim a lei da liberdade pelo que diz respeito à ação humana, não se deve porém julgar que cada ação humana seja de *per si* mesma uma ação livre. Isto seria um erro grave, fruto de uma abstração e de generalização inadmissíveis. Já temos acenado sobre como a ação humana deve ser olhada na sua *concretização histórica* e isto sob um duplo ângulo visual, antes de tudo, em relação à *personalidade* do sujeito agente e depois em referimento ao *ambiente histórico* no quadro do qual a ação veio à luz. Um indivíduo tarado, vale dizer um indivíduo que apresenta anomalias biopsicológicas de uma certa gravidade, não se pode certamente considerar livre nas suas manifestações externas. Estamos diante das enfermidades mentais verdadeiras e próprias ou de outras enfermidades que têm repercussões sobre as atividades psíquicas do sujeito (ex.: delírio por causa da febre). Uma ação delituosa cumprida em tais situações patológicas não é uma ação livre. Nenhuma legislação penal no mundo considera o demente ou o furioso como sujeitos capazes de direito penal e, portanto, capazes de ações. O mesmo vale para os imaturos, vale dizer para aqueles que não alcançaram um dado limite de idade. Surge um problema para os assim ditos semi-enfermos de mente (vício parcial de mente), categoria que o código vigente conhece para os fins de uma diminuição da pena quando a enfermidade tenha sido tal de fazer diminuir grandemente a capacidade de entender e de querer. Problema que surge quer respeito à validade científica da categoria, querem em relação ao tratamento penalístico concreto que deve ser reservado aos semi-enfermos de mente. Sobre a validade científica da categoria, as dúvidas deveriam ser agora afugentadas, especialmente diante dos resultados das pesquisas médicas a respeito dos neuropáticos, que, desviando do tipo normal da psique, não estão na plena posse das forças de inibição relativamente às idéias obsessivas que os dominam. E no que concerne ao tratamento penal dos mesmos, está de acordo em considerar-se que o sistema do código que aplica antes a pena e depois a medida de segurança, ou vice-versa, seja absurdo, dado que a globalidade ou a união da pessoa humana não pode consentir desdobramento no tratamento penal: acha-se oportuna a aplicação de um provimento unitário que seja ao mesmo tempo pena e medida, vale dizer uma pena medicinal ou corretiva. O problema é, de qualquer forma, agudo porque um tal provimento, por sua natureza, seria indeterminado no tempo, assim como o são as medidas de segurança, o que não é consentido pelo princípio de legalidade, eixo do nosso sistema.

Mas a liberdade da ação pode enfraquecer também por causas ambientais, enquanto a vontade é suscetível de ser influenciada num determinado sentido por uma anomalia do ambiente histórico em que o ato de vontade amadureceu. Ele não se forma *sub vitro* num ambiente depurado e esterilizado, mas surge, amadurece e se manifesta sobre o terreno de uma situação ambiental que pode também ser tal que vulnere gravemente ou torne impossível um juízo de repreensão e, portanto, de culpabilidade: de fato não se pode exigir que *alguém tenha um comportamento conforme o direito* quando as condições do agir não consentem uma normal motivação. A anormalidade das condições históricas do ambiente torna assim anormal o processo de formação do querer: a possibilidade de uma repreensão diminui e o reato não surge e não se manifesta.

Um tal princípio é cientificamente ainda *sub judice* porque a doutrina italiana é renitente em reconhecer que, além das causas que incidem sobre a culpabilidade especificamente relacionadas pelo legislador, possa existir um princípio de caráter geral ao qual se possa fazer referimento para explicar fenômenos que, todavia, o direito sempre reconhece. Por exemplo, a não punibilidade do falso testemunho dado em favor de parentes pode ser explicada somente com o recurso ao critério da não exigibilidade e não a uma causa específica que tome uma hipótese de falta da culpabilidade. E os exemplos poderiam ser numerosos. Tal exigência de fundo nasceu na Alemanha, a propósito do estado de necessidade supralegal, não tendo o código penal alemão (antes da reforma de 1975) uma norma sobre o estado de necessidade análoga à do art. 54 do código italiano. E foi a magistratura alemã que quebrou a primeira brecha nos fechados muros de uma sistemática penalística formal, especialmente em relação ao caso de aborto terapêutico, com o fim de isentar da pena quem, para salvar a vida de uma parturiente, que não seja "parenta próxima", lhe procura um aborto. Mas, além do caso, abriram-se novos horizontes para a ciência penalística e as discussões estão ainda muito acesas. Há quem afirme que um tal "esfarrapamento" do direito penal é inconcebível, levando-o à anarquia e tirando todo critério de certeza jurídica; e em todo caso – acrescenta-se – a exigência política que está na raiz de uma tal formulação é "democrática" da pior espécie, enquanto um agrupamento de concepções que tirariam do direito penal toda eficácia e toda solidez. Enfim, observou-se que a doutrina da exigibilidade de um ato conforme o direito, quando a anomalia das condições históricas foi tal que não se consegue uma motivação normal da vontade, importa um processo de verdadeiro e próprio "amolecer" do direito penal.

Estamos de acordo sobre o fato de que a doutrina da não exigibilidade foi levada para frente por concepções políticas socialistas, mas nem por isso ela deve ser repelida. Isto estaria em contraste com o sentido de responsabilidade do saber científico, que deve repelir tudo o que não tem uma razão suficiente para existir, mas que de acolher o que uma tal razão apresenta se não quer ser acusada, injustamente, de unilateralidade e de facciosidade. Quando o sujeito opera numa situação adjetiva anormal, quando se encontra num dado momento exposto a perigos para a sua vida e a sua incolumidade, ou quando a sua vontade é exposta a pressões que ele não está mais em condições de suportar, como se pode exigir um comportamento heróico por parte de um sujeito, dado que a atitude heróica é totalmente excepcional e supõe um estilo de vida não próprio de todos? Não é que por meio do chamamento à não exigibilidade se queira fazer referimento somente à força ou *vis cui resisti non potest*, porque tal hipótese é um caso em que a não exigibilidade vem *primo ictu oculi* em consideração, se deve pensar em toda situação excepcional na qual um indivíduo pode encontrar-se e na qual um ato em harmonia com as exigências da ordem jurídica positiva não é mais possível esperar dele. Com isto se faz referência a uma norma de direito natural "existencialisticamente" entendida que permite afastar de si a amarga taça do direito positivo? Não excluímos que se possa também neste sentido delinear uma solução, mas se a "necessidade" é a última fonte de toda norma jurídica positiva, não é necessário sair dos esquemas gerais do direito positivo para dar uma explicação teórica da não exigibilidade que representa a última razão de todas as causas de exclusão do conhecimento, não dedutíveis de estados patológicos ou anormais do sujeito agente. Também neste setor opera princípios gerais de liberdade; o direito penal não se apresenta como uma torre fechada sobre o mundo da liberdade. A ação socialmente adequada nega a tipicidade do fato; a regra do balanceamento dos interesses domina as causas de justificação; a não exigibilidade é critério de fundo para as circunstâncias de exclusão da culpabilidade. Em síntese, estes são os problemas que interessam ao capítulo da culpabilidade.

Sob o perfil político, a culpabilidade é um momento essencial para a liberdade do cidadão. Podemos bem afirmar que subsiste uma íntima correlação entre o princípio de legalidade e aquele de culpabilidade. Se se pode ser punido somente pelo cumprimento de um fato expressamente previsto da lei como reato, este fato de reato deve poder-se referir em termos "pessoais" ao sujeito agente.

Temos já acenado isto quando falamos do princípio constitucionalístico pelo qual "a responsabilidade penal é pessoal"; entendendo-se com tal fórmula não somente uma dedução negativa, bem como admissível, isto é a conclusão de uma responsabilidade penal por fato não próprio, mas impondo-se uma dedução *positiva*, vale dizer uma imputação que seja consoante à natureza da pessoa humana, vale dizer que seja *culpada*. Fora de um juízo de culpabilidade, que é juízo de repreensão, não se dá responsabilidade penal, salvo nos casos excepcionais da responsabilidade objetiva, triste lembrança de obscuros tempos que foram. Nos direitos penais das "cidades abertas", ou democráticas liberais, a responsabilidade penal está sempre ligada ao princípio do *fato culpado*. Chamou-se para responder somente pelo que se fez em termos tais de legitimar um juízo de culpabilidade. Também esta é garantia de liberdade. Aí onde não mais o fato ou a ação, mas uma *maneira de ser* da pessoa é considerada como critério decisivo de escolha por um provimento de caráter penal, repressivo e preventivo em que toda garantia de liberdade desaparece, como sempre acontece nos sistemas políticos totalitários ou liberais. E na verdade, se tramonta o princípio de legalidade, se não é mais pedido um juízo de culpabilidade para os fins de uma sansão penal, é o indivíduo na sua *maneira de ser* que vem na cena do direito penal.

Já os positivistas que têm origens políticas não liberais nos disseram que o homem em tanto interessa ao direito penal enquanto seja "socialmente perigoso"; e é sobre tal idéia da periculosidade que teve como delinear-se, como veremos melhor mais adiante, a doutrina das *tipologias de autor* que procurou substituir-se à doutrina das tipologias do fato. É o autor perigoso que conta, não o homem culpado por um ato delituoso perpetrado em termos de culpabilidade. O naufrágio de toda garantia de liberdade pula evidente aos olhos de todos. E por esta razão que de fato se explica e se justifica cada vez mais arbitrária intervenção estatal que os regimes antidemocráticos ou liberais seguiram tendencialmente ao longo de uma estrada que os afastava gradativamente, mas certamente de um pilar e valor certo de liberdade: a idéia da culpabilidade, patrimônio comum de todas as legislações abertas e civis.

7. O Princípio de Retribuição: a Pena

Quando acenamos à idéia da pena, temos já dito que a mesma deve ser entendida como reação da ordem jurídica revolvida e violada pela ação do delinqüente. Sob este perfil, a pena é reação. Mas o conceito de "reação" é um conceito demasiado amplo para poder ser explicado e usado num setor tão delicado como é aquele do sofrimento infligido ao culpado de um fato delituoso.

Ele vem para nós do mundo das ciências experimentais, usado somente em termos de analogia no campo das ciências morais. É suficiente lembrar o conceito de ação e de reação que é típico da física experimental, ao passo que o direito não é nem uma física experimental nem uma física social, também se há tentativas de resolver os problemas do direito penal com o recurso de enquadramentos naturalísticos. Tudo isto está ligado a um erro de fundo, vale dizer à falta da compreensão daquelas que são as exigências típicas das ciências morais às quais pertence o direito penal. Mas também se quisesse usar o termo reação para explicar ou tentar explicar o conceito de pena, ele seria todavia sempre um conceito demasiado amplo, porque nem toda reação para um determinado ilícito é uma pena. Também a vingança é uma reação, mas não se pode absolutamente afirmar que a pena de retribuição penal é filha ou parente da vingança. Quando também hoje se afirma que a pena é uma *publica vindicta*, se quer somente frisar que a aplicação da pena é remetida exclusivamente às mãos de uma autoridade pública, isto é, ao Estado, não já dizer que a pena encerra em si a natureza e as características da vingança. Muitas vezes temos observado como a pena se inicia quando termina a vingança e os impulsos que dão razão à vingança. A vingança é fruto de um impulso e, portanto, de uma emoção não controlada pela razão e é freqüentemente desproporcionada relativamente à sua entidade do mal ou do dano causado. A pena, ao invés, se tal quer mesmo ser e ficar, é fruto de uma reflexão. É um ato de razão que determina uma "reação" desproporcionada com a entidade ou gravidade do reato perpetrado.

Também em suas origens históricas a pena nunca foi vingança. Pode ser que um motivo emocional na pena se possa sempre encontrar, trata-se, porém, de um motivo subordinado quanto muito concorrente com o verdadeiro e próprio motivo que faz da pena uma expressão de razão e, assim, a manifestação de uma exigência absoluta, vale dizer de um *imperativo categórico*. A pena encontra em si mesma a sua razão de ser porque é um dos valores morais cardeais de um mundo ligado ao reconhecimento da dignidade, da autonomia da liberdade do homem! Pensar em querer subordinar a pena a determinados critérios de utilidade, quer gerais, quer particulares, é – na nossa opinião – um absurdo perigoso, o qual abre fatalmente a estrada ao arbítrio. E arbítrio pode ser tanto um ato de querida crueldade quanto um de misericórdia não necessário ou não pedido. A razão da pena é então filosoficamente apoiada e ligada à idéia da *justiça*, que é virtude moral cardeal à qual deve inspirar-se não somente a ação do indivíduo, mas também e sobretudo a ação do Estado no momento da legislação e naquele da jurisdição, isto é, da aplicação concreta da lei ao caso individual. Entre a assim dita teoria absoluta que acha o fundamento da pena numa exigência de justiça (*punitur quia peccatum*) e as teorias relativas as quais colocam a justificação da pena numa particular finalidade que por meio daquela deve ser alcançada (*punitur ne peccetur*), a escolha não apresenta dificuldades. Pune-se porque isto é pedido por uma exigência de justiça; também se, por meio de uma pena justa, determinadas finalidades podem ser alcançadas, como aquelas típicas da *prevenção geral* dos reatos ou aquelas da recuperação social ou moral do réu (*prevenção especial*). Mas esta é questão de fato, não razão do instituto da pena. KANT tem razão quando diz que se também só um ser vivente devesse ficar no mundo, deveria, se fechado no cárcere, continuar a expiar a pena, porque esta não está subordinada a necessidades sociais e responde somente a um *imperativo categórico*. E justamente no hodierno momento histórico, no qual a idéia social ou sociológica invada cada ramo do saber e subjuga toda idéia (também a mais alta e a mais pura) à exigência do coletivo ou das públicas expectativas ou necessidades, deve-se tanto mais voltar a chamar ou retornar a uma noção *de retribuição* da pena do que prescindir na sua última razão de toda cogente referência às razões sociológicas ou às exigências do grupo ou à classe dominante. A idéia de retribuição não é portanto somente ancorada nas profundas razões filosóficas ou de orientação, mas também politicamente se apresenta como a única idéia que possa vir ao encontro daquelas exigências de *democracia personalística* que a cultura política leva para frente e que na Constituição italiana encontraram amplo, exato reconhecimento no art. 2, onde se fala dos *direitos invioláveis* da pessoa humana como último critério de escolha no caso de antinomias ou de contrastes interpretativos. É então o homem na plenitude da sua personalidade moral e portanto nas suas fundamentais exigências de autonomia que a pena deve considerar. Todas as vezes nas quais nós devêssemos, na escolha ou na aplicação da pena, ter presentes critérios *relacionísticos*, isto é, ver o homem em função da sociedade e das exigências da mesma, nós golpearemos e feriremos a autonomia e a dignidade da pessoa humana que a Constituição coloca ao vértice de todos os valores. Filosofia de um lado e política do outro, leva-nos a concluir que a pena é um valor que encontra em si mesmo a sua justificação, sem necessidade de ir à procura de uma unidade qualquer que por meio da pena possa ser alcançada.

Diz-se: mas a pena serve com a ameaça para afastar do reato aqueles que cambaleiam nele (o famoso contra empurrão ao empurro delituoso) e desta forma se realizam exigências de *prevenção geral*. Que de fato isto possa acontecer não se deve contestar, mas em nenhum caso tal exigência pode ser assumida em razão da mesma pena. Não são os terceiros que devem sofrer um contra golpe pela ameaça penal, mas é o culpado que deve ser chamado para expiar a sua falha com uma pena proporcionada à gravidade do mesmo fato. Uma consideração que aponte exclusiva ou prevalentemente sobre os efeitos eternos da pena, isto é, relativamente a terceiro, pode facilmente levar à carência de uma proporção e, por isso, a um verdadeiro e próprio *terrorismo penal*. E não acaso os regimes totalitários fizeram sempre da pena, em nome do critério da *prevenção social*, um instrumento de prevaricação ligado à razão de Estado. Nem a situação muda quando se queira, em vez de apontar sobre terceiros, no sentido de considerar a pena um meio endereçado à sua recuperação social. É o famoso critério da *prevenção especial*, que hoje de muita parte é reconhecido como soberana panacéia de todos os males. Na realidade, sob a insígnia da recuperação social tantas injustiças podem ser realizadas, porque tal exigência pode levar, como levou sobre o plano histórico, a um processo de amolecimento do direito penal e da execução da pena, que não é menos grave que o terrorismo. É, em todo caso, a justiça que é ofendida, seja mesmo em direção oposta àquela em precedência indicada: um desequilíbrio social é assim realizado.

Mas as exigências de uma *prevenção geral* ou de uma *prevenção especial* são colocadas de lado e referidas somente aos momentos de fato que uma pena sempre determina (efeitos de fato de uma pena que é, por sua natureza, retributiva), com isso podemos com clareza chegar, em tema de pena, a algumas fundamentais exatidões, absolutamente necessárias para evitar cair em situações de perigo.

A retribuição é uma fundamental exigência ética que está também como fundamento do mundo jurídico: ela postula que ao bem siga o bem (*direito premial*) e que ao mal siga o mal (*direito penal*). Trata-se de uma exigência de razão que afunda suas raízes também na zona do sentimento, porque se trata de um *quid* que é percebido pela coletividade como um valor necessário para salvaguardar uma ordem de moralidade sobre a qual também a sociedade repousa. Sob tal perfil a pena é o *malum passionis propter malum actionis:* onde porém o termo *malum* não é) entendido como um não dever ser moral, mas, pelo contrário, como uma exigência ética, tratando-se de um mal somente sob o perfil físico ou naturalístico do sofrimento infligido como castigo ao autor de reato que é chamado para a expiação.

O critério retributivo importa assim que a pena seja um *sofrimento* em si e que deve ser sentida como tal pelo condenado. Mas é um sofrimento *proporcionado*. Esta é uma suprema exigência da pena retributiva. No âmbito das possibilidades humanas, é necessário que o juiz, na escolha da qualidade e da gravidade da pena, respeite o critério de proporção, estabelecendo uma relação ordinária entre a entidade do mal cometido e a gravidade da pena infligida. O que leva a uma ulterior conseqüência: que assim a pena deva ser uma *pena certa e determinada* no tempo.

Hoje se fala muito da necessidade de introduzir uma *pena indeterminada*, qual seria, aquela fixada no mínimo mas deixada vaga no máximo, uma vez que a liberdade seria readquirida pelo condenado ao expirar do término mínimo somente se este efetivamente se reabilitou ou foi socialmente recuperado. Cada qual percebe como esta tese também se apresenta freqüentemente em termos sugestivos, ofende os princípios fundamentais de um Estado de direito, a cuja proporção cada limitação da liberdade individual deve ser exata e determinada no tempo, a fim de que sejam evitados arbítrios de caráter político. É sobretudo sob este ponto de vista que a introdução da pena indeterminada deve ser avaliada, resolvendo-se a mesma num ato de arbítrio verdadeiro e próprio, dada a elasticidade dos pressupostos no juízo de recuperação social do réu. Sobre o plano de uma tradição liberal ancorada à idéia do Estado de direito e a saldos de enquadramentos ideológicos, a pena indeterminada deve ser banida porque é perigosa. E a prova do quanto afirmado é encontrada no fato de que ela se manifesta em concreto ou aí onde falta uma concepção filosófica dos problemas penalísticos e se procede sobre a base de incertos sincretismos ou pragmatismos, como nos países anglo-saxões, ou onde foram abandonados cientemente os princípios de um direito penal retributivo para orientar-se para a idéia da defesa social, seja ela entendida em termos grosseiros como nos termos em que estava em auge a escola positiva, ou seja, ela apresentada em termos mais requintados como acontece hoje no quadro da escola assim dita *nouvelle défense sociale*: verdadeiro e próprio *carre-four* de tendências, de orientações e de idéias que acabam, porém, por ser todas pulverizadas pelas exigências de uma concepção naturalístico-preventiva do direito penal orientado em termos antiindividualísticos.

A idéia retributiva leva então à pena *certa, determinada* e portanto *prevista* pelo legislador antes da perpetração do fato delituoso. É uma pena *legal*, a qual se insere coerentemente num clima de legalidade que é próprio de todo o sistema legislativo-penalístico. Pena determinada e pena legal são sinônimos ou aspectos da pena intimamente conexos entre si. Cada arbítrio é tendencialmente eliminado, também se uma margem de discricionariedade é reconhecida pelo juiz: na escolha da *espécie* de penas, quando por um fato sejam previstas duas penas entre si alternativamente, ou do *quantum* de pena, quando se trata em concreto de fixar a pena entre um máximo e um mínimo abstratamente previstos. Mas também nesta hipótese, no âmbito do ordenamento penal italiano, o legislador não deixa o juiz abandonado a si mesmo. O art. 133 do CP é a respeito muito importante porque sanciona que, no exercício do poder discricionário dirigido a aplicar em concreto a pena, o juiz deve levar em conta dois momentos: um *objetivo*, que se refere ao fato ("natureza, espécie, meios, objeto, tempo, lugar, outras modalidades da ação; gravidade do dano ou do perigo causado à pessoa ofendida pelo reato; intensidade do dolo e grau da culpa"), e um *subjetivo* ou *pessoal*, deduzido da capacidade de delinqüir do culpado ("motivos para delinqüir e caráter do réu; precedentes penais e judiciários; conduta da vida do réu antecedente ao reato; conduta contemporânea ou subseqüente ao reato; condições de vida individual, familiar e social do réu"). Tal artigo confirma duas coisas: em primeiro lugar, que o direito penal italiano é fundamentalmente orientado em termos objetivos, porque a pena retributiva deve ancorar-se, *antes de tudo*, à gravidade objetiva do fato (retribuição=proporção entre pena e fato delituoso); em segundo lugar, que a retribuição deve ser avaliada *in concreto* no quadro da personalidade do sujeito agente, porque é o homem na concretização de suas ações a ser julgado e a expiar o mal perpetrado. Exigência esta que o mundo moderno levou para frente e que era desconhecido ao mundo dos clássicos puros da escola penal.

Numa concepção política de liberdade, numa "cidade aberta", o direito penal não pode ser retributivo, porque este é o único critério que garante ao *máximo* a liberdade do homem. E é à luz de tal critério retributivo que devem ser avaliadas e examinadas as várias penas que o sistema italiano prevê.

 a) *A pena de morte.* Depois de ter sido introduzida pelo código penal de 1931, ela foi em linha geral abolida com a entrada em vigor da nova Constituição em 1948, pela qual se continua sendo um instituto vigente somente no direito penal militar de guerra. De fato, a mesma foi totalmente apagada do ordenamento italiano com a Lei n. 589, de 13 de outubro de 1994. Que se pode dizer sobre o perfil político-filosófico da pena de morte? Na Itália, ela encontrou sempre adversários encarniçados; o que é prova de uma particular sensibilidade do povo italiano que viu na pena de morte um instrumento de opressão e de prevaricação do poder, especialmente no campo dos delitos assim ditos políticos. Mas erraria quem acreditasse que isto é devido à obra e à influência de CESARE BECCARIA. Se também psicologicamente seu escrito teve grande influência em toda a Europa para os fins da ab-rogação à pena de morte, sob o perfil teórico não se pode dizer que BECCARIA deve ser considerado um abolicionista. De fato, ele a acha legítima quando é necessária para manter a segurança pública. Isto leva um *vulnus* irremediável a todo o seu sistema. Dizer que a pena de morte é *legítima* quando é *necessária* significa fornecer um motivo determinante de justificação para cada sistema político totalitário ou policial! A pena de morte nunca é necessária, porque o Estado tem sempre na mão outras possibilidades para reagir contra o reato que é sempre perpetrado. Se não as possui, quer dizer que o Estado é um organismo em decomposição, e como tal merecedor de desaparecer da cena da história. Com o recurso às necessidades, diminui também toda diferença entre a *pena* de morte e a morte dada por exigências de polícia (eliminação física dos sujeitos perigosos). O que é pura teoria, enquanto a eliminação física de sujeitos considerados perigosos e socialmente não aptos ou inúteis foi praxe constante do nazismo de 1933 a 1945! Se a pena de morte entende encontrar uma justificação racional (político-filosófica), tal justificação pode ser encontrada somente no âmbito do critério retributivo que, para determinar a gravidade de fatos, reclama particulares gravidades de pena. É somente neste âmbito de justiça que se pode encontrar uma justificação racional para a pena de morte, sem que isto queira ainda dizer que a pena de morte deva ser necessariamente reconhecida. Mais do que a uma específica tese política (individualismo, liberalismo), é uma norma de civilização a que se deve fazer referimento, no sentido de que para os fins do reconhecimento da pena de morte no âmbito de um dado ordenamento jurídico dever-se-á ver se o extremo suplício é ainda entendido como castigo proporcionado e merecedor ou se não é, ao invés, o caso de considerá-lo superado e desproporcionado, com a conseqüência de considerar suficiente a pena privativa de liberdade em perpétuo, vale dizer o ergástulo. Isto, no âmbito do ordenamento italiano, aconteceu: e é bom que tenha sido assim.

b) O *ergástulo*. Em tempo de paz, ele é a pena mais grave prevista pelas leis italianas, a única que priva em perpétuo o condenado da liberdade individual. Naturalmente podem variar os sistemas que prevêem o isolamento diurno e noturno perpétuo; outros que a um período de isolamento noturno e diurno fazem seguir somente o noturno; outros ainda que aboliram toda forma de isolamento, admitindo também logo o condenado ao ergástulo ao trabalho aberto. Em geral, a tendência está em função de uma progressiva mitigação de execução penal do ergástulo, e no sistema italiano a segregação celular é admitida somente em via excepcional quando se trata de cumulação de pena de ergástulo com outras penas por outros reatos concorrentes. Recentes reformas consentem também para a pena do ergástulo, onde está acertado o arrependimento do réu que tenha tido boa conduta, a libertação condicional depois de 26 anos de execução. De qualquer forma, a graça do Chefe de Estado pode intervir como provimento excepcional para conceder a liberdade.

Sob o perfil político-constitucional surgiu faz muito tempo um problema relativo à constitucionalidade da pena do ergástulo. Se as penas – como afirma a Constituição – *devem tender à reeducação do condenado*, que sentido pode ter a pena do ergástulo quando à cumprida reeducação não é consentido dar aquele respiro social, sem o qual a reeducação fica letra morta? A objeção que tem só um fundamento, embora a Corte Constitucional tenha repelido a exceção de inconstitucionalidade da norma que prevê o ergástulo. Mas tem um seu fundamento somente sobre o pressuposto de que a reeducação seja entendida em termos puramente sociais ou sociológicos como sinônimo de reintegração na sociedade do condenado, vale dizer de uma reintegração nas articulações da vida de relação. Se, ao invés, damos à expressão "reeducação" um significado ético como dobramento do homem sobre a própria consciência e sobre os valores morais que ela expressa no pleno conhecimento de sua categoricidade, a reeducação tem um significado também dentro dos muros de um cárcere: onde todavia subsiste sempre, especialmente depois das reformas carcerárias, um momento efetivo, também se limitado, de sociabilidade e portanto de comunicabilidade entre homem e homem.

c) *A pena detentiva temporária* (reclusão por delitos, arresto para as contravenções). Ela se afirmou com as graduais limitações da pena de morte e com o desaparecimento das penas infamantes e corporais (verberação, mutilação etc.), julgando-se suficiente para os fins aflitivos-retributivos à limitação temporária da liberdade pessoal que pode ser, para a reclusão, dos 15 dias aos 24 anos (salvo o caso de cumulação de pena que consente em alcançar os 30 anos), e para o arresto, de cinco dias aos três anos (aos seis anos em caso de cumulação de pena como conseqüência de concurso de reatos). Os problemas que podem surgir em concreto se referem às modalidades da execução penal, tratando-se, como modernamente se diz, de *individualizar* os critérios de execução penal em relação quer à natureza dos reatos, quer às estatísticas dos condenados. Em 1975, como dir-se-á mais adiante, entrou em vigor um novo "ordenamento penitenciário" por força do qual estão estabelecidas distintas modalidades executivas para que na sua execução a pena seja "humana".

d) *A pena pecuniária* (multa por delitos e ressarcimento para as contravenções). É pena conhecida por todas as legislações em geral e não deve ser confundida com o ressarcimento do dano. Trata-se de uma pena verdadeira e própria que entende conservar o seu caráter pessoal, aflitivo, proporcionado de fato quando para as condições econômicas do réu a pena seria ineficaz (enquanto não sentida pelo culpado), ela pode ser aumentada até o triplo. Até novembro de 1979, se o culpado não estava em condições de pagar, a pena pecuniária se transformava em pena detentiva sobre a base do princípio que *qui non habet in aere luat in corpore*. Sobre tal comutação de muitas partes e destas mesmas páginas, levantaram-se dúvidas sobre o perfil da legitimidade constitucional, porque de tal forma estabelecia-se uma diferença entre o condenado que tem e o condenado que não tem. Este último era exposto à possibilidade de uma pena detentiva, ao passo que o primeiro ia de todo caso isento porque tinha possibilidades financeiras. O relevo não era infundado, mas a Corte Constitucional muitas vezes expressou-se em sentido contrário, e somente em 1979, como foi dito, reconheceu o que ia escrevendo há anos: que responde a uma exigência de justiça social, sob o perfil da igualdade entre cidadãos, de que quem não tem meios corra o risco de sofrer uma pena em concreto mais aflitiva – como é a pena detentiva em relação àquela pecuniária – daquela que incide sobre quem possui, ao invés, meios econômicos.

Com a Lei n. 689, de 24 de novembro de 1981, foram introduzidas sansões substitutivas das penas detentivas breves. Na prática, o juiz, ao pronunciar sentença de condenação, quando acha por bem determinar a duração da pena detentiva dentro dos limites de um ano, pode substituir tal pena com a semidetenção; quando acha que deve determinar dentro dos limites de seis meses, pode substituí-la também com a liberdade controlada; quando acha que deve determiná-la dentro dos limites de três meses, pode substituí-la, outrossim, com a pena pecuniária da espécie correspondente (art. 53 na nova formulação *ex* D.L. 187/1993).

A semidetenção comporta a obrigação de transcorrer pelo menos dez horas por dia em institutos apropriados de pena e ulteriores limitações como o de deter armas, munições e explosivos, a suspensão da patente de guia para retirada do passaporte.

Igualmente, várias limitações constituem o conteúdo da liberdade controlada, como a proibição de afastar-se da comuna de residência, a retirada do passaporte, a suspensão da patente.

A inobservância das disposições relativas à semidetenção e à liberdade controlada comporta a conversão com as penas detentivas substituídas.

No caso de insolvência do condenado, a pena pecuniária é convertida em liberdade controlada ou em trabalho substitutivo a cargo do mesmo. A disparidade de tratamento entre os abastados e não abastados, já censurada pela sentença da Corte Constitucional sobre mencionada, se justifica com a exigência de não deixar uma zona prática de impunidade para o afastamento menor.

Fora das penas que temos lembrado, não há outras na atual legislação italiana. A Constituição sobre o ponto da pena afirma dois princípios. Antes de tudo, aquele que as penas "não podem consistir em tratamentos contrários ao sentido de humanidade". E isto se atém à natureza ou à substância da pena, pelo que uma pena mutiladora (corte da mão para os ladrões) ou uma pena infamante (a berlinda sobre a praça pública) seriam em contraste com a vontade e o ditado constitucional que aponta decisivamente sobre a humanização da pena enquanto tal e sobre a finalidade de reeducação: "e devem tender à reeducação do condenado...". Sobre este momento teleológico desencadeou-se uma disputa que ainda hoje não se pode dizer acalmada e cuja solução é rica de conseqüências práticas muito relevantes. De fato, se fosse verdade que a pena por sua natureza deve tender à reeducação do condenado, um corolário se imporia: realizada a reeducação, a pena deveria diminuir também antes de expirar o termo estabelecido na sentença; ao passo se a reeducação penal deveria prorrogar-se na espera da maturação da mesma reeducação. O que leva para uma conseqüência que é aberto contraste com os princípios de todo o sistema, para os quais a pena deveria ser certa e determinada. O resultado seria aquele da pena *indeterminada*, da qual já temos dito como destrua nas suas bases o Estado de direito.

Segundo a dicção da Constituição, somente uma conseqüência se pode achar admissível não já aquela que impõe à noção, e portanto à essência da pena, uma finalidade de reeducação, bem como aquela que, em nome de uma exigência própria a um Estado de direito que não seja puramente formal e abstrato, mas também concreto e *social*, estabelece uma execução da pena tal que possa obter a reeducação dos condenados sem que, porém, a consecução ou não deste fim reaja sobre a noção ou essência da pena de maneira a transformá-la de pena determinada em pena indeterminada. Se isso não fosse, a pena seria sacrificada numa exigência preventiva ou finalística; praticamente diminuiria toda diferença entre pena e medida de segurança, a qual a última constitui um certo momento importante da luta contra o delito, mas, em todo caso, momento ontologicamente distinto da pena.

Em síntese, da dicção total dos textos constitucionais e do código penal, devemos trazer a conclusão que a pena é uma reação contra o delito, mas uma reação *pessoal*, inspirada num critério *ético retribuitivo, proporcionada* à gravidade do reato cometido, *determinada* no tempo e *executada* de maneira tal que se possa alcançar a reeducação do condenado, finalidade que, visando, porém, à execução penal, é desligada da ontologia da própria pena.

O novo "ordenamento penitenciário", do qual já acenamos, introduz na Itália pela primeira vez "medidas alternativas à detenção" com as quais se miraria sempre a um mais individualizado regime de sanção e facilitar uma espontânea e ciente reeducação do réu.

Entre os institutos mais notáveis do mesmo devem ser lembrados a confiança na prova ao serviço social e a detenção domiciliar, a semiliberdade.

A confiança na prova consiste numa série de prescrições que o sujeito deverá seguir com base em suas relações com o serviço social, a moradia, a liberdade de locomoção, a proibição de freqüentar determinados locais e o trabalho. Outras prescrições podem ser dadas pelo Tribunal de Vigilância quanto à residência. O provimento é de admissão, pressupõe que a pena a ser cumprida não supere os três anos e está subordinado à observação da personalidade do condenado pelo menos um mês. Da observação no instituto se pode prescindir que de qualquer forma se julgue que o provimento contribua para a reeducação do réu e seja garantido o efeito preventivo do cometimento de outros reatos.

A detenção domiciliar, quando a pena detentiva a ser expiada não supere os quatro anos, é expiada na moradia do condenado ou em outro lugar de moradia privada, ou em lugar público de cura, assistência e acolhimento. O instituto se aplica em favor de mulher grávida ou mãe de prole de idade inferior a 10 anos com ela convivente, de pai de prole de idade inferior a 10 anos nas mesmas condições da mãe falecida ou impossibilitada de assistir a prole pessoalmente em razão de graves condições de saúde, de pessoa de idade superior aos 60 anos, se inábil também parcialmente, ou de pessoa menor de 21 anos para comprovar exigências de saúde, de estudo, de trabalho e de família.

O regime de semiliberdade consiste na concessão ao condenado e ao internado de transcorrer parte do dia fora do instituto e participar de atividades de trabalho, de instrução ou de qualquer forma úteis à reintegração social.

Não deve enfim ser esquecido o instituto da liberação antecipada, que consente um desconto de pena de 15 dias a cada seis meses de pena, descontada quando o condenado tenha provado a participação na obra de reeducação.

É preciso ter presente, porém, que até quando o homem povoar este planeta, o delito continuará a ser uma prerrogativa, certamente pouco louvável, da sua liberdade moral.

8. O Princípio Preventivo: as Medidas de Segurança

Quando falamos do princípio preventivo como de um princípio fundamental do sistema penal italiano, não entendemos absolutamente nos referir à pena. É bem verdade que ROCCO já afirmava que a pena é um provimento repressivo para fins preventivos, isto é, evitar o reato. Mas isto é somente um momento de fato, nunca por ninguém negado, e não já momento essencial à natureza da pena. Quando falamos de princípio preventivo, entendemos fazer referência a um *quid* de essencialmente diverso. Não podemos esquecer que a pena repressiva e retribuitiva consolidou-se no âmbito de impostações políticas liberais as quais criaram o Estado de direito todo polarizado em caso sua articulação para a salvaguarda dos direitos de liberdade do indivíduo. A pena retributiva não pode ser uma pena repressiva a caráter claramente individualístico, como é inividualística cada concepção liberal do Estado. E a retribuição repressiva é a única garantia de fundo de liberdade que ainda permanece num mundo cultural desmoronado pelos excessivos mitos e por demasiadas milagrosas esperas!

Mas não há dúvida que sobre o plano histórico a situação foi se modificando. A uma concepção do Estado formal e absenteísta entrou uma concepção, também na mesma maneira liberal, mais substancial e intervencionista, no sentido de que o Estado se impõe tarefas positivas a realizar para o bem do progresso social. E sob tal influência também o tipo de Estado de direito sofre transformações. Se ele não perde ainda em todo ou em parte suas fundamentais características de Estado a serviço da liberdade do homem, como foi o Estado de direito na época clássica, é todavia sempre em concreto orientado para a atuação de tarefas que deveriam se inserir num constante e gradual desenvolvimento do bem público. Já a finalidade prática que a Constituição reconhece à pena deve ser inserida neste clima social que caracteriza o hodierno Estado de direito. O "mito" da reeducação, que é prevenção de futuros reatos, domina incontrastado toda a matéria penal, mas a domina soberano no campo mais específico de uma atividade preventiva ligada à idéia da defesa social e orientada assim para os critérios e conceitos da periculosidade social e da medida de segurança. É notório ao leitor como a idéia da defesa social, sob o influxo de concepções políticas, não liberais, tenha entrado no mundo penalístico por meio dos esforços feitos pela escola positiva; é também notório como ela tenha entrado também no código penal de 1931, representando assim uma das idéias mães ou eixos da legislação penal ao lado da idéia retributiva e da pena castigo. Ao lado das penas existem e operam também as medidas de segurança, pelo que um tal sistema é imaginosamente chamado de *duplo binário*.

O código penal vigente recebeu também a idéia preventiva, que surge de uma impostação de defesa social e que leva às medidas de segurança em vista de uma luta contra o delito que se deva desenvolver em termos de prevenção. A coletividade politicamente organizada não deve somente punir, mas deve também, por meio de um sistema total de meios preventivos, opor-se em relação a quem é socialmente perigoso, pondo em condição de não poder mais danificar a sociedade por meio de uma segregação (ou não) todavia sempre atuada com toda uma série de processos executivos tendentes à readaptação social ou à reeducação moral.

Primeira idéia de fundo é aquela da *periculosidade*. Defendemo-nos relativamente a um iminente perigo, e quando este se personaliza, a defesa é orientada para a *pessoa socialmente perigosa*. Mas quem é pessoa socialmente perigosa? A escola positiva em toda sua gradação sempre nos ensinou que a periculosidade de uma pessoa é um aspecto da sua *anormalidade*. O homem socialmente perigoso é um homem anormal que é necessariamente empurrado ao reato por uma anomalia biológica ou psicológica, e também ambiental, tal que se reflete sobre a sua personalidade. A tal propósito, porém, percebe-se logo um contraste entre a impostação da periculosidade dada pela escola positiva e aquela acolhida pelo código. O código não identifica periculosidade com anormalidade. Para o código, um sujeito é socialmente perigoso quando é provável que *depois de ter cometido um reato* possa cometer outros ulteriormente. Tudo isso poderá ser enquadrado numa realidade anormal sob o perfil biopsicológico pessoal (é suficiente pensar nos enfermos de mente, nos menores, nos intoxicados crônicos), mas não é isto necessariamente. A lei tem aliás *indicado*, mais do que individuado, uma tipologia de réus socialmente perigosos, e todavia plenamente capazes de entender e de querer: indivíduos que são punidos, e às vezes mais gravemente punidos enquanto recidivos, são submetidos também a uma medida de segurança. Tais são o *delinqüente habitual*, o *delinqüente profissional* e o *delinqüente por tendência* que o código analiticamente descreve. Todavia, seria um grave erro achar que esta tipologia delinqüencial corresponderia a um dado ontológico, vale dizer, reflita uma realidade que existe na natureza. Estamos, ao invés, diante de tipos praxeológicos, isto é, a uma tipologia delinqüencial que o legislador indicou para predispor contra sujeitos particularmente inclinados a delinqüir um provimento previsto, qual é a medida de segurança, sobre o pressuposto que somente a pena é insuficiente. Nós estamos diante de delinqüentes natos ou necessitados ao crime: trata-se antes de formas particularmente graves de rebelião individual ao imperativo da lei.

Em todo caso, duas são as categorias de delinqüentes aos quais é aplicada, por causa de sua periculosidade, uma medida de segurança: indivíduos não imputáveis porque menores ou enfermos ou semi-enfermos de mente, e indivíduos plenamente imputáveis, quais são os que pertencem à tipologia antes lembrada. Os grandes problemas surgem em relação a esta última categoria, como logo veremos. Dissemos que a medida de segurança é sempre aplicada por ocasião da perpetração de um reato, e nisto ela se distingue acidentalmente das *medidas de polícia* das quais, porém, histórica e ontologicamente deriva, sendo um provimento de caráter preventivo visando já não a reprimir, mas sim impedir que reatos futuros se possam verificar. Todavia temos no código também casos em que uma medida se aplica sem que um reato tenha sido perpetrado, sendo suficiente a presença de uma situação de fato que se pode chamar de *quase reato*. Assim, na hipótese do reato impossível (art. 49 do CP) e naquela de acordo para cumprir um delito quando este não tenha sido cometido (art. 115 do CP), aplica-se em tais hipóteses a liberdade vigiada por causa da periculosidade social do sujeito.

Pelo art. 203, "para os efeitos da lei penal, é socialmente perigosa a pessoa, também se não imputável ou não punível, a qual cometeu algum dos fatos indicados no artigo precedente (reatos ou quase reatos) *quando é provável que cumpra novos fatos previstos pela lei como reatos*". O artigo acrescenta que "a qualidade de pessoa socialmente perigosa se deduz pelas circunstâncias indicadas no art. 133". Como deve ser lembrado, tal artigo indica os critérios aos quais o juiz deve fazer referimento para aplicar em concreto discricionariamente a pena. Neste artigo se fala de *capacidade para delinqüir*, e toda a corrente positivística ou cripto-positivista, pelo fato de que a periculosidade social e a capacidade para delinqüir são deduzidas dos mesmos indícios ou das mesmas circunstâncias, afirma que os dois conceitos se identificam entre si, pelo que pena e medida teriam um mesmo pressuposto constituído da periculosidade. Com isto, teria sido encontrado um momento de fundo comum que fatalmente deveria levar a uma identificação ou confluência da pena com a medida: ou, quando não, interlocutoriamente, a pena seria condicionada no seu momento aplicativo da periculosidade. Não há como não perceber que uma tal interpretação subverte indubitavelmente todo um sistema e todas as razões de um mesmo sistema: não mais a culpabilidade seria critério informador da pena, mas uma capacidade para delinqüir que se identifica com a periculosidade social. No código vigente teremos já tudo o que é necessário para uma interpretação positivística de suas disposições. O classicismo teria assim sofrido um golpe mortal e o porvir do direito penal ficaria ligado ao desenvolvimento da idéia preventiva e ao critério de periculosidade, mais ou menos mascarado, todavia sempre presente em cada situação de escolha.

Na nossa opinião, porém, toda essa interpretação de fundo não convence. É verdade que *capacidade para delinqüir* de um lado e *periculosidade* do outro se iniciam das mesmas circunstâncias ("motivos para delinqüir, caráter do réu, conduta da vida antecedente concomitante ou subseqüente ao reato etc."), mas isto não significa que se trate de dois conceitos que devam identificar-se entre si. Não estamos diante de circunstâncias *monovalentes*, isto é, que valem numa só direção; antes se trata de circunstâncias *polivalentes*, das quais se podem extrair conclusões entre si heterogêneas ou em contraste. Foi um dos méritos de PETROCELLI ter esclarecido tal natureza polivalente das circunstâncias de que trata o art. 133 do CP.

Assim, o caráter de uma pessoa poderá ser indício ou razão de particular periculosidade, se ficar provado que estamos diante de um caráter ligado a momentos pessoais patológicos que o sujeito sofreu sem poder contrastar; ao passo que poderá ser motivo por uma condição de maior culpabilidade, se ficar provado que a formação de um caráter particularmente obstinado e rebelde não foi contrastada pela vontade de um sujeito normal e por isso capaz de resistir aos estímulos criminosos. E o mesmo valha para cada todo outro momento indicado pelo art. 133 do CP, pelo que nos é possível e de dever ter distinta a capacidade para delinqüir como sinônimo de personalidade moral do sujeito e como critério de medição da culpabilidade, da periculosidade social como sinônimo de personalidade caracterológica ou criminológica e, portanto, como critério de medição da periculosidade. A pena deve ser referida e medida não na periculosidade do réu (critério que olha para o futuro), mas depois de tê-la proporcionado a gravidade do fato, deve ser referida a capacidade para delinqüir do sujeito agente que exprime o grau de culpabilidade manifestado no reato (critério que olha para o passado). E periculosidade e capacidade para delinqüir não são entre si substituíveis, mesmo se podem coexistir com referência a um mesmo sujeito: o que dá lugar a longas discussões e a graves problemas, especialmente quando se trata de semi-enfermos de mente que devem ser antes punidos e depois curados por meio da medida de segurança.

O código distingue as medidas de segurança em *pessoais* (art. 215 e ss.) e *patrimoniais* (art. 236 e ss.). As pessoais se distinguem em *detentivas* e *não detentivas*.

São detentivas:

1) a designação numa colônia agrícola ou numa casa de repouso;
2) a internação numa casa de cura ou de custódia;
3) a internação num hospital psiquiátrico judiciário;
4) a internação num reformatório judiciário.

São medidas não detentivas:

1) a liberdade vigiada;
2) a proibição de estada num ou mais Municípios ou numa ou mais Províncias;
3) proibição de freqüentar restaurantes e locais públicos onde se vendem bebidas alcoólicas;
4) expulsão do estrangeiro do Estado.

As medidas de segurança patrimoniais são:

1) a caução de boa conduta;
2) o confisco.

Temos já acenado como as medidas de segurança sejam *provimentos a tempo indeterminado*, no sentido que elas não podem ser revogadas se as pessoas a elas submetidas não cessaram de ser socialmente perigosas (art. 207). É uma norma, esta, de importância capital para entender o que as medidas são e sua irredutibilidade à noção ou ao esquema da sanção à qual a pena pertence. As medidas são provimentos administrativos – também se garantidos pela presença do magistrado em sua aplicação – que duram quanto dura o estado de perigo que emana de um determinado sujeito qualificado como perigoso. E também sob este perfil surgem graves problemas de inserção da medida de segurança na moldura de um Estado de direito, problemas que devemos agora lembrar porque não é bom que a medida de segurança seja aceita como a mais importante conquista do direito penal moderno.

Por clareza de idéias devemos distinguir duas hipóteses fundamentais: aquela na qual a medida de segurança é aplicada em relação a pessoas perigosas não imputáveis, e aquela em que ela é aplicada em relação a sujeitos imputáveis. Pensamos que para os sujeitos não imputáveis não haja problema de fundo sobre a legalidade constitucional da aplicação das medidas de segurança e sobre seu enquadramento num Estado de direito. É dever do Estado intervir para tirar todo obstáculo que se interpõe para o completo aperfeiçoamento da personalidade humana. Tratando-se de sujeito perigoso anormal, vale dizer de um fragmento de natureza tarada, é bom que um Estado moderno intervenha para procurar recuperar o homem sob o aspecto biológico, psicológico e moral. O que terá também um efeito social; mas é sobretudo no interesse da pessoa humana individual que o provimento é tomado e atuado. A idéia da defesa social, ao invés, está muito longe de uma semelhante impostação: e diria que não pode nem ser levada em consideração quando se apóia sobre os interesses da coletividade só indiretamente, enquanto se procura reerguer a pessoa humana da situação patológica na qual ela se encontra. É um dever ético do Estado agir para curar os doentes, recuperar os tarados, educar os menores transviados e delinqüentes. Estados diante de uma série de intervenções estatais que cada sábia política hoje exige no quadro daquelas ativações que um Estado considera de dever para remediar a tantos desequilíbrios sociais. A defesa, impregnada de espírito utilitarístico, toda protendida para tutelar os interesses coletivos, não tem nada para dizer a respeito. Se também os positivistas podem ter pontualizado o problema, não indicaram um válido critério de explicação; isto deve ser procurado alhures, no quadro de uma indicação ética e sociológica!

Problemas muito mais complexos surgem a propósito das medidas de segurança que encontram aplicação em relação a sujeitos imputáveis considerados perigosos. À parte o problema filosófico que normalmente é impostado nos termos de uma compatibilidade entre a imputabilidade, que é liberdade, e a periculosidade, que é determinismo, as questões que surgem são de caráter político-constitucional em relação à possibilidade de inserir a medida de segurança no quadro de um Estado de direito. Afirma-se que o Estado de direito hoje é Estado social e que a medida se insere nele porque ela tem como fim a ressocialização do indivíduo perigoso: meta esta que não pode interessar à comunidade politicamente organizada e empenhada em resolver e superar tantas chagas sociais. Ora, isto será sem dúvida verdadeiro, mas não pode levar a um não reconhecimento dos princípios de um Estado de direito, também quando se pretenda tachá-lo de formalismo. É todavia sempre neste quadro que a liberdade individual deve ser garantida. E se isto não acontece, está claro que estamos diante de uma disfunção social, constitucional, jurídica, que nos leva a amargas conclusões. Tais são, na verdade, as conclusões que se impõem para as medidas de segurança aplicáveis em relação a sujeitos imputáveis, os quais vêem assim comprometidos o direito de liberdade em nome de uma presumida necessidade social, que existe somente na fantasia do positivismo criminológico.

Segunda Parte

Capítulo 1

O Processo: Fundamentos Ideológicos e Histórico-políticos

1. Tipologias Processuais Penais

O entendimento da natureza de um processo exige uma aproximação modelística. Os modelos processuais elaborados são dois, isto é, aquele acusatório e aquele inquisitório.

Por sistema acusatório entende-se um sistema processual fundado sobre a igualdade entre causa e defesa caracterizado pela oralidade e pela publicidade do processo. Também o mesmo é conotado pela formação da prova no contraditório, de maneira particular no debate, e pela terceireidade do Juiz. Por terceireidade se entende não a imparcialidade sob o perfil da independência do mesmo dos outros poderes do Estado ou de outros Juízes, mas a função de árbitro do Juiz num processo governado pela atividade das partes. Outro aspecto também do rito acusatório é aquele da livre convicção do juiz ao qual é dado o poder de avaliar livremente a prova, somente com o limite da racionalidade da avaliação.

O sistema inquisitório se caracteriza, ao contrário, pela identidade do Juiz e do Acusador, pelo segredo do processo e por um sistema de provas privilegiadas ou legais. É evidente que a identidade entre acusador e juiz coloca em posição de inferioridade a defesa, que é no rito tão limitada nos seus direitos.

Tal é a modelística abstrata. Em concreto nenhum modelo se apresenta historicamente no estado puro.

Na Europa Continental, em geral, do sistema inquisitório se desenvolve um sistema misto, em particular depois da Revolução Francesa, que distingue o processo em duas fases: a fase de instrução de estampo inquisitório e aquela de debate de estampo acusatório.

No mundo anglo-Saxão se desenvolve particularmente o sistema acusatório. Mas também no processo acusatório anglo-saxão não faltam elementos do rito inquisitório. O *indictment*, a acusação, é formulada, por exemplo, pelo "Grand Jury" em seguida a um processo sem garantias defensivas.

2. OS FUNDAMENTOS POLÍTICOS DO PROCESSO

A escolha de um modelo processual é evidentemente uma escolha política, na qual a aposta em jogo é a garantia do indivíduo – o imputado – conforme o limite que o Estado se põe na repressão do reato e no controle social.

A Inquisição Católica nasce *expressis verbis* para afastar o *strepitus advocatorum*, a atividade defensiva é olhada como obstáculo para o acertamento da verdade, e como impedimento na luta contra a heresia. De não diferente concepção surge a inquisição laica, com referência aos *crimina laesae maiestatis* e a outros delitos.

As regras processuais, quando existem, podem ser também violadas segundo o princípio que *in atrocioribus potest iudex iura trasgredi*. Resulta aqui evidente o nexo intercorrente entre o sistema da intolerância religiosa – *extra ecclesiam nulla salus* – ou políticas e o modelo processual.

O sistema misto do rito próprio do modelo do Código Napoleônico exprime no fundo a mediação institucional do sistema político que se criou, ponto de mediação justamente entre as exigências da Revolução e as forças da Restauração.

O perpetuar-se do mesmo sistema até nossos dias, além do inegável peso da tradição, é devido justamente à tensão entre as instâncias de liberdade individual da burguesia ao poder e os medos da mesma.

É apenas o caso de frisar que as regras e as praxes processuais dos modernos totalitarismos representaram um retorno às épocas pré-iluminísticas.

Existe portanto um nexo entre forma de Estado e forma do processo. Aí onde prevaleça a idéia do Estado do Direito, onde o cidadão é exatamente tal, fornecido de direitos subjetivos invioláveis, o processo tende à ampliação das garantias defensivas e, portanto, ao rito acusatório. Onde a relação Estado-cidadão está desequilibrada em favor exclusivo do primeiro, as garantias defensivas são enfraquecidas e eliminadas e o processo tende então a ser inquisitório.

Uma advertência se torna porém necessária. Se existe uma estreita relação genética entre forma de Estado e forma do processo, a relação não deve ser entendida no sentido mecanicístico. A forma de Estado pode mudar e o processo vigente em precedência ser mantido em vigor. É o caso típico da República Italiana.

O código do regime fascista, embora com muitas modificações, ficou em vigor por mais de cinqüenta anos. Existe um peso da tradição, pelo qual não há uma automática adequação entre forma do Estado e a forma do processo.

Deve ser lembrado também como o processo é feito não somente de normas abstratas, mas de praxes concretas. Um código não liberal pode ser interpretado livremente e, vice-versa, o código mais garantista aplicado com ótica não liberal pode tornar vãs de fato as garantias ditadas em favor do imputado, em nome da defesa social a qualquer custa.

Como já fazia notar Voltaire a respeito do princípio da livre convicção do juiz, a bondade do mesmo era ligada aos juízes que o deviam aplicar.

Este chamamento demonstra uma ulterior circunstância, o processo está ligado à cultura do tempo e na cultura estão ínsitos os princípios da lógica que levam à decisão jurisdicional.

3. O Processo Inquisitório

O processo inquisitório nasce na realidade de uma exigência de "cientificidade" relativamente ao rito da "ordália" do juízo divino, no qual deve ser procurado o arquétipo do processo acusatório. O Juiz-Acusador formula uma hipótese e procede a verificação. A verdade entendida como *adaequatio rei et intellectus* pode ser alcançada e deve ser alcançada. Esta verdade, verdade material, já existente como hipótese na mente do Juiz-Acusador deve, porém, ser alcançada solipsisticamente (exageradamente). O contraditório perturba esta procura. A inquinação da prova daquela verdade já postulada é o máximo dos perigos. Daqui o segredo do processo, a falta da participação do imputado ou de seu defensor para a aquisição daquela prova, poderá servir para fundar a sentença de condenação.

Não se trata de hipótese dos tempos longínquos. No entendimento do Código Rocco, uma sentença de condenação pode ser pronunciada sobre a base de uma declaração testemunhal dada secretamente na instrução, também se retratada ou desmentida no debate contraditório.

O segredo do processo encontra então uma sua justificação no fato que não é provável que possa existir uma verdade diferente relativamente àquela em que o Juiz-Acusador formulou um primeiro convencimento.

A verdade deve ser alcançada a qualquer custo e como quem conhece a verdade é ao final o imputado, encontra a própria justificação à tortura, entendida não como pena, mas instrumento *ad eruendam veritatem*. Não faltam, na verdade, as cautelas de cuja utilidade porém é lícito duvidar.

Por exemplo, a confissão in *formidine tormentor*um deve ser depois ratificada pelo imputado submetido a "rigoroso exame". De resto, a confissão é prova privilegiada e resolve na raiz todo conflito probatório. Não pense que se trata de esquemas abandonados.

A confissão à qual freqüentemente acede em cumplicidade encontrou expresso reconhecimento normativo com as leis premiais de 1980 e 1982 a favor dos dissociados e dos colaboradores de justiça imputados de reatos contra a Ordem Constitucional. A tortura foi formalmente abolida há dois séculos. Não faltaram, todavia, episódios de violência física verdadeiros e próprios, ou de violência psicológica como o isolamento do imputado em custódia cautelar com o único fim de obter confissão.

Historicamente, a prova legal está conexa ao rito inquisitório. Trata-se de máximas de experiência que são codificadas. A prova legal é em substância um ato de confiança do legislador para com o juiz: dado X, o juiz deve considerar Y.

Sobretudo, se a favor do imputado a prova legal pode ser em alguns casos oportuna. Geralmente, porém, o risco é grande. A máxima experiência codificada pode não ser das melhores como aquela que liga a condenação ou a absolvição à falta do afogamento do próprio imputado, jogado na água com pesos ligados ao corpo. Por outro lado, dada a aposta em jogo no processo penal, repugna o vínculo à decisão do juiz colocado por regras codificadas de experiência que, mesmo que tendencialmente válidas, podem não ter valor universal.

Na realidade, o processo inquisitório se funda sobre uma ilusão do ponto de vista gnoseológico, isto é, que o conhecimento seja mero reflexo do real. O "escândalo" da descoberta das estruturas transcendentais do intelecto é removido, como removida é a possibilidade de uma deformação da aproximação dos fatos devido ao prejuízo, ou pior, às finalidades políticas cuja perseguição seja confiada ao Juiz, ou da qual o próprio Juiz se faça de própria iniciativa portador.

A prova de não validade do processo inquisitório é dada pelos processos às bruxas. O fantástico coletivo e do inquisidor tornou-se verdade material, cientificamente verificada com provas e processos, codificados por manuais como o Malleus Maleficarum (1487).

4. O Processo Acusatório

Falou-se do arquétipo do processo acusatório; no fundo está a ordália, o duelo. A castidade da Rainha se prova a golpe de espada. Se o arquétipo não é cientificamente feliz, todavia, a evolução sucessiva assume contornos positivos, quando da luta com as espadas se passa àquela por meio das argumentações da lógica.

Com efeito, foi o mundo anglo-saxão a recolher a herança do mundo clássico da prova entendida como *argumentum*. A tradição tópico-retórica e a dialética entendida como *ars disputandi* foram as matrizes de um sistema de aquisição e avaliação da prova por meio da qual se tende a excluir a falácia do juízo e se persegue o raciocínio da decisão.

O júri de oráculo da comunidade torna-se juiz de um duelo feito de argumentações lógicas fundadas sobre a aquisição de meios de prova em contraditório entre acusação e defesa.

São evidentes as implicações lógicas do método. A verdade se adquire por meio da contraposição de teses e antiteses. Obviamente não se trata de chegar a uma síntese unificadora entre as duas, mas verificar a validade de uma ou da outra.

Implícito é o reconhecimento dos limites do conhecimento humano, e por conseguinte do caráter convencional da verdade. Não a impossível e fantástica verdade material do Inquisidor é procurada, quando, ao invés, mais se procura uma decisão além de qualquer outra dúvida. Daí a importância das *Rules of Evidence* e das *Exclusionary Rules* visando a garantir a aquisição da prova, e em particular o contraditório na formação da mesma.

No fundo, transparece o conceito científico moderno de que a verdade de uma afirmação é essencialmente constituída pela seriedade dos processos.

A verdade com base material é entendida como verdade processual.

Isto em relação a dois aspectos. De um lado, a prova é assumida com a forma do rito processual e a não ritualidade da aquisição determina o não ser ela utilizável, do outro há limites para a prova, para a procura da verdade em vista da tutela de outros interesses estranhos ao objeto do processo. É proibida não somente a tortura, meio porém incerto de aquisição da verdade, para a tutela da integridade física do imputado, mas qualquer meio que influa sobre a livre moral do mesmo. Sobre o assunto é implícito o ditado do novo código de rito. Este explica como não seriam nunca admissíveis meios de prova o soro da verdade ou a narco-análise. O problema, a propósito de tais meios não é aquele de sua validade científica, mas aquele relativo à sua licitude enquanto incidentes sobre a liberdade moral do indivíduo.

Também para continuar sobre os limites da procura da verdade no processo, lembramos o segredo profissional, ou aquele de Estado. Em vista da salvaguarda dos interesses relativos, há um limite para o conhecimento dos fatos. É interessante também lembrar como no sistema do *common law* a aquisição da prova por meio de um comportamento ilícito determine sua não utilização. A tutela de interesses constitucionalmente garantidos e a exigência da prevenção dos abusos por parte da polícia constituem limites para a reconstituição do fato.

5. O Livre Convencimento do Juiz

O processo tende para um epílogo, isto é, à decisão judicial. Trata-se de um juízo final porque no curso do processo na realidade vários juízos são expressos.

O critério de presidir a decisão é aquele do livre convencimento do juiz. Viu-se como o sistema inquisitório pré-Revolução Francesa fosse impostado sobre um sistema de provas legais, isto é, máximas de experiência, mais ou menos discutíveis, codificadas pelo legislador.

Acertados determinados fatos, a decisão do juiz estava vinculada.

Com a instituição dos júris populares durante a Revolução Francesa, a opinião foi para a abolição do sistema das provas legais e a introdução do princípio do livre convencimento do juiz entendido como juízo operado com o sentido comum segundo os cânones racionalísticos da época. É este o significado profundo do livre convencimento do juiz e, portanto, liberdade da avaliação das provas segundo critérios de razão. Todavia, o princípio teve também em tempos passados e recentes suas degenerações. Nascido do sistema acusatório, foi feito próprio pelos sistemas processuais inquisitórios e foi entendido como intuição do juiz, até chegar a ser concebido como liberdade do juiz dos impedimentos processuais, *rectius* (mais direitos) pelas regras do proceder. É evidente sob este perfil a extrema periculosidade do princípio que deixa aberta a porta a toda espécie de abuso.

Descolado da cultura do processo acusatório, processo de partes contendedoras com as armas da dialética, o livre convencimento do juiz pode dar azo a toda espécie de arbítrio. Demasiado humano e fácil é confiar nas próprias intuições, na realidade dos próprios fantasmas e das próprias idiossincrasias. Também é fácil entender quanta possibilidade haja também de um consciente abuso do princípio para fins declaradamente políticos.

Na verdade, a induvidosa validade do princípio pelo qual dada aposta no jogo, a liberdade pessoal, no processo penal não podem se dar provas legais, exige para a sua atuação correta um determinado fundo normativo e cultural.

É na concepção do processo como dialética das partes, e na avaliação segundo objetivas regras das provas que o princípio do livre convencimento encontra a própria justificação e a sua idônea aplicação.

O poder do mesmo de dispor de ofício a assunção dos meios de prova o transforma de árbitro da lide em partícipe. Infelizmente também o novo código de rito que delineia em geral um processo de partes reconhece este poder de marca inquisitória, abrindo assim um *vulnus* a uma lógica da decisão entendida como resultado da dialética das partes.

6. PROCESSO PENAL E VERDADE PROCESSUAL

Por processo se entende um conjunto de atos ligados entre si que culminam num ato final. O pocesso penal é um conjunto de atos entre si ligados que culminam com uma sentença que afirma a subsistência ou não das condições para aplicar a lei penal. O conjunto dos atos e a sentença são regulados pela lei, que determina o *modus procedendi*, o procedimento, as garantias e os direitos das partes. O processo, instrumento, portanto, para a aplicação das leis penais, pertence ao mundo normativo. Mas se o processo pertence ao mundo normativo, deriva disso que o mesmo acertamento do fato é um fato normativo. Viu-se como podem existir diversos modos na aquisição da prova, no secreto ou no contraditório, em avaliá-la segundo máximas de experiências codificadas, conforme a razão ou conforme a emoção. Há também limites para o conhecimento do fato em vista da tutela de outros interesses, como, por exemplo, aquele profissional e aquele de Estado. A cultura do tempo influencia ainda a interpretação das normas processuais.

Tudo isto demonstra que o conhecer processual é um conhecer normativo, que a decisão processual está em função dos mecanismos processuais. Culpabilidade ou inocência não são na realidade categorias naturalísticas ou morais, são o fruto de mecanismos processuais. Se uma prova é considerada utilizável, o imputado é culpado, caso contrário, é inocente.

Não seria, portanto, correto assumir a forma processo como instrumento de cognição na verdade extraprocessual.

O processo não exprime a lógica em si, mas a lógica do legislador e de quem é chamado a aplicar as normas. O discurso deve ao invés ser virado; precisa que a lógica sempre normativa do processo esteja mais próxima possível da própria lógica de todo tipo de indagação. A ciência e a razão então devem transfundir-se no processo, além, bem se entende, da cultura mais iluminada.

7. O Código de Processo Penal Rocco

O Código Rocco que entrou em vigor em 1931 e destinado a ficar em vigor até a entrada em vigor do DPR, n. 447, de 22 de setembro de 1988, em atuação da Lei Delegada, n. 81, de 16 de fevereiro de 1987, nasce no período do regime fascista.

Daqui para defini-lo a "mais fascista das reformas" o passo foi breve. Na realidade, a estrutura autoritária do mesmo, própria do regime em vigor, encontrava já verificação em toda a tradição do sistema processual misto, fase de instrução de estampo inquisitório, base de debate com elementos de caráter acusatório, cujos precedentes se podem fazer remontar ao *anciem régime* de Luiz XIV.

Com efeito, o Código Rocco abolia as tendências liberais do Código de Processo Finocchiaro – abril de 1913, fazendo centro sobre uma fase de instrução secreta e sem garantia defensiva, e sobre uma fase de debate.

As instruções previstas pelo código de 1931 são duas, portanto, a instrução sumária conduzida pelo Ministério Público e aquela formal conduzida pelo Juiz Instrutor.

Na realidade, os poderes do Ministério Público são vastos e vão da escolha, na origem totalmente insindigável, do rito a ser instaurado, ao poder de arquivamento da *notitia criminis*. As provas utilizáveis para os fins da sentença dos debates são recolhidas em secreto sem o contraditório.

O debate se desenvolve na presença do defensor, mas ao Presidente do Colégio compete unicamente o exame das partes, e das testemunhas de ofício ou a pedido. O código não é vinculado pela atividade das partes. O mesmo pode dispor de ofício todo meio de prova e procurar a "verdade material". Na prática, como o Ministério Público e o Juiz Instrutor são os "donos" da fase de instrução, assim no debate o Juiz é o *dominus* do processo. À defesa é consentida a introdução de temas de prova, mas na substância o peso da instrução é tal que a função do defensor é essencialmente aquela de argumentar sobre as provas já antes adquiridas. Na prática, o debate se configura como controle dos resultados da instrução.

O marcado estampo inquisitório se acentua no processo pretório onde o Pretor cumula em si as funções de acusador e de juiz, isto é, remete a juízo e decide sobre a acusação por ele formulada. As funções de Ministério Público no debate, em falta de um papel do Ministério Público junto do Tribunal, são de regra exercidas por profissionais legais com o caráter da ocasião. Todavia, as mesmas podem ser exercidas também por outros sujeitos, como os ouvintes judiciais e os tabeliães.

Na substância, portanto, o caráter autoritário do código Rocco que se liga ao regime em que surgiu, e à precedente tradição, reconhece-se facilmente nos sistemas próprios do rito inquisitório, secreto das instruções, procura da verdade material, preeminência da magistratura inquisidor (Ministério Público) relativamente à defesa, não terceireidade do Juiz. Lembramos a respeito que esta qualidade não deve ser confundida com a genérica imparcialidade, isto é, independência do Juiz de outros poderes ou de outros magistrados, ou sua serenidade de ânimo. A terceireidade expressa, ao contrário, a posição de um arbitrador do juiz com respeito a uma lide conduzida pelas partes.

8. As Reformas Parciais, a Crise do Código Rocco, a Primeira e a Segunda Lei Delegada para um Novo Código de Processo Penal

A queda do regime fascista, a entrada em vigor da Constituição Republicana, a adesão da Itália às Convenções Internacionais não podiam não ter seu peso sobre a normativa relativa ao processo penal.

Já em 1944 vinha excluído o poder de arquivamento do Ministério Público, tal poder vinha remetido ao Juiz Instrutor, salvo que o mesmo não achasse de dispor com ordenança a instrução formal. Algumas garantias defensivas na fase de instrução eram introduzidas com as assim ditas novelas em 1955. Outras garantias foram introduzidas em virtude das exigências da Corte Constitucional e de outras leis. A aposta em jogo das modificações legislativas, além daquela inerente à liberdade pessoal do imputado, foi essencialmente constituída pelas garantias defensivas no curso da fase de instrução e no curso da instrução preliminar. Na prática, a intervenção da defesa estendeu-se na primeira fase processual com direitos à assistência nos atos, como o interrogatório do imputado, as inspeções judiciais, as experiências judiciais, as perícias, as perseguições pessoais e domiciliares, os testemunhos para futura memória, os reconhecimentos e as confrontações entre co-imputados e co-imputados e textos. O maior peso da defesa na fase de instrução, se de um lado introduzia maiores garantias no contraditório, sob outros perfis devia porém relevar-se a um tempo limitado e fonte de pesos processuais. De fato, de um lado, a defesa ficava de qualquer forma excluída dos atos fundamentais, como o exame das testemunhas e dos chamados em co-reidade, do outro de qualquer forma os tempos, os temas e os atos da instrução ficavam sempre inteiramente nas mãos do Juiz Instrutor ou do Ministério Público. Por outro lado, os formalismos, embora necessários para garantir a defesa inerente à fase de instrução, tornavam pesadas a mesma, com particular atenção aos tempos processuais.

O processo penal vinha (e vem até a entrada em vigor do novo código de rito) prolongando-se no tempo por razões estruturais intrínsecas.

Não deve ser esquecido que ao mesmo tempo se assistia a um ampliar-se quantitativo e qualitativo de forma de criminalidade, e igualmente a uma incessante política de penalidade, timidamente arranhada por lei de tirar a penalidade, última das quais aquela de 1981.

Em suma, fatores endógenos ao processo – inevitáveis formalismos relativos às garantias defensivas – e exógenos mas diretamente incidentes sobre o mesmo – estender-se do crime e da paralisação – levavam e levaram à crise da justiça penal.

Ela pode ser dita crise de cultura, crise de conteúdo, crise de eficiência, crise de estruturas.

De um lado, a insatisfação para as garantias defensivas vai ao mesmo tempo com a insatisfação para a efetividade e a eficácia da justiça penal.

Não deve também ser esquecido como o período da assim dita emergência tenha início sobre a mentalidade, ainda antes que sobre as leis, dos órgãos inquisitórios e julgadores em sentido puramente inquisitório. Também o agravar-se e o estender-se dos fenômenos de criminalidade organizada acabara parindo monstros sob o perfil processual, como os assim ditos maxi-processo, processos com centenas de imputados, destinados a assumir inevitavelmente o caráter de símbolo de luta contra a máfia, a camorra e assim por diante, perdendo-se de vista que o objeto do processo é o acertamento das responsabilidades pessoais do indivíduo.

Um ulterior aspecto que deve ser lembrado é aquele relativo à liberdade pessoal do imputado. A mesma foi objeto de reformas e contra-reformas. Os termos de duração do encarceramento preventivo objeto de custódia cautelar foram várias vezes objeto de intervenções legislativas ora dirigidas para prolongá-los, ora para restringi-los; a possibilidade da liberdade provisória, hoje recolocação em liberdade, foi alternadamente estendida e limitada. A captura do imputado foi mantida obrigatória por alguns reatos em forma mais ou menos larga. Finalmente, com a Lei n. 330 de 1988 antecipando os critérios do novo código de rito, em tema de liberdade pessoal do imputado, foram estabelecidos princípios como a não obrigatoriedade da captura do imputado e a ligação da privação da liberdade do mesmo às exigências de evitar a inquinação da prova, o perigo de fuga ou a comissão dos reatos. A duração máxima da custódia cautelar foi depois drasticamente reduzida.

As exigências de reformas inspiradas, de um lado, para maior garantia do imputado e, do outro, para a agilidade dos procedimentos trouxeram já em 1974 a aprovação de uma primeira lei delegada de reforma. O projeto preliminar predisposto em 1978 não entrou porém em vigor, em consideração do particular momento político. Uma segunda lei delegada, de n. 81, de 16 de fevereiro de 1987, foi ao invés atuada com o DPR n. 447, de 22 de setembro de 1988, de aprovação do novo código de processo penal. Deste código que entrou em vigor no final de 1989, esta obra entende dar uma sintética exposição.

9. A CONSTITUIÇÃO E O PROCESSO PENAL

Numerosas disposições da Carta Fundamental dizem respeito direta ou indiretamente ao processo penal. Isto é inevitável, considerando-se que a Constituição delineia as relações entre os poderes do Estado, entre o Estado e o indivíduo, e que esta última relação é aquela que mais incide no processo penal, onde é imanente a dialética entre autoridade e liberdade, entre defesa social e direitos individuais.

Não deve ser também esquecido que justamente em virtude dos juízos de legitimidade da Corte Constitucional o código de processo penal vigente até 1989 tenha sofrido incisivas modificações.

Embora não especificamente se refiram ao processo penal, interessam da mesma forma indiretamente os arts. 2 e 3 da Constituição italiana. Em particular o reconhecimento de direitos invioláveis do homem (art. 2), bem como de igualdade (art. 3), expressa implicitamente a exigência de um justo processo que reconheça ao indivíduo direitos não confiscáveis e o coloque na condição de uma efetiva condição de igualdade no exercício dos próprios direitos.

Fundamentais no âmbito processual são os arts. 13, 14 e 15 da Constituição italiana.

Diz o art. 13: "A liberdade pessoal é inviolável. Não é admitida nenhuma detenção, de inspeção ou investigação pessoal, nem qualquer outra restrição da liberdade pessoal, senão por ato motivado pela autoridade judiciária e somente nos casos e modos previstos pela lei. Em casos excepcionais de necessidade e de urgência, indicados taxativamente pela lei, a autoridade de segurança pública pode adotar provimentos provisórios que devem ser comunicados dentro de quarenta e oito horas à autoridade judiciária e, se esta não os convalida nas sucessivas quarenta e oito horas, entendem-se revogados e ficam privados de qualquer efeito. É punida toda violência física e moral sobre as pessoas de qualquer forma submetidas a restrições de liberdade. A lei estabelece os limites máximos do encarceramento preventivo".

Tal disposição expressa os princípios *de legalidade* e *de jurisdição* pelo que se atêm à liberdade pessoal. Também nas hipóteses excepcionais de necessidade e urgência, além do princípio de *legalidade*, deve ser aplicado o princípio do *controle jurisdicio-*

nal. Como se pode ver, o último parágrafo do art. 13 estabelece o princípio de predeterminação do máximo do encarceramento preventivo (hoje custódia cautelar).

Portanto, seria constitucionalmente ilegítima uma normativa que, prevendo a limitação da liberdade pessoal do imputado, não previsse um limite, ou, que é o mesmo, previsse um limite irracionalmente dilatado.

Diz o art. 14: "O domicílio é inviolável. Não podem ser efetuadas inspeções ou perquisições ou seqüestros, senão nos casos e modos estabelecidos pela lei segundo as garantias prescritas para a tutela da liberdade pessoal. Os acertamentos e as inspeções por motivos de sanidade e de incolumidade pública ou para fins econômicos e fiscais são regulados por leis especiais".

Também, tal disposição, porquanto se atem ao domicílio, estabelece os princípios de *legalidade,* de *jurisdição* ou do *controle jurisdicional,* para as limitações inerentes à liberdade do domicílio.

De acordo com o art. 15, "A liberdade e o segredo da correspondência e de toda outra forma de comunicação são invioláveis. Sua limitação pode ocorrer somente por ato motivado pela autoridade judiciária com as garantias estabelecidas pela lei".

Como se pode ver, também nesse caso valem os princípios de *legalidade* e de *jurisdição.*

Interessam, outrossim, ao processo penal o 3º e o 4º parágrafos do art. 21: "Se pode proceder ao seqüestro somente por ato motivado da autoridade judiciária no caso dos delitos, para os quais a lei sobre a imprensa expressamente o autorize, ou no caso de violação as normas que a própria lei prescreve para a indicação dos responsáveis.

"Em tais casos, quando há absoluta urgência e não seja possível a tempestiva intervenção da autoridade judiciária, o seqüestro da imprensa periódica pode ser executado por oficiais de polícia judiciária, que devem imediatamente e não mais além das vinte e quatro horas, fazer denúncia à autoridade judiciária. Se esta não o convalida nas vinte e quatro horas sucessivas, o seqüestro entende-se revogado e sem efeito algum."

Fundamental disposição constitucional relativamente ao processo penal é aquela relativa ao art. 24.

A inviolabilidade do direito de defesa em cada estado é grado do processo, constitui, de fato, a chave mestra do processo penal. Sem as garantias do contraditório em qualquer fase processual, de fato, as garantias individuais são excluídas.

Todavia, a disposição suscita mais problemas do que resolve. No processo penal, na verdade, chocam exigências contrapostas. Do ponto de vista da repressão, uma fase secreta na qual se individuam as fontes de prova, ou como prescrito no vigor do código Rocco, assumem-se provas, aparece uma exigência às vezes outro tanto não eliminável quanto aquela que cada prova seja assumida no contraditório e que a defesa proponha os próprios temas de prova. A solução mais correta para o conflito das exigências parece aquela de distinguir entre atividade de investigação e garantias das fontes de prova, e atividade de formação da prova. A primeira atividade de investigação, procedimental mas não processual, se pode legitimamente desenvolver-se no secreto sem contraditório. A segunda, ao invés, enquanto faz cabo a uma fonte possível da decisão do juiz, exige o respeito ao contraditório.

Na prática, esse comportamento de exigências opostas encontra atuação no sistema de acusatório puro, onde a fase de investigação é totalmente destacada da fase processual verdadeira e própria, e o debate é a única se de formação da prova. O Código Rocco, pelo contrário, previa a formação da prova válida para a decisão já na fase de instrução, tanto que algumas disposições que não previam a presença do defensor por alguns atos de instrução foram declaradas constitucionalmente ilegítimas. O código de 1988, que se inspira sobre o processo acusatório, se caracteriza para a formação privilegiada da prova na fase de debate, sem excluir porém de forma absoluta a formação da mesma em fases antecedentes. Em tais casos – incidente probatório – é prevista a assistência do defensor, também se se trata de atos que não são inerentes numa fase não processual em sentido estrito; isto é, a defesa está garantida.

Deve, ao invés, ser lembrado como o ato não repetível, mesmo se assumido na fase das indagações preliminares e sem contraditório seja plenamente utilizável, o que se explica com razões práticas, mas deixa problemática a bondade de tal utilização.

O referimento ao patrocínio dos que não possuem *ex* art. 24 aparece pontual também no processo penal. Uma defesa efetiva exige um profissional preparado e pago.

Não é correto definir o novo processo, um processo para os ricos; ocorreria, na verdade, demonstrar que o processo até ontem vigente tenha sido um justo processo para os pobres. É inegável, todavia, que o maior empenho defensivo requerido comportará inevitavelmente maiores ônus para o imputado, que em caso de necessidade efetiva deverá ser ajudado.

O erro é inerente a toda atividade humana, aí incluída aquela jurisdicional. Correspondente, portanto, à justiça, é que o erro uma vez descoberto tenha seu reparo (art. 24), e isto não somente na hipótese de revisão da sentença de condenação irrevogável, mas também em seguida a injusta detenção cautelar à qual siga a soltura.

De relevo para o processo penal é o primeiro parágrafo do art. 25: "Ninguém pode ser tirado do juiz natural pré-constituído por lei".

A competência do juiz deve ser estabelecida por lei anteriormente ao fato pelo qual se procede.

De relevância processual é outrossim o art. 26, no qual: "A extradição do cidadão pode ser consentida somente quando seja expressamente prevista pelas convenções internacionais. Não pode em nenhum caso ser admitida por reatos políticos".

A cooperação internacional na luta contra a criminalidade encontra portanto limites. Com o sentido do art. 10, é proibida pelas mesmas razões aquela do estrangeiro. De maneira particular, deve ser lembrada a problemática da luta contra o terrorismo quando o reato se pode considerar político. De qualquer forma, em seguida da Lei Constitucional n. 1, de 21.6.1967, os arts. 10 e 26 não se aplicam no caso de genocídio.

No sentido do segundo parágrafo do art. 27: "O imputado não é considerado culpado até a condenação definitiva".

Discute-se se tal disposição dá vida a uma presunção de inocência em sentido próprio. Na realidade da mesma se podem deduzir dois princípios. O primeiro é que o imputado não é o condenado, e portanto o tratamento do mesmo não pode ser igual àquele do condenado.

O segundo, a prescindir da problemática do ônus da prova no processo penal, é que onde as provas adquiridas de culpabilidade não sejam suficientes deve ser pronunciada *ex* código Rocco sentença de soltura por insuficiência de prova, de soltura plena *ex* código 1988 (princípio assim dito em favor do réu).

Interessam depois, obviamente, ao processo penal as normas do Título IV da Constituição inerentes à Magistratura, com a advertência, porém, que muitas destas concernem outrossim ou em prevalência a jurisdição também em matéria civil ou administrativa.

Tendo lembrado que a Magistratura constitui uma ordem autônoma independente de todo outro poder (art. 104) e que os juízes estão sujeitos somente à lei (art. 101), deve ser relevado como a Constituição ponha a proibição de instituir juízes extraordinários ou especiais (art. 102). Juízes especiais em matéria penal atualmente em vigor são os Tribunais Militares (art. 103). Outro juiz especial é a Corte Constitucional na limitada competência prevista pelo art. 134 da Constituição e LC n. 1, de 16.1.1969, isto é, para os delitos de alta traição e atentado à Constituição contestados ao Presidente da República.

Se a Constituição vê com desfavor os juízes especiais, ao contrário prevê expressamente a possibilidade de instituir juízes especializados (art. 102) para determinadas matérias, também com a participação de cidadãos estranhos à Magistratura. Interessam à matéria processual penal como juízes especializados o Tribunal dos Menores de Idade e a Magistratura de Vigilância.

Outro princípio constitucional é aquele relativo à participação direta do povo (art. 102) à administração da justiça, princípio que encontrou aplicação com a constituição das Cortes de Tribunais penais de primeiro e segundo graus.

Em 7 de janeiro do novo milênio entrou em vigor a reforma do art. 111 da Constituição italiana, em seguida da LC n. 2, de 23 de novembro de 1999.

O texto originário se limitava a prever a obrigação da motivação dos provimentos jurisdicionais, e a recorribilidade na cassação por violação de lei contra todas as sentenças e os provimentos limitativos da liberdade pessoal.

A *querelle* entre o Parlamento e a Corte Constitucional relativamente à utilizabilidade das declarações dadas fora do debate pelos assim ditos colaboradores da justiça, que no mesmo debate se tivessem valido da faculdade de não responder, *querelle* aguçada pela sentença n. 361, do dia 2 de novembro de 1998, da qual se diria, em seguida, deve portanto o Parlamento constitucionalizar o princípio do justo processo com uma ampla normativa inserida no texto constitucional e processual penal, em particular, tal que faz pensar em uma mini lei delegada.

Em abstrato se pode censurar a formulação do novo ditado constitucional. O mesmo aparece excessivamente analítico e de *per si* não necessário.

Na realidade, o novo texto do art. 111 da Constituição substancialmente reproduz o art. 6 da Convenção Européia para a salvaguarda dos direitos do homem e das liberdades fundamentais, assinada em Roma no dia 4 de novembro de 1950 e ratificada pelo Presidente da República italiana em seguida à autorização que lhe conferiu a Lei n. 848, de 4 de agosto de 1955.

Trata-se então de princípios, em efeitos, já ínsitos no ordenamento jurídico, e, na nossa opinião, constitucionalizados em virtude do art. 2 da mesma Constituição e outrossim pelo art. 24 já lembrado acima.

A censura correta de um ponto de vista formal e abstrato aparece porém vazia de conteúdo concreto, atendida a atitude da Corte Constitucional, que em consideração ao princípio da não dispersão dos meios de prova, manifestou repetidamente a própria orientação ligada à cultura do rito inquisitório.

Em outros termos, o novo texto constitucional do art. 111 é o produto de uma necessidade prática, aquela de salvar o rito acusatório pelo juiz de legitimidade das leis.

Mas vamos à análise.

O art. 111 se abre hoje com a afirmação que: "A jurisdição se atua mediante o justo processo regulado pela lei. Todo processo se desenvolve no contraditório das partes, em condições de igualdade, diante de um juiz terceiro e imparcial. A lei garante sua razoável duração".

Os primeiros supracitados parágrafos se referem a um processo, não somente ao processo penal.

O processo deve ser justo e *legalmente configurado*.

Está excluída toda regulamentação dos atos processuais de fontes normativas diferentes da lei. Mas a legalidade formal não é suficiente.

A lei deve garantir a justiça substancial do processo (a eqüidade, segundo a Convenção Européia de 1950). Tal justiça é vista *no contraditório, na igualdade das partes, na terceireidade e imparcialidade* do juiz, *na razoável duração*.

A lei reguladora do processo deve então garantir a participação das partes nos atos processuais, atribuir igualdade de direitos no cumprimento dos atos processuais, o juiz deve ser árbitro de uma lide na qual não portador de algum interesse que não seja aquele da aplicação da lei.

De natureza mais programática do que de vínculo aparece o princípio da razoável duração.

Somente em medida leve a lei processual pode intervir sobre a duração dos processos.

O tempo dos processos é na realidade um problema de concreta organização do aparato judiciário. Somente a congruência dos meios e dos homens pode garantir um processo rápido que, porém, não deve ser também precipitado e prejudicar o contraditório e a igualdade das partes.

O terceiro, o quarto e o quinto parágrafos são ao invés expressamente referidos ao processo penal.

Reza o texto: "A lei garante que a pessoa acusada de um reato seja, no mais breve tempo possível, informada reservadamente da natureza e dos motivos da acusação levantada a seu cargo; disponha do tempo e das condições necessárias para propor a sua defesa".

Afirma-se assim o princípio *da tempestividade da contestação* da acusação e *da reserva da mesma contestação*.

Ao mesmo tempo se afirma o direito *da efetividade da defesa* quer sob o perfil temporal quer material.

Continua o art. 111: "tenha a faculdade diante do juiz de interrogar ou de fazer interrogar as pessoas que fazem declarações a seu cargo, de obter a convocação e o interrogatório de pessoas em sua defesa nas mesmas condições da acusação e a aquisição de todo outro meio de prova em seu favor; seja assistida por um intérprete se não entende ou não fala a língua usada no processo".

A Constituição reconhece expressamente *o direito à confrontação* com os acusadores o *right of confrontation*.

O princípio mais vigente no mundo romano clássico tinha sido depois abandonado com o afirmar-se dos "ritos inquisitórios". O mesmo reaparece depois, a partir do ano 1600, no mundo anglo-saxão.

O outro princípio constitucional é aquele do direito de *defender-se provando*.

O direito de defesa não se resolve no argumentar sobre as provas da acusação, mas em igualdade de condições com aquela última de introduzir a prova contrária e toda outra prova útil.

A presença do intérprete parece óbvia e a previsão supérflua num texto constitucional. A inserção é provavelmente devida ao fato que o terceiro parágrafo do art. 111 reproduz textualmente o último parágrafo do texto da Convenção Européia.

Rebatendo o que já foi afirmado no segundo parágrafo em termos gerais, o quarto parágrafo afirma que "o processo penal é regulado pelo princípio do contraditório na formação da prova".

Isso significa que a prova deve se formar na presença das partes processuais diante do juiz.

É utilizável para a definição do processo, em outros termos, somente a prova assim assumida, aliás, a rigor somente esta é a prova, salvo as exceções das quais se dirá mais adiante.

Corolário do princípio do contraditório assim rebatido é que "a culpabilidade do imputado não pode ser provada sobre a base de declarações dadas por quem, por livre escolha, subtraiu-se sempre voluntariamente do interrogatório por parte do imputado ou de seu defensor".

A diversa orientação sobre o ponto da Corte Constitucional foi, na verdade, a *occasio legis* da reforma do texto constitucional.

Sob o perfil prático, a norma comporta desde o momento da sua entrada em vigor (7 de janeiro de 2000) as inutilizáveis declarações dadas pelo imputado, do imputado em procedimento conexo ou ligado no decorrer das indagações preliminares ao Ministério Público ou à Polícia Judiciária, onde este no debate se valha da faculdade de não responder ou de qualquer forma não se submeta a contra-exame.

Análoga solução vale para as declarações dadas no curso de um incidente probatório ou outro debate ao qual tenha ficado estranho o imputado ou o seu defensor.

Utilizáveis devem, vice-versa, ser consideradas as declarações dadas em outro debate ou num incidente probatório no decorrer do qual o colaborador de justiça tenha estado disponível para o contra-exame, também se o debate se valha da faculdade de não responder.

A norma constitucional, na verdade, declara não utilizáveis as declarações de quem se tem *sempre* subtraído ao interrogatório da defesa (na prática o assim dito contra-exame).

Uma vez que este tenha estado aí, as declarações são utilizáveis mesmo em caso de recusa à confrontação sobre as mesmas circunstâncias, num sucessivo momento processual ou em diverso processo.

Do que se disse resulta saber constitucionalmente ilegítima toda norma que quisesse operar uma recuperação das declarações do colaborador de justiça dadas na ausência do contraditório e na presença da voluntária recusa deste de se submeter ao contra-exame. Análogas considerações valem para a testemunha reticente.

Toda regra tem, porém, suas exceções.

O quinto parágrafo do art. 111 estatui, de fato, que: "A lei regula nos casos em que a formação da prova não tem lugar no contraditório para o consentimento do imputado, ou por acertada impossibilidade de natureza objetiva ou por efeito de provada conduta ilícita".

O consentimento do imputado na utilização de atos não assumidos no contraditório torna possíveis procedimentos como o rito abreviado e a estipulação.

O contraditório pode ser impossível por um fato da natureza (por exemplo, a morte de uma testemunha ou por um fato do homem: ameaças à testemunha ou ao colaborador da justiça).

Em tais casos, sempre que sejam seriamente acertados, a derrogação ao princípio aparece razoável e concordável.

Enfim, deve ser lembrado o que estatui o art. 112 da Constituição, isto é, que "Ministério Público tem a obrigação de exercer a ação penal". Encontramo-nos diante do princípio da obrigatoriedade da ação penal.

O princípio constitucional acha sem dúvida a sua origem no particular período histórico no qual foi afirmado. Ele exprimia uma exigência de legalidade no exercício da jurisdição penal, contraposto ao poder de arquivamento do Ministério Público na forma expressa no Código Rocco, princípio que se prestava e se prestou a vários abusos, considerando-se outrossim a relação intercorrente entre o Ministério Público e o Governo.

Todavia, à luz da realidade hodierna, o princípio de obrigatoriedade da ação penal expõe o flanco a numerosas e justificadas críticas. Em linha geral, antes de tudo, a obrigatoriedade da ação penal não é, na verdade, característica inelutável de um sistema democrático liberal. Nos sistemas processuais anglo-americanos, na verdade, vigora ao contrário o princípio da discricionariedade do exercício da ação penal.

Na verdade, atendido o extraordinário número dos negócios penais, o princípio representa uma hipocrisia oficial. A lei dos números impõe aos ofícios do Ministério Público escolhas entre as notícias do reato, relativamente às quais proceder, e as notícias do reato que ficam inevitavelmente no fundo das gavetas.

De fato, também no exercício, de certa forma e de certo tempo da ação penal, são operadas aquelas escolhas de "oportunidade" em que a obrigatoriedade da ação penal deveria excluir.

Na realidade, o tema da obrigatoriedade da ação penal, da indisponibilidade do objeto do processo penal em geral, está atualmente em discussão.

10. CONVENÇÕES INTERNACIONAIS

Pelos sentidos da Lei Delegada de 1987, o novo código de rito devia atuar não somente nos princípios da Constituição, mas adaptar-se às normas das Convenções Internacionais ratificadas pela Itália e relativas aos direitos das pessoas e ao processo penal.

A tal propósito deve ser de ressaltador relevo a Convenção Européia dos direitos do homem com os protocolos acrescidos, estipulada em Roma na sua redação originária em 4 de novembro de 1950 e ratificada pela Itália com a Lei n. 848, de 8.8.1955, o Pacto Internacional relativo aos diretos civis e políticos, adotado em Nova York em 16 de dezembro de 1966 e ratificado pela Itália por força da Lei n. 881, de 25.10.1977.

O empenho da lei delegada à adequação do processo penal às normas pactuadas a ele relativas assume uma dúplice relevância. Em defeito de tal adequação, de fato, haveria uma não atuação da delegação que se resolveria *ex art.* 76 da Constituição em causa de ilegitimidade constitucional da disciplina que lhe desse corpo. No entanto, também o intérprete da lei deverá considerar as cláusulas dos pactos internacionais para resolver os casos exegeticamente duvidosos.

Entre os princípios de maior relevo das convenções internacionais devem ser lembradas a legalidade da detenção, a imparcialidade do juízo, a publicidade do processo, a presunção de inocência do imputado. Particular relevo assumem de maneira particular o direito a um processo celebrado em tempo côngruo ou de outra forma à remissão em liberdade, o direito à contestação da acusação, o direito de predispor a defesa à assistência técnica, o direito de interrogar ou fazer interrogar as testemunhas a cargo e obter a citação e o interrogatório das testemunhas em descargo, o direito a um intérprete se não se fala a língua utilizada na audiência. Na realidade, as convenções internacionais foram inequivocadamente constitucionalizadas com o novo art. 111 da Carta Fundamental.

11. LINEAMENTOS DO CÓDIGO DE RITO DE 1988

O novo Código de Rito quer inspirar-se em um sistema acusatório. De fato, um sistema acusatório em sentido puro exigiria que a aquisição da prova para os fins da decisão acontecesse exclusivamente no debate.

As fases processuais, *rectius* procedimentais precedentes, deveriam ser de mera investigação, isto é, dirigidas somente para a individualização e garantia das fontes de prova. Também o juiz como mero árbitro da contenda entre acusação e defesa deveria limitar-se a julgar sobre as provas aduzidas pelas partes, sem o poder de dispor a assunção *ex officio* de meios de prova.

Sob tal perfil, o código de 1988 não atua em um sistema acusatório puro. Tal sistema tende a privilegiar a formação da prova no debate, abolindo as instruções sumárias e formais do código Rocco, mas, na realidade, pelo menos parte do material probatório pode ser formado numa fase antecedente.

De regra, o processo é regulado pela iniciativa das partes, limitando o poder do juiz do debate caso haja necessidade de dirigir perguntas diretas às partes, de indicar as elas temas novos ou incompletos, de dispor de ofício na assunção dos meios de prova.

A novidade de relevo particular é a abolição da fase de instrução. Em lugar dela, o Ministério Público procede às indagações preliminares em função do exercício da ação penal.

Como melhor se verá, a utilização dos atos cumpridos pelo Ministério Público para os fins das sentenças dos debates não é igual à utilização dos atos do mesmo cumpridos no curso da instrução sumária do código de 1931.

Somente os atos não repetíveis e os atos assumidos no incidente probatório são plenamente utilizáveis e são diretamente inseridos no fascículo do Juiz do debate. Outros atos não assumidos no contraditório são utilizáveis se usados para as contestações no curso do debate. Outros, enfim, valem exclusivamente para negar o atendimento de quem faz as próprias declarações no curso do debate.

É dado ver o princípio da formação privilegiada da prova no debate, temperado porém pelo princípio de salvaguarda do material probatório assumido precedentemente.

No rito ordinário diante do Tribunal e da Corte do Tribunal Criminal, a remissão para o juiz se dará em audiência preliminar diante do Juiz das Indagações, forma de garantia jurisdicional relativamente à atividade cumprida pelo Ministério Público.

A inovação conspícua para o debate passa pelo exame oral conduzido pelo Presidente, para o exame direto cumprido pelas partes.

Vem, portanto, introduzida a *direct examination* e, ao lado dela, o contra-interrogatório a assim dita *cross examination*. Deve ser frisada a ab-rogação da fórmula de soltura por insuficiência de provas.

O juízo de gravame é modificado, de maneira particular na unificação entre o ato de impugnação e o ato de apresentação dos motivos e a re-introdução da apelação incidental. Outras modificações atêm-se depois de relações entre julgado penal e julgado civil ou administrativo.

Ao lado do princípio da formação privilegiada da prova no debate, encontramos outro princípio que podemos definir de rapidez processual. Não todos os processos merecem o debate público ou outras formalidades do rito ordinário. Aqui, por razões de economia processual, a introdução de ritos especiais. Deve ser lembrado que, na experiência do mundo anglo-saxão, os ritos acelerados constituem a maior parte dos processos. O mesmo sucesso da reforma do processo penal italiano é ligado à ampla utilização dos ritos especiais.

Os ritos especiais expostos pelo código são o juízo abreviado, a aplicação da pena a pedido das partes, o juízo diretíssimo, o juízo imediato, o processo por decreto.

À exigência de rapidez processual inspirava-se, outrossim, o rito diante do pretor em que não estava prevista a audiência preliminar. Particulares disposições regulam o processo penal diante do Tribunal dos Menores de Idade, de modo que o processo seja adequado às exigências educativas do menor. No referimento a tal rito, merecem particular atenção a sentença de não lugar para proceder por irrelevância do fato e a suspensão do processo e remetida à prova. Com o primeiro instituto é prevista uma sentença de não lugar para proceder no curso das indagações preliminares, quando, mesmo subsistindo o reato, ele seja julgado leve e ocasional o comportamento do autor.

O segundo instituto é afim a *probation* anglo-saxão. O juiz pode dispor da suspensão do processo, e, para o êxito do bom resultado de um período de prova, declarar o reato extinto.

Deve ser lembrado também como o caráter da oralidade querido pela lei delegada exija uma documentação fiel dos atos cumpridos. Aqui a regra de que trata o art. 134 do CPP: "o relatório é redigido, em forma integral ou resumida, com a estenotipia ou outro instrumento mecânico ou em caso de impossibilidade do recorrer a tais meios, com a escritura manual. Quando o relatório está redigido em forma resumida é efetuada também a reprodução fonográfica".

12. MODIFICAÇÕES SUCESSIVAS

Há dez anos de sua entrada em vigor, o Código de rito está porém radicalmente mudado.

Novelas legislativas e sentenças da Corte Constitucional têm efeito modificado em mais partes da disciplina originária.

O panorama não quer ser exaustivo, mas devem ser lembradas em particular as inovações legislativas sobre a estrutura dos ofícios judiciários, aquelas em matéria de custódia cautelar, aquelas em matéria de prova.

Com o DL n. 367, de 20.11.1991, convertido na Lei n. 8, de 20.1.1992, foram instituídas a direção distrital e a direção nacional anti-máfia. Na prática, quando se trata de reatos de criminalidade organizada, as funções do Ministério Público são exercidas junto do tribunal da capital do distrito em cujo âmbito tem sede o juiz competente (art. 51 do CPP). As funções de coordenação e de impulso das indagações em âmbito nacional são exercidas pelo procurador nacional anti-máfia, ao qual cabe, outrossim, um poder de revogação das indagações (art. 371 *bis* do CPP).

A nomeação é sintomática da exigência de uma coordenação em âmbito nacional para as indagações relativas à criminalidade organizada, e da necessidade que elas, em plano local, sejam exercidas pelos escritórios mais organizados e especializados.

Sempre relativamente à necessidade de luta contra o fenômeno mafioso deve-se entender o DL n. 152, de 13.5.1991, convertido na Lei n. 203, de 12.7.1991, modificada pelo DL n. 292, de 9.9.1991 convertido na Lei n. 356, de 8.11.1991, que em particular modifica o art. 275 do CPP, estabelecendo para determinados reatos a obrigatoriedade da custódia cautelar no cárcere na presença de exigências cautelares.

Substancialmente ditados pelas mesmas exigências, são o DL n. 60, de 1.3.1991, e o DL n. 292, de 9.9.1991, supracitados convertidos na Lei n. 356, de 8.11.1991, que incidem sobre o código de rito a respeito do cômputo dos termos da custódia cautelar e sua duração.

Mas uma autêntica contra-reforma em sentido inquisitório houve com o DL n. 306, de 8.6.1992, convertido na Lei n. 356, de 6.8.1992.

Sempre justificado com a exigência de luta contra a criminalidade organizada, o decreto modifica amplamente o Código de Rito em matéria de prova, modificando entre os outros os arts. 210, 238, 500, 512 e introduzindo os arts. 190 *bis*, 238 *bis* e 512 *bis*.

Salvo uma indicação mais exata no curso do tratamento, o sentido da reforma está na recuperação na ocasião do debate como fonte de prova do material investigativo das indagações preliminares, mediante o mecanismo das leituras e das contestações.

Trata-se, para todos os efeitos, de uma restauração em sentido inquisitório do Código de Rito com a qual se avalia novamente a escritura aos danos da oralidade e do contraditório.

Observe a respeito como se tornam utilizáveis para a decisão, em seguida ao debate, as sentenças e as declarações contidas em atos de outros processos ou feitas no curso das indagações preliminares para a Polícia Judiciária.

Sucessivamente, com a Lei n. 332, de 8.8.1995, se assiste a uma tentativa de novo equilíbrio do sistema.

Maiores garantias e limitações são introduzidas em tema de custódia cautelar e se tem uma primeira regulamentação na questão de indagações defensivas.

Também com a Lei n. 267, de 7.8.1997, são modificados os arts. 238, 392, 513 e 514 do Código de Rito.

A importância da reforma está em estabelecer o princípio de não utilizável sem o consentimento das partes das declarações feitas pelo co-imputado, pelo imputado em processo conexo ou ligado que se valem da faculdade de não responder. Tal forma é, porém, sucessivamente negada pela sentença n. 361/98 da Corte Constitucional da qual se falará.

Uma importante reforma da ordem tem-se depois com o Decreto Legislativo n. 51, de 19.2.1998, que institui o Juiz Único de primeiro grau. Na matéria penal, a reforma entra em vigor em 2 de janeiro de 2000. Com ela são abolidos o cargo do pretor e aquele da procuração junto do Tribunal, cargo substituído pela primeira vez com a entrada em vigor do código de 1989.

De tal forma, a jurisdição penal é exercida quanto aos juízes togados exclusivamente pelo Tribunal ou pela Corte do Tribunal Criminal. O Tribunal, por sua vez, julga em composição monocrática ou colegial. Está em curso de gestão depois em virtude da Lei n. 468, de 24 de novembro de 1999, a constituição de uma magistratura honorária, aquela do Juiz de paz para os reatos de menor entidade que não comportam a pena de detenção. Além de interessar ao processo, a reforma interessa ao direito penal substancial, prevendo-se a possibilidade de novas penas principais, as quais o trabalho em benefício da coletividade e a obrigação da moradia.

A instituição do juiz único de primeiro grau impôs a necessidade de uma reforma do Código de Processo Penal não julgando-se aplicável ao tribunal em composição monocrática a normativa prevista para os processos diante do pretor.

O juiz monocrático do Tribunal tem, na verdade, uma atribuição mais extensa daquela que era a competência do pretor, chegando a julgar reatos puníveis até dez anos de reclusão (vinte na formulação originária).

Aqui a necessidade da introdução de maiores garantias, entre as quais deve ser lembrada a audiência preliminar.

O parlamento tem assim aprovado a Lei n. 479, de 16 de dezembro de 1999. Tal lei, porém, não se limita a ditar disposições sobre o processo diante do tribunal em composição monocrática. A mesma modificação, em alguns aspectos radicalmente a disciplina do código de 1989, particularmente em matéria de audiência preliminar, ritos especiais, movendo-se na óptica de favorecer a definição antecipada do processo, deflacionado o debate.

Às críticas movidas a tal orientação legislativa deve ser respondido que nos países próprio em que nasceu o rito acusatório a porcentagem dos casos definidos no debate é bastante baixa (10% nos Estados Unidos).

A considerada pretensão de que todo processo seja definido no debate, no qual se manifestaria um não bem compreensível gênio itálico do rito acusatório, está, de fato, fora da realidade das coisas e fruto de um megalômano provincianismo.

O processo acusatório, no entanto, é possível e sustentável enquanto se atue quando efetivamente útil ou necessário, seja um direito do imputado que deve ser exercido, seja conforme o seu interesse e a sua vontade e não uma obrigação inútil e gravosa para ele.

13. INTERVENÇÃO DA CORTE CONSTITUCIONAL. REAÇÃO PARLAMENTAR

Numerosas foram depois as sentenças da Corte Constitucional que incidiram profundamente sobre o código de rito.

Para os fins de avaliar a orientação da Corte a respeito da assunção e da avaliação da prova, lembramos as que parecem mais relevantes.

Com a sentença n. 24 de 1992, a Corte declarou a ilegitimidade constitucional do art. 195, parágrafo 4º, do CPP na parte em que proíbe os oficiais e agentes de polícia judiciária de depor sobre o conteúdo das declarações adquiridas pela testemunha. Para a Corte, a disposição está em contraste com o princípio da racionalidade, não se incluindo porque o testemunho "de relato" da polícia judiciária deva ser considerado menos confiável daquele do cidadão comum.

Com sentença n. 254 de 1992, a Corte declarou "a ilegitimidade constitucional do art. 513, parágrafo 2º, do CPP, na parte em que não prevê que o juiz, ouvidas as partes, dispõe a leitura dos relatórios, das declarações de que trata o parágrafo 1º do mesmo artigo feitas pelas pessoas indicadas no art. 210, quando estas se valem da faculdade de não responder".

Para a Corte, a disciplina do Código de Rito não seria razoável e em contraste com o princípio da não dispersão dos meios de prova. Em conseqüência da sentença da Corte entram por meio da leitura do fascículo do debate e são, portanto, utilizáveis as declarações das pessoas imputadas num processo conexo em confrontação, das quais se procedeu ou se procede separadamente e aquelas das pessoas imputadas de um reato coligado de maneira probatória, aquele pelo qual se procede que se valem da faculdade de não responder.

Ainda com relação à sentença n. 255 de 1992, a Corte declarou "a ilegitimidade constitucional do art. 500, parágrafo 3º e parágrafo 4º, do CPP na parte em que não prevê a aquisição no fascículo para o debate se foram utilizadas para as contestações previstas pelos parágrafos 1º e 2º, das declarações precedentemente feitas pela testemunha e contidas no fascículo do ministério público".

Lembramos, como no texto originário do art. 500, as declarações feitas pela futura testemunha no curso das indagações preliminares podiam ser utilizadas no debate para as contestações para avaliar o atender da mesma testemunha.

Elas não podiam constituir prova de fatos afirmados, salvo aquelas assumidas no curso das investigações ou no lugar e no imediato do fato.

Mais uma vez a Corte motiva a decisão com o princípio de racionalidade e de não-dispersão dos meios de prova.

Sempre pelas mesmas razões, com a sentença n. 60 de 1995, a Corte declarou "a ilegitimidade constitucional do art. 513, parágrafo 1º, do CPP, na parte em que não prevê que o juiz, recorrendo as condições, disponha que seja feita a leitura dos relatórios das declarações feitas pelo imputado assumidas pela polícia judiciária sobre delegação do Ministério Público".

Deve enfim ser lembrado como a Corte tenha voltado o tema de utilização declarações feitas pelo imputado, em processo conexo ou coligado de maneira probatória em conseqüência da supracitada Lei n. 267, de 7.8.1997, que havia modificado a disciplina da utilização das mesmas declarações no sentido da não utilizável, em que tivesse tido a declaração de valer-se da faculdade de não responder. Na verdade, com a sentença n. 361 de 1998 a Corte Constitucional:

Declara:

"a ilegitimidade constitucional do art. 513, parágrafo 2º, último período do Código de Processo Penal na parte em que não prevê que, se o declarante recuse ou de qualquer forma omita no todo ou em parte de responder sobre fatos concernentes à responsabilidade de outros já objeto das suas precedentes declarações, na falta do acordo das partes para a leitura se aplica o art. 500, parágrafos 2º *bis* e 4º, do Código de Processo Penal";

Declara:

"a ilegitimidade constitucional do art. 210 do Código de Processo Penal na parte em que não é prevista a aplicação também no processo do imputado no mesmo processo sobre fatos concernentes à responsabilidade de outros, já objeto de suas precedentes declarações feitas para a autoridade judiciária ou para a polícia judiciária sobre delegação do ministério público";

Declara:

"a ilegitimidade constitucional do art. 238, parágrafo 4º, do Código de Processo Penal na parte em que não prevê que, se no debate a pessoa examinada conforme o art. 210 do Código de Processo Penal recusa ou de qualquer forma omita no todo ou em parte de responder sobre fatos concernentes à responsabilidade de outros já objeto de suas precedentes declarações, na falta do consentimento do imputado, para a utilização se aplica o art. 500, parágrafos 2º *bis* ou 4º, do Código de Processo Penal."

Para entender a sentença, deve ser dito, como nos sentidos do art. 500 – que disciplina o exame testemunhal no debate –, que as partes podem utilizar para as contestações as declarações precedentemente feitas contidas no fascículo do Ministério Público também quando a testemunha recuse ou de qualquer forma se omita de responder sobre circunstâncias referidas nas precedentes declarações.

Neste caso, as declarações utilizadas para as contestações são adquiridas no fascículo para o debate e são avaliadas como prova dos fatos nelas afirmadas se subsistem outros elementos de prova que confirmem ser eles atendíveis. Com uma sentença manifestamente conveniente e manipulável, a Corte estende ao chamamento de co-réu e ao chamamento na culpabilidade a disciplina do testemunho. Mais uma vez como fundamento da decisão da Corte coloca o princípio de racionável e de não-dispersão dos meios de prova.

Um fio comum une as sentenças suscitadas, isto é, a preocupação que do material excelentemente de natureza investigativa não possa assumir a dignidade de prova na fase do debate. A preocupação aparece legítima, mas não aparece correta no direito o argumento sempre recorrente da Corte acerca do princípio da não-dispersão dos meios de prova. Com efeito, pertence à discrição legislativa dar dignidade de prova a este ou aquele meio. Na realidade, o ponto de vista do legislador escolhendo o esquema do processo acusatório é aquele que, como princípio, constitui prova no debate, o que é assunto segundo as confirmações da oralidade e do contraditório.

As sentenças da Corte, na realidade, são ligadas puramente à cultura do processo inquisitório, além dos obséquios formais tributários ao rito acusatório.

Daqui em relação às sentenças da Corte Constitucional a reforma do art. 111 da Constituição e a assim dita constitucionalização do "justo processo" do qual já sói dito.

Com a reforma constitucional, consideram-se verificados os efeitos da sentença n. 361 de 1998 e as conseqüências das quais se falou precedentemente, ou seja, da não-utilização das declarações das que se subtraem a confrontação com o imputado ou com seu defensor, salvo a disciplina transitória para o processo em curso, que todavia não pode não se subtrair em sua substância à aplicação do texto constitucional.

Na verdade, com a Lei n. 35, de 25 de fevereiro de 2000, de conversão do Decreto-lei n. 2, de 7 de janeiro de 2000, estatuiu-se que até a entrada em vigor da lei de atuação do art. 111 da Constituição na nova formulação, os princípios dos mesmos aplicam-se a processos em curso.

As declarações prestadas na fase de indagações preliminares e adquiridas no fascículo do debate, feitas por aqueles que se recusaram a submeter-se ao contraditório, são utilizáveis somente se confirmadas por outros elementos de prova de natureza diversa.

Utilizáveis (salvo quando estabelece o art. 192 do CPP) são as declarações feitas por quem no debate se subtraia ao exame para em seguida acertar violências, ameaças ou lisonjas.

CAPÍTULO 2

Os Sujeitos do Processo

1. O JUIZ

A jurisdição penal e administrativa é formada por: juízes especiais, juízes ordinários e juízes ordinários especializados.

Juízes especiais para formação colegial são os Tribunais Militares e a Corte Constitucional.

Os primeiros, em tempo de paz, têm jurisdição relativamente aos reatos militares cometidos pelos pertencentes às forças militares. A segunda tem a limitada jurisdição prevista pelo texto constitucional para os reatos de alta traição e atentado à Constituição cometidos pelo Presidente da República.

As sentenças dos Tribunais Militares são apeláveis diante da Corte Militar de apelação e recorríveis na cassação. Para os provimentos relativos à execução das sentenças, é competente o Tribunal Militar de vigilância.

Nenhuma impugnação é prevista para as sentenças da Corte Constitucional, salvo a revisão diante da mesma Corte.

Juízes ordinários de primeiro grau são o Tribunal e a Corte do Tribunal Criminal. O Tribunal julga quer em composição monocrática quer colegial. A Corte do Tribunal Criminal é juiz colegial em composição mista de dois juízes profissionais e seis juízes populares.

Juízes de segundo grau para as impugnações são a Corte de Apelação e a Corte do Tribunal Criminal de Apelação.

Juízes especializados são o Magistrado de vigilância, o Tribunal de vigilância, competentes relativamente à aplicação dos institutos inerentes à execução penal, bem como o Tribunal para os menores, a secção de Corte do Tribunal criminal, o Magistrado de vigilância para menores. Juiz colegial de legitimidade é a Corte de Cassação.

Com a Lei n. 468, de 24 de novembro de 1999, o Governo foi delegado para adotar um decreto legislativo concernente à competência penal do Juiz de Paz para os reatos de menor relevo, com a exclusão de poder infligir a sanção da reclusão ou do arresto.

O gabinete é composto de magistrados honorários. Juiz de Apelação é o Tribunal.

Quanto aos juízes ordinários de cognição de primeiro grau, o poder jurisdicional tem uma medida dita competência determinada por matéria e por território:

a) conforme o art. 5 do CPP, a Corte do Tribunal Criminal é competente para os delitos nos quais a lei estabelece a pena do ergástulo ou da reclusão não inferior, no máximo, a vinte e quatro anos, excluídos os crimes de tentativa de homicídio, de rapina e de extorsão, de qualquer forma gravados e os delitos previstos pelo art. 630, parágrafo 1º, do Código Penal e pelo Decreto do Presidente da República n. 309, de 9 de outubro de 1990;

b) para os delitos consumados previstos pelos arts. 579, 580, 584, 600, 601 e 602 do Código Penal;

c) para os delitos dolosos se do fato derivou a morte de uma ou mais pessoas, excluídas as hipóteses previstas pelos arts. 586, 588 e 593 do Código Penal;

d) para os delitos previstos pelas leis de atuação da XII Disposição Final da Constituição, da Lei n. 962, de 9 de outubro de 1967, e no Título I do Livro II do Código Penal, sempre que para tais delitos seja estabelecida a pena de reclusão não inferior a, no máximo, dez anos.

Nos sentidos do art. 6, o Tribunal é, ao invés, competente para todos os reatos que não pertencem à competência da Corte do Tribunal Criminal, salvo a competência do Juiz de Paz.

No que diz respeito ao tribunal, deve ser lembrado como o mesmo julgue em composição monocrática ou com um colégio de três componentes.

As atribuições do tribunal em composição colegial são indicadas pelo art. 33 *bis* que relaciona especificamente uma série de reatos.

É em todos os casos atribuída ao tribunal em composição colegial a cognição dos delitos punidos com a pena de reclusão superior a, no máximo, dez anos.

Em todos os outros casos, a cognição dos reatos é atribuída ao tribunal em composição monocrática, à qual é atribuída outrossim a cognição dos reatos de que trata o art. 73 do DPR n. 309, de 9 de outubro de 1990 (delitos em matérias de estupefacientes), sempre que não intervenham as agravantes de que trata o art. 80, parágrafos 1º, 3º e 4º, do mesmo DPR.

Como se pode ver competente para os reatos que não sejam de competência da Corte de Tribunal Criminal (ou do Juiz de Paz) é um único cargo judiciário o Tribunal. Ele porém exerce as funções judicantes em forma colegial ou monocrática, segundo a esfera de atribuições do qual foi dito.

Deve sem dúvida concordar-se com o relevo movido de mais partes que é excessiva a esfera atribuída ao Juiz individual, fenômeno que não encontra confrontação em nenhuma legislação européia.

Na verdade, o colegial é garantia de maior ponderação do juízo e da mesma independência do Juiz.

Quanto à competência por território, ela é determinada pelo lugar onde foi cometido o reato (art. 8), salvo casos particulares.

A violação das normas relativas à competência e aquelas relativas à atribuição pode dar lugar à nulidade da sentença.

2. O MINISTÉRIO PÚBLICO

O titular do exercício da ação penal é o Ministério Público magistrado ordinário com funções inquiridoras. As funções do Ministério Público são *ex* art. 51 exercidas:

"*a*) nas indagações preliminares e nos processos de primeiro grau pelos magistrados da Procuradoria da República junto do Tribunal;

b) nos juízos de impugnação pelos magistrados da Procuradoria Geral junto da Corte do Tribunal Criminal ou junto da Corte de Cassação."

"**2.** Nos casos de avocação, as funções previstas pelo parágrafo 1º, letra *a*, são exercidas pelos magistrados da Procuradoria Geral junto da Corte do Tribunal Criminal. Nos casos de avocação previstos pelo art. 371 *bis*, são exercidas pelos magistrados da direção nacional antimáfia."

"**3.** As funções previstas pelo parágrafo 1º são atribuídas ao ofício do Ministério Público junto do juiz competente conforme o Capítulo II do Título I."

"**3 bis.** Quando se trata de processos por delitos, consumados ou tentados, de que tratam os artigos 416 *bis* e 630 do Código Penal, por delitos cometidos valendo-se das condições previstas pelo dito art. 416 *bis* ou com a finalidade de facilitar a atividade das associações previstas pelo mesmo art. 5, bem como para os delitos previstos pelo art. 74 do texto único aprovado com Decreto do Presidente da República n. 309, de 9 de outubro de 1990, as funções indicadas no parágrafo 1º, letra *a*, são atribuídas ao gabinete do Ministério Público junto do Tribunal da capital do distrito em cujo âmbito tem sede o Juiz competente."

"**3 ter.** Nos casos previstos pelo parágrafo 3º *bis*, se faz o pedido o procurador distrital, o Procurador Geral junto da Corte de Apelação pode, por justificados motivos, dispor que as funções do Ministério Público para o debate sejam exercidas por um magistrado designado pelo Procurador da República junto do juiz competente."

Deve ser relevado como na audiência o magistrado do Ministério Público que exerça as suas funções com plena autonomia. O mesmo pode ser substituído somente em casos particulares.

A função do Ministério Público assume relevo no processo em particular sob o perfil que ele é o magistrado ao qual competem as indagações preliminares e o exercício da ação penal, isto é, a elevação da imputação e o requerimento ao Juiz de se pronunciar sobre a mesma. Tal ação penal, *rectius* o exercício da mesma é obrigatório, a mesma é exercida de ofício, quando não é requerida uma condição de procedibilidade, e é irretratável.

Tudo isto significa a indissolubilidade do objeto do processo penal em primeiro grau.

3. O IMPUTADO

O imputado é o sujeito em relação ao qual é exercida a ação penal, isto é, é elevada a imputação com requerimento do Juiz para providenciar sobre ela nas formas do rito.

À qualidade de imputado que se perde com a sentença definitiva, isto é, não mais sujeita à impugnação ordinária, de condenação ou soltura, competem vários direitos em função das garantias defensivas. Por esta razão, tais garantias se estendem outrossim para quem não é imputado em sentido próprio, isto é, *ex* art. 61 do CPP para a pessoa submetida às indagações preliminares.

Um fundamental direito do imputado e da pessoa submetida às indagações é aquele relativo à contestação da acusação e aquele de não responder, salvo no que se atém às próprias generalidades.

Trata-se de um aspecto fundamental do processo.

Quem é submetido a processo penal deve conhecer o fato que lhe vem atribuído. Também o mesmo não tem a obrigação de confessar nem de se defender. O exercício da defesa é um direito e, quando muito, um ônus.

4. A PARTE CIVIL, O RESPONSÁVEL CIVIL E O CIVILMENTE OBRIGADO PARA A PENA PECUNIÁRIA

Sujeitos indefectíveis do processo penal são o Juiz, o Ministério Público e o Imputado. No processo, porém, podem intervir ou ser citadas partes eventuais em vista de finalidades extrapenais.

A parte civil é a que exerce a ação civil no processo penal. Tratando-se de ação civil, as condições que legitimam a Constituição são as mesmas para o exercício da ação civil diante do Juiz Civil. A Constituição de parte civil compete portanto ao prejudicado do reato, isto é, titular do direito subjetivo, e, considera-se outrossim, de interesse legítimo lesado.

Discute-se sobre a compatibilidade da constituição de parte civil no âmbito do processo penal que tem um objeto bem definido e uma aposta em jogo, a liberdade ou de qualquer forma a honra que não deveria ser contaminada por avaliações econômicas. Todavia, o efeito do julgado penal, seja caso de condenação, seja no de soltura no juízo civil ou administrativo de dano (ex arts. 651 e 652 do CPP), justifica plenamente o exercício da ação civil no processo penal.

Somente onde se pudesse aceitar até no fundo a idéia da plena distinção entre jurisdição penal e civil e, portanto, também do conflito habitual de julgados sobre o mesmo fato, a questão poderia utilmente ser proposta novamente.

Sob o perfil formal deve ser lembrado que a parte civil como o responsável e a pessoa civilmente obrigada para a pena pecuniária estão em juízo com o ministério de um defensor, fornecido de procuração especial conferida com ato público ou escritura privada autenticada. A procuração especial ex art. 100 pode ser também aposta ao pé da página ou à margem da declaração de constituição de parte civil. Neste caso, a autografia da subscrição da parte é certificada pelo procurador.

Quanto às outras partes eventuais, lembramos que o responsável civil é o sujeito obrigado conforme a lei civil a responder com o patrimônio, pelo fato alheio, a pessoa ou a ente civilmente obrigados para a pena pecuniária, e indicados pelos arts. 196 e 197 do CP.

5. A PESSOA OFENDIDA PELO REATO E OS ENTES EXPONENCIAIS

O novo Código de Rito dedica um título (VI) para a pessoa ofendida pelo reato para reconhecer o poder de intervenção no âmbito do processo. Tecnicamente, a pessoa ofendida pelo reato é o titular do interesse que a norma incriminadora entende tutelar. A pessoa ofendida pelo reato pode, portanto, não coincidir com a parte civil, é a pessoa danificada pelo reato mesmo se titular do interesse lesado.

Achamos porém que no Código de Rito o termo pessoa ofendida seja utilizado em sentido técnico. Ele na realidade está, na nossa opinião, para indicar tanto a pessoa ofendida em sentido próprio quanto a pessoa danificada não constituída parte civil.

Significativo sobre o ponto é o parágrafo 3 do art. 90 do CPP, que reconhece aos parentes próximos da pessoa ofendida as faculdades que lhes cabem quando a mesma tenha falecido em conseqüência do reato. O caso típico é aquele do homicídio em que a pessoa ofendida é o defunto, e os danificados do reato são os parentes próximos. Na realidade, a posição da pessoa ofendida pelo reato em específico título tem a sua explicação técnica. A constituição de parte civil exige a presença do Juiz e exige, quando não, que o processo tenha chegado à audiência preliminar. Quis-se, todavia, que na fase anterior – indagações preliminares – a constituída parte civil pudesse intervir no processo.

Aqui a terminologia pessoa ofendida, porém, não indica a única pessoa ofendida em sentido próprio, mas outrossim a pessoa designada.

Vigorando o código Rocco, o problema que se havia apresentado era aquele que dizia respeito à intervenção no processo penal de entes ou associações com a finalidade de tutelar interesses coletivos ou difundidos.

Tal intervenção acontecia por meio da constituição de parte civil dos mesmos (interesses). Era fácil porém relevar como tal constituição, fosse também às vezes admitida, devesse ser considerada inadmissível, faltando em tais entes a legitimação *ad causam*, isto é, a titularidade de um direito subjetivo, de cuja lesão se pede reparo no processo. O novo Código de Rito enfrentou o problema, de um lado negando que a entes e associações assim ditos exponenciais caiba a legitimação para se constituir parte civil, por outro lado, reconhecendo aos mesmos a faculdade, com o consentimento da eventual pessoa ofendida pelo reato de poder intervir no processo com os mesmos poderes da pessoa ofendida. Reconheceu-se desse modo uma forma de intervenção *ad adiuvandum* da atividade do Ministério Público.

6. O DEFENSOR

O processo é atividade culta. Daí a necessidade de uma assistência técnica das partes processuais, mediante obra de profissionais habilitados para tal finalidade. Para as partes privadas eventuais, a presença do defensor manifesta-se como necessária, isto é ligada ao *ius postulandi* diante do juiz. Somente para a pessoa ofendida pelo reato a assistência do defensor é facultativa.

Diferente é o caso do imputado. A assistência do defensor é exigência irrenunciável do processo para garantir o exercício do direito de defesa além da vontade do imputado.

Este pode nomear até dois defensores de sua confiança; na falta é assistido por um defensor de ofício sobre a base de elencos predispostos pelo Conselho da Ordem Forense.

A atividade do defensor de ofício é obrigatória. A defesa de ofício não deve ser confundida conceitualmente com o patrocínio de quem não possui (meios).

De fato, a confusão acontece com prejuízo quer da efetividade da defesa quer dos profissionais que exercem seu patrocínio e que têm um sacrossanto direito à retribuição.

Trata-se de uma torcedura macroscópica na vigência do Código Rocco, que é para se augurar que não se repita na vigência do código vigente ainda por muito tempo.

Não se substitui ao defensor do imputado, quanto melhor lhe está ao lado tecnicamente.

Conseqüentemente (art. 99 do CPP), ao defensor cabem as faculdades e os direitos que a lei reconhece ao imputado, salvo que estes sejam reconhecidos exclusivamente a este último.

O imputado por outro lado pode tirar o efeito, com expressa declaração contrária, ao ato cumprido pelo defensor antes que, em relação ao mesmo ato, tenha intervindo um provimento do juiz.

Ao defensor, que no caso de impedimento pode nomear um substituto, cabem particulares garantias como tutela do exercício da própria atividade.

Inspeções, investigações e seqüestros (art. 103) dos ofícios podem ser executados somente nas hipóteses particulares com faculdade de intervenção do Presidente do Conselho da Ordem Forense ou de um seu delegado.

Não é consentida a interceptação relativa a conversações ou comunicações dos defensores, consultores técnicos e seus auxiliares, nem àquela entre os mesmos e as pessoas por ele assistidas.

Inovação de relevo (art. 104) é o direito do defensor de conferir com o imputado no estado de custódia cautelar desde o início da execução da medida.

Tal direito recorre também nas hipóteses de captura e arresto.

Somente em casos excepcionais por não mais de cinco dias tal direito da parte privada e do defensor pode ser dilatado.

O processo disciplinar por abandono da defesa cabe, conforme o código de 1988, exclusivamente ao Conselho da Ordem

Forense, que pode não aplicar a sanção quando o abandono ou a recusa da defesa sejam justificados pela violação dos direitos a ela relativos.

Deve ser relevado, como em relação ao direito da prova previsto pelo art. 190 e da configuração do processo em particular como *adversary system*, o art. 38 das disposições de atuação reconheça ao defensor também o meio de consultores técnicos, de substitutos e de investigadores privados autorizados o direito de desenvolver investigações.

Com a Lei n. 332, de 8 de agosto de 1955, especificou-se a possibilidade do defensor do investigado ou da pessoa ofendida de apresentar diretamente ao juiz os elementos relevantes para os fins da decisão e a inserção da relativa documentação no fascículo relativo aos atos de investigação.

Uma mais extensa normativa está em curso de gestação em sede parlamentar.

Ela deveria completar a formação do fascículo da defesa, a forma dos atos de indagação e o regime de sua forma utilizável de resto já reconhecida com a Lei n. 479, de 16 de dezembro de 1999, que modificou o Código de Processo Penal.

Capítulo 3

Os Atos Processuais, as Provas, as Medidas Cautelares

1. Atos Processuais e Sanções

Transfere, de um curso institucional para a Faculdade de Ciências Políticas um estudo analítico dos atos processuais.

Importante é lembrar que os atos do processo são atos regulados pela lei. Assim é a lei (art. 125) que estabelece quando os atos do juiz devam ter a forma da sentença, da ordenança e do decreto, ou as modalidades da notificação de um ato, ou o termo dentro do qual um ato deve ser cumprido sob pena de decadência ou menos.

A inobservância das formas processuais dá lugar à irregularidade ou nulidade do ato. No primeiro caso, o ato mantém a própria validade, mas não pode ser fonte de responsabilidade do ato, por exemplo, quando foi assumida uma prova com violação de uma proibição de lei.

Fala-se também da inexistência do ato processual como na hipótese, por exemplo, de sentença emitida *ab non iudice*, ou de abnormidade do ato, como no caso do ato jurisdicional que tenha o conteúdo da ordenança administrativa.

Como se disse, os atos processuais, também se assumidos oralmente, devem ser documentados de apropriado processo verbal.

2. PROVAS

As modalidades de assunção e de avaliação da prova, os limites probatórios constituem o no central do processo.

O novo Código de Rito caracteriza-se para a formação privilegiada da prova na fase do debate.

Os atos cumpridos na fase precedente são somente em alguns casos utilizáveis para a decisão – atos não repetíveis e atos do incidente probatório. Outros atos são utilizáveis enquanto usados para as contestações.

Outros enfim podem ser utilizados exclusivamente com o escopo de negar a credibilidade do declarante, por exemplo, as espontâneas declarações feitas por pessoa investigada pela Polícia Judiciária.

Deve porém se relevado que as relutâncias de estampo probatório assumidas na fase anterior ao debate podem ser utilizadas na fase endoprocessual própria, por exemplo, para fins das medidas cautelares, ou pela adoção de rito especial, como a aplicação da pena a pedido.

De qualquer forma, a relevância que a formação e a avaliação da prova assume no novo rito resulta evidente da circunstância de que em um livro inteiro a terceira parte é dedicada às provas. Na realidade, a formação e a avaliação da prova são o verdadeiro campo de batalha do novo processo. Se prevalecer as "estruturas mentais" próprias da cultura acusatória, o novo processo penal marcará uma etapa fundamental da história da nossa civilização jurídica. Se prevalecer, ao invés, as lógicas do velho estampo inquisitório, quais sejam as disponibilidades dadas em matéria de estrutura material, o novo processo ficará uma ilusão perdida.

Nas disposições gerais em matéria de prova (arts. 187 a 193), o legislador dita uma definição que pode parecer escolástica, pleonástica e num texto normativo, isto é, aquela relativa ao objeto da prova. Objetos da prova são, antes de tudo, os fatos que se referem à imputação para a punibilidade e à determinação da pena ou da medida de segurança. Mas tal definição perde o seu caráter escolástico, considerando que nos parágrafos 2º e

3º objetos de prova são outrossim os fatos dos quais depende a aplicação das normas processuais e se há constituição de parte civil inerentes à responsabilidade civil. Desta maneira, está resolvida toda dúvida sobre o direito das partes para a prova conforme os sobreditos fatos. Um primeiro princípio inerente às provas é aquele do limite das mesmas devido ao *respeito da capacidade de autodeterminação* (art. 188 do CPP). Meios como o assim dito soro da verdade, a narco-análise, não podem ser utilizados nem com o consentimento da pessoa interessada. A assim dita verdade material encontra um limite na sua procura devido ao respeito da liberdade moral e da esfera psíquica em geral da pessoa. Não deve ser esquecido que a regra ditada em linha geral para cada pessoa é expressamente formulada pelo segundo parágrafo do art. 64 com referência à pessoa submetida às indagações preliminares. Tais disposições juntamente àquela relativa à faculdade de não responder denotam claramente uma escolha de civilização processual. A verdade não deve vir do imputado, mas do conflito das opostas teses de acusação e de defesa. A colaboração do imputado e aquela do defensor com a acusação pode ser uma escolha, nunca um dever.

O Código de Rito disciplina diversos meios de prova determinando suas modalidades de assunção e os conteúdos.

Todavia, o princípio geral é aquele dos *não taxáveis meios de prova* (art. 189 do CPP). Desta forma, a procura da verdade "processual" está aberta para as inovações e para a evolução em geral da técnica.

Um limite à utilização dos meios de prova não codificados é sempre aquele de ordem geral do respeito à liberdade moral da pessoa.

O art. 190 intitulado "direito à prova" exprime aquilo que é, em linha de princípio, o tom do novo processo.

O processo se desenvolve por *iniciativa de parte*, o juiz admite as provas requeridas pelas partes. Daí o *direito à assunção da prova*, além do parâmetro de relevância próprio da instrução sumária ou formal do Código de 1931, segundo o metro da parte acusadora.

Os limites da assunção da prova são a proibição legal e a manifesta superfluidade ou irrelevância. Deve ser relevado caso não seja suficiente limitar o direito à prova a superfluidade ou irrelevância da mesma, é preciso da manifesta superfluidade ou irrelevância, ou porque a circunstância a ser provada está já anexada aos atos, ou porque mesmo que provada, em nada poderia incidir sobre a decisão não somente como subsistência do fato ou responsabilidade do imputado, mas também sob qualquer outro perfil, por exemplo, pela graduação da pena ou pela entidade do dano causado pelo reato.

O segundo parágrafo do art. 190 prevê, porém, que em casos determinados que são, pois, aqueles de absoluta necessidade considerada pelo Juiz, as provas sejam dispostas de ofício.

Tal disposição, na verdade, constitui um *vulnus* para a configuração de um processo que se quer governado essencialmente pela iniciativa das partes. Ela se configura como uma possibilidade de sustento para uma acusação ou também para uma defesa fracas. Tal sustento poderá ser também apreciável no caso concreto, fica porém o fato que a tercereidade do juiz é arranhada.

De fato, um tal poder é em abstrato previsto também para o Juiz inglês. Nos fatos, o mesmo não é exercido justamente porque visto em contraste com os princípios que inspiram um processo de partes.

Uma grave limitação do direito à prova e em particular do direito à confrontação (*right of confrontation*) está prevista em dois casos pelo art. 190 *bis* como resulta em seguida do Decreto-lei n. 306, de 8 de junho de 1992, e pela Lei n. 269, de 13 de agosto de 1998, conforme os processos de criminalidade organizada e contra a liberdade sexual se o exame requerido diga respeito ao menor de 16 anos.

Na verdade, conforme a sobredita disposição, quando é requerido o exame de uma testemunha ou de uma pessoa imputada em processo conexo ou coligado e elas já fizeram as declarações na fase de incidente probatório ou declarações cujos relatórios foram acrescidos conforme o art. 238, o exame é admitido somente se o juiz achar absolutamente necessário.

Deve ser dito como, conforme o art. 238, na atual formulação seja admitida entre outro a aquisição dos relatórios de provas de um outro processo penal se se trata de prova assumida no incidente probatório ou no debate.

As declarações das provas imputadas em processo conexo ou coligado são, porém, utilizáveis somente em relação aos imputados cujos defensores participaram da sua assunção.

Plenamente utilizáveis são, porém, as disposições testemunhais, assumidas também se a assistência do defensor do imputado.

Pois bem, nos casos supra-indicados, isto é, declarações prestadas na fase de incidente probatório no mesmo processo ou no debate, o direito à prova, assim como configurado no art. 190, é excluído. É remetido à única apreciação do juiz de ouvir ou não o declarante.

Resulta evidente, como seja também em relação aos processos relativos aos delitos particularmente graves, seja excluído em particular o direito do acusado à confrontação com os acusadores, segundo a lógica do assim dito duplo binário processual a ser adotado em particular para os delitos da máfia.

A disposição esbarra no art. 6 da Constituição Européia dos direitos do homem, que expressamente reconhece ao acusado o direito de interrogar ou fazer interrogar as testemunhas a cargo – entendendo-se por testemunhas em sentido amplo todos os que fazem declarações no processo.

Deve ser lembrado como a Corte Européia dos direitos do homem, mesmo negando que as declarações devam ser feitas sempre em audiência pública e em contraditório para serem utilizadas para os fins probatórios, sendo utilizáveis para tal escopo também disposições feitas na fase de instrução anterior ao debate, afirmou que de qualquer forma o art. 6 prescreve, quando os elementos de prova sejam determinantes, de conceder ao acusado uma ocasião adequada e suficiente para contestar um testemunho a cargo e de interrogar o autor no momento da disposição ou mais tarde (CEDU 23.04.1997).

A disposição de que trata o art. 190 *bis* deve portanto ser enumerada entre as involuções inquisitórias do código de 1998.

O disposto do art. 191 do CPP estabelece a sanção processual para a prova ilegitimamente adquirida, isto é, o *não utilizável*. Isto significa que a sentença não se pode fundar sobre uma prova adquirida com violação de lei, qualquer que seja a eficácia persuasiva. Em matéria de assunção de provas *contra legem* não legais, o novo código é particularmente severo. O não utilizável é de fato relevável também de ofício em cada estado e grau do processo. Não há portanto possibilidade alguma de sanar, salvo se a sentença transite em julgado. O campo de aplicação da norma deve porém ser especificado.

O não utilizável se atém às provas assumidas com violação de uma proibição legal (por exemplo, assunção do testemunho de um co-imputado no mesmo reato), não à irregularidade processual da assunção, caso em que poderá recorrer a diversa sanção de nulidade. Ficam também fora da disposição os assim ditos "frutos da árvore envenenada", isto é, aquelas hipóteses cujo meio de prova tenha sido ilicitamente garantido (por exemplo, utilização como prova de um documento não regularmente seqüestrado mas furtado). No ordenamento dos Estados Unidos, em tais casos de ilicitude da conduta apresentada para garantir o meio de prova, determina a não utilização da mesma, salvo em alguns recentes temperamentos por parte da jurisprudência.

Salvo uma expressa cominatória de utilizável ou de nulidade, se deve ao invés concluir que no âmbito do ordenamento processual italiano a ilicitude da garantia do meio de prova não impeça a aquisição da mesma prova.

Outro princípio fundamental relativo às provas é aquele (art. 192 do CPP) da *motivação da avaliação da prova*. A reconstrução do fato, quaisquer que sejam os subfundos psicológicos, deve ser externada pelo juiz, que deve ilustrar os resultados adquiridos e os critérios adotados.

Todavia, a indicação motivada pelo critério de avaliação é sinônimo de ilustração para o externo, segundo cânones lógicos da convicção judicial. Por conseguinte, o princípio da livre convicção do juiz não significa liberdade da prova ou intuição, mas convicção segundo cânones de razão objetivamente verificáveis. O ponto merece ser aprofundado. A intuição, se vem, sobretudo, de quem costuma utilizar o raciocínio e a argumentação, não é absolutamente uma forma inferior de conhecimento. A intuição do sábio, não obviamente do estulto, é ao contrário a forma superior de conhecimento. Mas o limite da intuição não está tanto em sua arbitrariedade, quanto em sua substancial incomunicabilidade em termos discursáveis e socialmente aceitáveis.

O processo é um fato social, envolve o indivíduo e a coletividade, exige um critério de comunicação comum das convicções.

Tal critério não pode ser o método lógico-discursivo ancorado a critérios de razão, critérios que somente podem dar um resultado socialmente apreciável para garantir o indivíduo pelas intuições que melhor são as ilusões do falso sábio. Esta é a razão pela qual o juiz sábio absolve, mesmo se a própria intuição o levaria a outras conclusões. Ele sabe que a intuição pode ser ilusória, e mesmo que não o fosse, não seria socialmente aceitável.

A exigência de uma decisão racionalmente fundada encontra a verificação no segundo parágrafo do art.192, pelo qual a existência de um fato não pode ser deduzida por indícios, salvo que estes não sejam graves, exatos e concordantes. Por indício se entende o fato conhecido do qual se infere o fato a ser provado. Tradicionalmente, o indício é distinto da prova direta, isto é, daquela que representa o fato a ser provado. Para saber a diferença, nota-se, como exemplo de indício, à presença sobre o lugar do fato do qual se infere a responsabilidade de quem é encontrado aí; como prova dirigida para o testemunho sobre o autor do delito no momento da ação. A distinção entre provas diretas e indícios foi, e é, de verdade, objeto de constatação, sob o perfil da lógica formal.

Pois bem, de um ponto de vista de uma abstrata lógica do conhecimento na realidade tudo pode ser submetido à crítica.

Sob o perfil prático do processo, a distinção aparece oportuna, além de ser normativamente fundada pelo Código de Rito. O segundo parágrafo do art. 192 na verdade reconhece os indícios distinguindo-os das outras provas, e impõe seus requisitos para os fins de sua utilização para a decisão jurisdicional, para que eles valham como prova.

Na verdade, de um fato não se deduz necessária e exclusivamente um outro fato. A presença no lugar do delito pode fazer julgar que quem tem sido achado no lugar seja seu autor, mas tal inferência não é absolutamente necessária. A presença pode ao contrário depender do caso ou até da intenção de trazer socorro à vítima. É a não-monovalência lógica do indício que exclui a utilizável probatória na ausência de ulteriores elementos.

Eis porque a existência de um fato pode considerar-se provada somente quando os indícios sejam graves, exatos e concordantes, segundo regra do Código Civil. Com tal disposição, como com a sucessiva de que trata o n. 3 do art. 192, não se quer colocar uma regra de avaliação legal em substituição da livre convicção do juiz. Se quer, ao contrário, rebater como regra de juízo o caráter de racionalidade que tal livre convicção deve possuir, aquela segura referência a fatos certos da qual se podem deduzir conclusões além de qualquer outra racional dúvida nos limites do conhecimento humano.

Os terceiro e quarto parágrafos do art. 192, significativamente depois da regra da motivação sobre a prova e aquela relativa à grave exatidão e concordância dos indícios, ditam uma regra de juízo em tema de chamamento na co-criminalidade em sentido próprio – o sujeito que acusa a si mesmo e os outros concorrentes no reato – e aquela em sentido lato do sujeito imputado num processo conexo ou coligado que acuse outros do cumprimento de reatos.

O chamamento de co-réu em sentido estrito e lato foi ao centro dos processos penais da emergência terrorista e da criminalidade organizada, centro no sentido de ser a fonte principal da acusação e centro do debate sobre o valor probatório da mesma.

Segundo a tradição liberal, o chamamento do co-réu deve ser considerado prova altamente não confiável. Na linguagem forense, a mesma devia ser espontânea, desinteressada e fornecida de verificações para ser fonte probatória atendível.

A praxe judiciária da emergência foi para o sentido largamente oposto a esta tradição até achar suficiente para ser ela atendível a coerência interna das declarações do chamado à co-criminalidade, até o ponto de dar crédito aos mais fantasiosos mas hábeis faladores.

Não somente, portanto, a espontaneidade e o desinteresse foram considerados elementos não necessários para o valor probatório do chamamento do co-réu, mas considerou-se não necessária a presença de elementos de confrontação.

Por outro sentido, para recuperar uma dimensão de garantia no processo, sustentou-se que o chamamento do co-réu deva considerar-se uma mera *notitia criminis*.

Na realidade, o vício de fundo relativo que está na base dos conflitos interpretativos sobre o valor do chamamento do co-réu é aquele de querer enquadrar tal fenômeno probatório abstraindo do dado normativo. A razão disso é uma errônea acepção da livre convicção do juiz, pelo que todo o material processual, compreendido aquele não ritualmente assumido, pode ser utilizado pelo juiz, sem nenhuma diferenciada avaliação das fontes de prova.

Todavia, já o mesmo Código Rocco dava uma exata indicação em sentido inverso, estabelecendo como de resto o código de 1988 a proibição de assumir como testemunhas os imputados no mesmo reato ou em processos conexos.

Estes, ao contrário das testemunhas, são ouvidos com a assistência de um defensor e com a faculdade de não responder. Está claro então, dada a distinção que o legislador faz entre a testemunha e o imputado em processo conexo e o co-imputado, que os critérios de avaliação de maneira particular de serem atendíveis as declarações devem considerar-se diferenciados, como de resto afirmou com uma nota sentença de 1987 a Primeira Sessão da Corte de Cassação. Com isto não se afirma já que em fase do chamamento do co-réu deva considerar-se operante um princípio de prova legal no lugar da livre convicção do juiz.

A prova legal recorre quando dado X o Juiz deve achar Y. Não é este o caso de espécie. O fenômeno é, pelo contrário, outro. A testemunha jura e tem a obrigação de dizer a verdade. Se não subsistem razões particulares para não achar atendível a decisão do juiz, pode ser fundada sobre a única declaração testemunhal.

O co-imputado, ou o imputado, em processos conexos não jura, tem o direito de calar-se e, salvo os limites relativos ao reato de calúnia, pode também mentir. Daqui a necessária conclusão de que a utilização probatória das declarações do mesmo não pode ser colocada sobre o mesmo plano daquela da testemunha, é preciso algo que corrobore com as declarações do mesmo.

Voltando aos princípios liberais tradicionais, espontaneidade, desinteresse e presença de confrontações, exclusivamente o desinteresse poderá considerar-se um elemento não indispensável para a utilização probatória do chamamento na co-criminalidade.

De fato, a mesma presença de uma legislação premiável, agora estendida aos assim ditos colaboradores dissociados ou arrependidos, leva a excluir a necessidade de tal requisito.

De resto, na sessão penal o desinteresse não é exigido nem para assumir o papel de testemunha.

Indispensável deve ser ao contrário o requisito da espontaneidade, isto é, a ausência de coerções. Esta é uma regra que na realidade não se refere somente para quem chama na co-criminalidade, mas para qualquer sujeito que, independente de seu papel, intervenha no processo.

Nas hipóteses que as declarações tenham sido feitas no estado de coerção das mesmas, não se poderá fazer nenhum uso.

Então, requisito do chamamento do co-réu, para a sua utilização, deve ser a presença de confrontações. Já na vigência do Código Rocco, a mesma andava e vai com maior razão com a efetiva entrada em vigor do código de 1988, entendida quanto ao valor probatório, um indício não unívoco e suficiente, como leva a concluir a disciplina relativa aos co-imputados e aos imputados em processos conexos, diferenciada relativamente àquela do testemunho, e com a expressa proibição de assumir tais sujeitos como testemunhas. Aqui a necessidade de ulteriores indícios que façam de confrontação.

Que tal seja a regra do juízo do Código de 1988 não resta qualquer dúvida. Indicativo é antes de tudo o fato de que a disposição relativa às declarações do co-imputado ou do imputado em processo conexo ou coligado siga imediatamente o disposto relativo à exata concordância e gravidade dos indícios.

Este é, quando não, uma verificação que para o Código de rito de 1988 o chamamento do co-réu é na realidade um indício quanto ao valor probatório, mesmo constituindo em si uma prova direta.

Mas também de mais relevante é a regra de que as declarações devem ser avaliadas com os outros elementos de prova que confirmam o ser atendível. Na substância, afirma-se um princípio de *corroboration* vigente nos sistemas do *common law* em que também existe a figura da assim dita testemunha da Coroa. Disso deriva, portanto, uma regra de juízo por cuja fonte de afirmação de responsabilidade não pode ser o único chamamento do co-réu sem confrontações.

Deve ser enfim lembrado, como no processo penal, que além de vigorar o princípio de não taxação dos meios de prova, deve vigorar aquele da ineficácia dos limites probatórios estabelecidos pelas leis civis.

A aposta em jogo no processo penal, a liberdade ou de qualquer forma a honra da pessoa, é incompatível com as limitações na prova própria das leis civis. O único limite se atém aos fatos que dizem respeito ao estado de família e de cidadania e isto para o particular relevo, de natureza substancial, que assumam as provas em *subiecta* matéria. Correlativamente, a sentença nas supraditas matérias tem eficácia de vínculo no processo penal.

3. MEDIDAS CAUTELARES

Um adequado livro, o quarto do Código de Rito, é dedicado às medidas cautelares pessoais e reais que podem encontrar aplicação no curso do processo.

Obviamente, as mais relevantes são aquelas que se atêm à liberdade da pessoa submetida ao processo penal.

A liberdade pessoal do imputado, como de cada pessoa, é um bem constitucionalmente garantido. Essa liberdade deve ser considerada até a sentença definitiva de condenação quanto menos não culpado. Em linha de princípio, portanto, nenhuma limitação da liberdade pessoal deveria golpear o imputado ou a pessoa a ele equiparada.

Exceto que é inegável que às vezes recorram exigências práticas que aconselham permanecer *status libertatis* do imputado. A mediação entre a tutela da liberdade e tais exigências práticas não é fácil, mas se pode achar que o novo Código de Rito tenha dado a ele uma solução satisfatória.

Os princípios gerais expressos são mais de um.

O primeiro pode ser definido como *taxação das medidas cautelares* pessoais que podem ser somente aquelas previstas pelo ordenamento processual (art. 272). Devem portanto ser consideradas obrigatórias todas as disposições das leis especiais que consentiam limitações da liberdade pessoal do imputado.

O segundo princípio está expresso pelo art. 273 e é constituído pela *necessidade de subsistência de graves indícios de culpabilidade* para a aplicação das medidas cautelares.

Retomando a nova redação do Código Rocco de 1988, o código de rito exclui que suficientes indícios sejam idôneos para ser título justificativo da limitação da liberdade pessoal. Certamente sob o perfil prático pode ser difícil distinguir entre indícios graves e suficientes.

No entanto, o significado político da norma está claro. Para as limitações da liberdade pessoal devem existir elementos probatórios tais que façam considerar altamente provável uma sentença de condenação, salvo melhor verificação.

Inadmissível é se considerar a limitação da liberdade pessoal quando diante de um fato material probatório garantimo-nos sucessivamente a aquisição da maior parte dos elementos a cargo.

Ulterior princípio também é aquele da *inaplicabilidade de medidas limitativas* em particulares circunstâncias, isto é, a presença de uma causa de justificação de não punibilidade de extinção do reato e da pena que se acha que possa ser infligida.

Fundamental princípio é também os *não automáticos provimentos restritivos* como, ao invés, previsto na formulação originária do Código Rocco em relação aos reatos que impunham a emissão obrigatória do mandado de captura. Contrariamente, o princípio do não-automático comporta para a aplicação das medidas limitativas da liberdade a subsistências efetivas de exigências cautelares, isto é (art. 274), evitar *a inquinação da prova, a fuga do imputado, o cumprimento de graves delitos*.

O art. 275 exprime também os princípios de *adequação e proporcionalidade das medidas cautelares*. Nos sentidos de dita disposição: "No dispor das medidas cautelares, o juiz leva em consideração a específica idoneidade de cada uma em relação à natureza e ao grau das exigências cautelares para satisfazer o caso concreto".

Cada medida deve ser proporcionada à entidade do fato e à sanção que se julga que possa ser infligida.

A custódia cautelar no cárcere pode ser disposta somente quando toda outra medida resulte inadequada, salvo os delitos graves indicados no parágrafo 3 do art. 275.

Não pode ser disposta a custódia cautelar no cárcere, salvo se subsistem exigências cautelares de excepcional relevância, quando é imputada uma pessoa grávida ou mãe de prole inferior a 3 anos que convive com ela, ou pai quando falte a mãe. Regras particulares são ditadas para as pessoas afetadas pela AIDS ou gravemente enfermas.

Ulterior princípio que deve ser lembrado é aquele relativo *à tutela dos direitos da pessoa submetida a medidas cautelares* que não sejam incompatíveis com as exigências cautelares do caso concreto (art. 277).

Princípio fundamental depois é aquele de *jurisdicionalidade* das medidas cautelares. As mesmas são dispostas e revogadas exclusivamente pelo Juiz. O arresto em flagrante de reato por parte da Polícia Judiciária, a captura do indiciado de iniciativa da mesma ou por ordem do Ministério Público são provimentos exclusivamente interinos.

Na audiência de validade da captura ou do arresto, é o juiz das indagações preliminares que determina se e quais medidas se devem aplicar.

Quanto às medidas coercitivas pessoais para a aplicação das quais é preciso que a pena prevista seja o ergástulo, ou seja, superior a, no máximo, três anos de reclusão, elas são a proibição de expatriação, a obrigação de se apresentar à Polícia Judiciária, a proibição e a obrigação da moradia, os arrestos domiciliares, a custódia cautelar no cárcere (quando seja prevista a pena de reclusão não inferior a, no máximo quatro anos), a custódia cautelar em lugar de cura. Como se pode ver, pelo sistema normativo se evence que o encarceramento como medida cautelar deve ser a *extrema ratio*.

No lado das medidas cautelares, o código prevê depois medidas de interdição, que privam temporariamente o imputado de exercer o poder dos genitores, a suspensão do exercício de uma tarefa pública ou serviço, a proibição temporária de exercer determinadas atividades profissionais ou de empreendimento.

Princípios comuns às medidas cautelares são também os relativos à *modificação ou revogação*, ao modificar-se das situações que as determinaram e a *duração máxima das mesmas* com conseqüente caducidade decorrido o término.

Outro princípio é aquele de serem *impugnáveis* os provimentos relativos às medidas coercitivas (art. 309) e de ser apeláveis as medidas cautelares pessoais em geral diante do assim dito Tribunal da Liberdade instituído já com a Lei de 1982, hoje judicante no lugar onde tem sede a Corte de Apelação, em cuja circunscrição está compreendido o escritório do juiz que emitiu a ordenança e a possibilidade do *recurso imediato para a cassação*.

No decorrer do processo, deve ser lembrada também (art. 312) a possibilidade da aplicação provisória de uma medida de segurança.

O art. 314 enfim estabelece o *direito à reparação da injusta* custódia cautelar sofrida em paralelo com a reparação devida para quem foi vítima de um erro judiciário.

Medidas cautelares de natureza real são, ao invés, o seqüestro conservativo e o seqüestro preventivo.

O primeiro é dirigido para garantir a realização do crédito do Estado para o pagamento da pena pecuniária, das despesas do processo e de todo outro direito do mesmo Estado, bem como das obrigações civis que nascem do reato.

Tais formas de seqüestro não devem ser confundidas com o seqüestro por meio do qual é garantida a prova do reato. Também para as medidas cautelares reais vale o princípio de *não impugnação* diante do assim dito Tribunal da Liberdade e do recurso imediato na cassação.

Capítulo 4

Dinâmica Processual: Indagações Preliminares e Ritos Especiais

1. Ministério Público e "Prosseguidor"

Na verdade, são poucas as disposições que se referem diretamente à figura institucional do Ministério Público no novo Código de Rito. O texto normativo afirma a titularidade do mesmo acerca do exercício da ação penal, e rebate o princípio de oficialidade e o não ser ela retratável.

As disposições juntas quanto o disposto pela Carta Constitucional acerca da obrigação de exercer a ação penal conotam inequivocamente a figura do mesmo, num processo que também quer ser de partes, de maneira totalmente diversa do correspondente colega de *common law*. A ação penal não é discricionária e é não retratável. Conseqüentemente, o objeto do processo penal não é disponível como no sistema anglo-americano.

Por outro lado, a inserção do Ministério Público no Ordenamento Judiciário vale ainda mais para distinguir a figura do mesmo do "Prosseguidor".

O primeiro, na verdade, é um magistrado obrigado a instaurar um processo que salva a hipótese do arquivamento, deve definir-se com sentença, o segundo um representante da coletividade que discricionariamente eleva a imputação e pode renunciar à acusação.

É inevitável portanto um primeiro interrogatório. Num processo que quer ser parte, em que é privilegiada a formação da prova no debate, mesmo que não em via exclusiva, é compatível que a função de parte caiba a um órgão da mesma jurisdição, enquanto o juiz deveria ser o árbitro da contenda?

Sob o perfil lógico, a contradição parece insolúvel. A parte, para ser tal até o fim deve ser distinta do arbitrado da contenda, terceiro relativamente tanto à acusação quanto à defesa colocadas quando não sob um igual plano de dignidade formal.

Não obstante, como a estrutura do real está além dos meios da lógica, igualmente o sistema normativo pode existir com todas as contradições.

Colocar o Ministério Público fora do ordenamento judiciário é problema evidentemente político e não de lógica formal do sistema. Um Ministério Público eletivo como nos países de *common law*, em particular os Estados Unidos da América, está fora das tradições da Europa Continental. No entanto, no contexto concreto italiano não seria aceitável um "prosseguidor" de nomeação governativa por evidentes razões.

É preciso tomar ciência de que o problema todavia está em que sua solução não cabe ao Código de Rito, mas às leis sobre o ordenamento judiciário.

2. MINISTÉRIO PÚBLICO E FORMAÇÃO DA PROVA

Todavia, o código dá uma solução própria ao problema das funções do Ministério Público que, mesmo mantendo a figura de magistrado que instaura um processo com objeto não disponível, assume todavia sempre o papel de parte. De fato, mais do que a figura institucional, o que na realidade conta num rito definível como *adversary sistem* são os poderes processuais e a dinâmica do próprio processo que configuram um sujeito, no caso de espécie o Ministério Público como parte.

Sob este perfil relevam-se dois aspectos.

Um primeiro se atém à liberdade pessoal do imputado sobre a qual, como já antecipado na precedente novela legislativa, o Ministério Público pode incidir só interina e provisoriamente, sendo cada decisão sobre o ponto remetida para o Juiz.

Em segundo lugar, este é o aspecto na realidade mais relevante, é o poder relativamente à formação da prova que é profundamente inovado.

O novo código abole tanto a instrução formal quanto a sumária. A sessão privilegiada de formação da prova como se disse é o debate. Tanto deve ser dito, com a advertência porém que tal afirmação não está sem exceções. Se se instaura o juiz abreviado, por exemplo, a decisão pode ser tomada sobre a base do estado dos atos assumidos pelo Ministério Público.

No rito todavia que se configura com o código normal, relativamente ao rito especial, também se os ritos especiais na realidade inspirados sobre o princípio do *speedy trial* estaticamente deveriam prevalecer como demonstra a experiência norte-americana, atividade do Ministério Público não é idônea para a formação da prova utilizável para a sentença em conseqüência do debate.

Desaparecida a instrução sumária, desaparece a figura do Juiz Acusador, isto é, daquele que forma como juiz as provas das quais se vale dialeticamente como parte no debate. É este, no nosso parecer, um dos pontos mais relevantes da reforma do Código Penal de Rito.

Não concordamos que o modelo processual do novo código possa, de fato, considerar-se *tout-court* acusatório.

Se é verdade, de fato, que as provas de normas são assumidas por iniciativa de parte, que as mesmas partes têm o direito de prova e de proceder diretamente aos interrogatórios, não se pode não dizer um fundamental aspecto inquisitório do novo rito. O Juiz na verdade tem o poder de indicar às partes temas de prova e de dispor de ofício a assunção de meios de prova. Isto significa que em última análise a decisão não é *secundum alligata et probata partium*, mas que o juiz é todavia sempre o árbitro não somente da decisão, mas do instrumento no qual a decisão é tomada.

Tal poder poderá exercer-se a favor de um ou do outro dos antagonistas processuais revelando-se mais fraco, em sentido repressivo a favor da acusação ou em sentido paternalista a favor da defesa. Este poder não sempre será exercido com efeitos negativos; negativo fica porém o *vulnus* ao começo do processo das partes.

Retomando o discurso principal a respeito dos poderes do Ministério Público, deve ser dito que, incidindo sobre eles a respeito da formação da prova, o novo código recalca sempre o esquema do processo de *common law*, pondo a distinção entre a fase de investigação e a fase processual verdadeira e própria, isto é, entre a fase dirigida à individualização das fontes de prova e daquela de formação da prova. Neste âmbito insere-se a temática das indagações preliminares conduzidas pela Polícia Judiciária e pelo que interessa particularmente com referência ao Ministério Público.

3. INDAGAÇÕES PRELIMINARES E AÇÃO PENAL

É necessário, todavia, perguntar-se como se insira o exercício penal no processo, que relação subsista entre o exercício obrigatório da mesma e as indagações preliminares de maneira que desta se possa dar uma adequada definição.

Fundamental para tal propósito é a disposição de que trata o art. 405: "O Ministério Público, quando não deve requerer o arquivamento, exerce a ação penal formulando a imputação nos casos previstos nos Títulos II, III, IV e VI do Livro VI ou com pedido de reenvio para o juízo". Na prática, o exercício da ação penal coincide com a instauração dos ritos especiais (juízo por diretíssima, juízo abreviado, estipulação, juízo imediato, juízo por decreto) ou com o pedido de reenvio para o juízo que dá lugar à audiência preliminar ao término das indagações preliminares.

No primeiro olhar, a previsão poderia ter um sabor acadêmico. Pareceria que com a mesma o legislador tenha-se preocupado em resolver o problema dogmático a respeito do conteúdo da ação penal.

Vigente o Código Rocco, discutia-se na doutrina se o pedido de arquivamento pudesse se qualificar exercício da ação penal. O dado normativo trunca toda discussão; o pedido de arquivamento não é exercício da ação, mas em substância, como se tinha já sustentado, pedido de autorização para não proceder.

Ainda mais debatido era o problema acerca do momento constitutivo da relação jurídico-processual e o exercício da ação penal. Por parte da doutrina, a ação penal exigia o contato entre o Ministério Público e o Juiz; por outro lado, o instaurar-se mesmo do processo com atos típicos do Ministério Público constituía exercício da ação penal. Esta última opinião devia, na nossa opinião, considerar-se a mais correta. Na verdade, desde as primeiras batidas do processo até a instrução preliminar, e depois na instrução sumária, acontecia a formação da prova que sozinha podia ser colocada como fundamento da sentença do debate. De tal marca foram outrossim as sentenças da Corte Constitucional que declararam a inconstitucionalidade das disposições que não previam determinadas garantias defensivas para as primeiras fases processuais.

Mas com o novo código a questão está resolvida: a ação penal comporta a imputação e o contato mediante pedido do Ministério Público com o Juiz.

Mas parece redutivo considerar que o código se tenha feito simplesmente obrigação de resolver questões doutrinais. Tarefa do legislador não é fazer dogmática, mas indicar uma própria vontade. Esta transparece claramente se a ação penal implica imputação e o pedido do Juiz de decidir sobre ela, isto significa que existe uma censura entre a imputação e a atividade processual sucessiva e a atividade antecedente que não constitui ainda exercício da ação penal.

A atividade antecedente, aquela que compreende as indagações preliminares, em particular constitui portanto uma fase processual distinta, e poderemos defini-la, ao contrário, pré-processual. E nesta ótica bem se entende o disposto do art. 326: "O Ministério Público e a Polícia Judiciária desenvolvem, no âmbito das respectivas atribuições, as indagações necessárias para as determinações inerentes ao exercício da ação penal".

As indagações preliminares constituem portanto atividade de investigação para deliberar sobre a *notitia criminis* e para individual as fontes de prova. Daqui, com referência ao privilégio da formação da prova no debate, a utilização limitada dos atos probatórios assumidos pelo Ministério Público ou da Polícia Judiciária no âmbito das próprias atribuições. Daqui um mecanismo bastante complexo na verdade, que em disciplinar a atividade de investigação tende a fazer com que, de um lado, sejam assegurados os meios de provas, e que, por outro lado, preferivelmente a formação desta aconteça no debate.

É evidente que a respeito desta impostação se enfrentem entre si exigências contraditórias. As exigências repressivas tendem a antecipar a formação da prova, aquelas defensivas a deslocar a formação da mesma no momento do pleno contraditório do debate.

O código tende a uma mediação que nos aspectos fundamentais tentaremos ilustrar.

4. INDAGAÇÕES PRELIMINARES POR INICIATIVA DA POLÍCIA JUDICIÁRIA

Tarefa dos oficiais e agentes da Polícia Judiciária *ex* art. 55 é de tomar a notícia dos reatos, também de iniciativa própria, impedir que sejam levados para conseqüência ulterior, procurar seus autores, cumprir os atos necessários para garantir as fontes de prova e recolher tudo que possa servir para a aplicação da lei penal.

As funções da Polícia Judiciária são desenvolvidas nas dependências e sob a direção da autoridade judiciária. Em particular, a Polícia Judiciária desenvolve toda indagação disposta ou delegada pela própria autoridade judiciária.

Isto não exclui um poder de iniciativa autônomo da mesma. Se pense em particular ao arresto em flagrância de reato (arts. 380 e 381) e a captura de indiciados de delito (art. 384).

Relativamente à originária impostação do código com as muitas vezes citado no Decreto-lei n. 306, de 8 de junho de 1992, afrouxou-se a estreita relação intercorrente entre a Polícia Judiciária e o Ministério Público a respeito da direção das indagações preliminares que cabe ao segundo.

Em linha geral, na verdade, *ex* art. 347, a Polícia Judiciária deve comunicar, "sem retardar", ao Ministério Público a notícia do reato com a documentação das indagações desenvolvidas. Isto comporta que a Polícia Judiciária goza de um período de tempo em sua discrição para as indagações de sua iniciativa e antes que a direção das mesmas seja assumida pelo Ministério Público.

Imediata deve ser a comunicação, também em forma oral, e se trata ao invés de reatos indicados no art. 407, páragrafo 2º, letra *a*, números de 1 a 6 (criminalidade organizada, homicídios, seqüestros de pessoa, arma e estupefacientes) ou em caso de urgência.

O término de 48 horas para a comunicação da notícia de reato é, porém, previsto quando tinham sido cumpridos atos pelos quais é prevista a assistência do defensor da pessoa submetidas às indagações, na linguagem, o indagado.

Também depois da intervenção do Ministério Público, a Polícia Judiciária goza de autonomia. A mesma, na verdade, além de cumprir os atos especificamente legados e aqueles que entram nas diretrizes do Ministério Público, pode cumprir as atividades de indagações que são necessárias para acertar os reatos ou são requeridas por elementos sucessivamente imersos (art. 348).

Em virtude da utilização deles no âmbito das indagações preliminares, na audiência preliminar, nos ritos especiais como o juízo abreviado, a aplicação da pena a pedido, o juízo por decreto, e enfim para a sua utilização nas condições que melhor se verão no debate, devem ser marcados especificamente alguns atos de indagação da Polícia Judiciária, desenvolvidos por iniciativa da mesma.

Os oficiais da Polícia Judiciária, com as garantias de lei e a assistência obrigatória de um defensor de confiança ou de ofício, podem assumir sumárias informações em relação ao indagado que não se encontre em estado de arresto ou de captura (art. 350).

As declarações feitas podem ser utilizadas para as contestações no debate, mas com a única finalidade do juízo de credibilidade; elas não podem, ao invés, ser utilizadas como prova do fato declarado.

Análoga disciplina vale para as declarações feitas pelo indagado espontaneamente para a Polícia Judiciária.

Nas hipóteses de o sobrevindo não ser repetível, as declarações assumidas serão, ao invés, utilizáveis no debate *ex* art. 512 (Cass. 20 de outubro de 1994).

Nenhuma documentação ou utilização é, ao invés, consentida das notícias e indicações úteis para os fins do imediato prosseguimento das indagações assumidas pelos oficiais da Polícia Judiciária sobre o lugar ou na rapidez do fato.

Conforme o art. 351, a Polícia Judiciária pode assumir informações sumárias pelas pessoas que podem referir circunstâncias úteis para as indagações. Observe-se como o Código de Rito utiliza o termo "sumárias informações" em lugar do termo "testemunhos". A diversa terminologia vale para distinguir a atividade de indagação da formativa da prova diante do Juiz, pelo que a pessoa informada sobre os fatos assume a qualidade de testemunha.

Sendo firme sua plena aplicação na fase das indagações preliminares, na audiência preliminar, e nos ritos especiais (abreviado, assim dita estipulação, juízo por decreto), no debate, as declarações podem ser utilizadas para as contestações para os fins do juízo para que seja atendível a testemunha.

Por meio das contestações, as mesmas declarações são outrossim utilizáveis no debate para fins probatórios, segundo a disciplina atual do art. 500, que mais adiante analiticamente será examinada.

Ex art. 512 as mesmas são outrossim utilizáveis por meio da leitura, em hipóteses da sobrevinda impossibilidade de se achar, ou também originária (testemunha morrente). Por meio da leitura se tornam utilizáveis para fins probatórios no debate, outrossim, as sumárias informações feitas pelo cidadão estrangeiro residente no estrangeiro (art. 512 *bis*). Outrossim utilizáveis para a decisão no debate são as sumárias informações feitas em outro processo se elas tornaram-se não repetíveis ou se as partes consentem sua leitura (art. 238, parágrafos 3º e 4º).

Os oficiais de Polícia Judiciária podem outrossim colher informações por pessoa imputada em processo conexo ou de forma probatória coligado por aquele do qual se procede. A pessoa tem o direito de ser assistida por um defensor, mas a presença deste último não é obrigatória.

As declarações que como as precedentes devem ser verbalizadas e não simplesmente anotadas, podem ser utilizadas no debate para as contestações, mas devem ser consideradas somente para fins do juízo de credibilidade do declarante.

As mesmas poderão, porém, ser lidas e conseqüentemente utilizadas para a decisão nas hipóteses de sobrevinda impossibilidade de não serem repetíveis *ex* art. 512.

Como se pode observar pela disciplina das sumárias informações colhidas pela Polícia Judiciária, na realidade o princípio da formação privilegiada da prova no debate encontra um notável redimensionamento, atendido o regime de serem utilizáveis os atos de indagação por meio dos mecanismos das contestações e das leituras, seja mesmo nas condições de lei.

5. INDAGAÇÕES PRELIMINARES DO MINISTÉRIO PÚBLICO

No que diz respeito à atividade de indagações preliminares por iniciativa do Ministério Público – é possível também uma atividade coordenada de mais Ministérios Públicos de diversas circunscrições –, deve ser relevado que salvo a faculdade do mesmo de efetuar toda sorte de indagações, o código descreve algumas atividades típicas, que porém não achamos que se possam considerar as únicas possíveis conforme o princípio de não serem taxáveis os meios de prova. De relevo, é a possibilidade prevista pelo art. 360 de acertamentos técnicos não repetíveis com o direito ao contraditório. Sobre os mesmos existe uma espécie de proibição do defensor que formule reserva de promover incidente probatório. A proibição torna o acertamento não utilizável, salvo não ser absolutamente repetível o ato.

Quanto ao não ser repetível, o ato em geral deve ser relevado como ele determine sua plena possibilidade de ser utilizado. Os atos não repetíveis são, na verdade, inseridos no fascículo do Juiz do debate juntamente com os atos do incidente probatório.

O não achar constitui a mais relevante exceção ao princípio da formação privilegiada da prova no decorrer do debate, bem como os atos colhidos no incidente probatório.

Expressas garantias defensivas são previstas para o cumprimento de determinados atos.

Deve antes de tudo ser relevado que está prevista uma informação de garantia. Relativamente à comunicação judiciária inserida no Código Rocco, o termo de notificação é posto após o cumprimento do primeiro ato ao qual o defensor do indiciado tem direito de assistir.

É conhecido o paradoxo da comunicação judiciária que de instrumento de garantia transformou-se em instrumento, mesmo não voluntário, de perseguição judiciária. Sob este perfil aparece oportuna a expressa previsão da possibilidade de notificar a informação de garantia pela Polícia Judiciária.

No que diz respeito ao interrogatório, à inspeção ou à confrontação aos quais deve participar o indiciado, está previsto o aviso ao defensor ou a nomeação de um defensor de ofício também avisado com um término de, pelo menos, 24 horas.

Aos atos o defensor tem direito de assistir.

Nos casos de absoluta urgência, o aviso é omitido para a inspeção e o término para o mesmo reduzido nos outros casos, mas fica salvo o direito do defensor de aí assistir.

Carece o direito de aviso para o cumprimento dos atos de investigação ou de seqüestro; todavia o defensor tem o direito de aí assistir. Os defensores têm outrossim o direito ao depósito dos atos aos quais têm direito de assistir, inclusos aqueles relativos às inspeções e às investigações.

Surge neste ponto uma interrogação. Por que garantias defensivas numa fase de investigação por sua natureza secreta e de tendência inidônea para a formação da prova utilizável para o juízo?

A investigação e as garantias defensivas que consentem assim também uma certa forma probatória utilizável para os atos não são termos em si contraditórios?

Na realidade, que na fase das indagações haja garantias defensivas parece exigência não renunciável.

Viu-se já, por exemplo, como o não repetível torne o ato plenamente utilizável. Máximo relevo sobre o ponto pode haver, por exemplo, mas confrontações com a chamada co-criminalidade.

Também deve ser relevado como os atos colhidos pelo Ministério Público com direito ao contraditório podem ser utilizados para as contestações no debate e, uma vez assim utilizados, entram no fascículo de ofício.

Trata-se em última análise de atos de utilização condicionada, mas enfim utilizáveis.

Todos os atos de indagação, com direito ao contraditório ou não, desenvolvem, por outro lado, uma função na fase endoprocessual.

Se pense a respeito nas questões inerentes à liberdade pessoal.

Mas por último vale um relevo fundamental.

Se o processo que se quer instaurar é um processo de partes, também a defesa deve individuar as próprias fontes de prova para descargo e deve podê-las individuar tempestivamente no âmbito de uma investigação que se pode protrair para os reatos mais graves até dois anos. A informação de garantia e a assistência a determinados atos são instrumentos para a preparação ao *trial* em efetivas condições de igualdade com a acusação.

O Ministério Público pode cumprir pessoalmente toda atividade de investigação, mas também pode delegar à Polícia Judiciária o cumprimento dos mesmos atos, aí compreendidos, em seguida ao Decreto-lei n. 396/1992, os interrogatórios e as confrontações aos quais participe a pessoa submetida às indagações que se encontre no estado de liberdade com a assistência necessária ao defensor (art. 370).

Para os atos individuais fora da circunscrição do Tribunal, o Ministério Público pode delegar o Ministério Público do lugar.

Deve ser relevado, como na atual formação normativa, o interrogatório delegado da Polícia Judiciária, e relação ao investigado tenha a mesma valência do interrogatório do Ministério Público, assim como deve ser considerada depois a sentença n. 60 de 1995 na Corte Constitucional.

Conseqüentemente, o mesmo será utilizável com valor probatório no debate mediante as contestações e nas hipóteses de não ser repetível mediante leitura *ex* art. 512.

Também sob este perfil, deve-se notar um redimensionamento da instalação acusatória do processo penal.

6. INCIDENTE PROBATÓRIO

Em linha de princípio, a atividade que se desenvolve no decorrer das investigações preliminares é uma atividade de investigação. Ela visa à individualização e à garantia das fontes de prova. Os resultados investigativos desenvolvem a sua função na fase do processo, como, por exemplo, para fins das medidas cautelares, ou assumem dignidade de prova em seguida ao acordo ou à aquiescência das partes como no caso de rito abreviado, da aplicação da pena a pedido do processo por decreto penal de condenação.

Os mesmos resultados porém não constituem prova no debate. É naquela sessão que diante do Juiz no contraditório das partes a mesma é acolhida e avaliada.

Exceção a tal princípio são os atos não repetíveis e um exemplo neste sentido viu-se nos acertamentos técnicos dispostos pelo Ministério Público conforme o art. 360.

Por sua natureza, algumas provas assim ditas pré-constituídas, tais como os documentos, são adquiridos e não formados no debate.

Viu-se porém como uma recuperação do material investigativo torna-se possível no debate pelo mecanismo das contestações e das leituras, mesmo não recorrendo ao fato de o ato não ser originariamente repetível.

Para determinados fins, todavia, o legislador achou de antecipar a formação da prova, no contraditório, diante do Juiz para as indagações preliminares.

Tais fins *ex* art. 392 devem ser percebidos na necessidade de não desperdiçar o meio de prova (testemunho ou confrontação de pessoa enferma, ameaçada ou lisonjeada, reconhecimento, perícia ou experimento judicial não adiável), de garantir no contraditório as declarações dos colaboradores de justiça nos reatos contra a liberdade sexual, o *choc* do debate para pessoa menor de 16 anos, de garantir a continuidade do debate (perícia que poderia determinar uma suspensão do mesmo além dos 60 dias).

O requerimento de incidente probatório pode ser feito tanto pelo Ministério Público quanto pelo investigado. O Ministério Público pode pedir que o incidente probatório requerido por este último seja diferido quando sua execução prejudicaria um ou mais atos de indagação preliminar.

O acolhimento da prova pedida ocorre com processo em câmera de conselho com a presença necessária do Ministério Público e do defensor do investigado. Da audiência pode participar outrossim o defensor da pessoa ofendida.

A audiência portanto não é pública, como aquela do debate.

Todavia, as provas são colhidas com as formas do debate.

Conseqüentemente, terão lugar a *direct* e a *cross examination* por obra das partes processuais. Em seguida ao acolhimento da prova, a mesma é utilizável no debate em relação aos imputados cujos defensores tenham participado.

Como se pode perceber, o instituto do incidente probatório consente portanto a antecipação da formação da prova relativamente ao debate; constitui, em substância, uma antecipação.

7. ARQUIVAMENTO

Para entender a disciplina do arquivamento, é preciso fazer referimento ao art. 112 da Constituição, que prescreve a obrigatoriedade do exercício da ação penal.

O preceito constitucional exclui toda a discricionariedade relativa ao exercício da mesma.

Isto significa que, recebida uma notícia do reato, o Ministério Público deve desenvolver as indagações relativas e, se subsistem elementos que justificam a remessa ao juízo, pedir o mesmo ou instaurar um rio especial.

Para evitar o exercício discricionário da ação penal, é previsto o controle jurisdicional sob a atividade do Ministério Público pelo art. 408 e segs. do Código de Rito, isto é, no Título VIII do Livro V denominado fechamento das indagações preliminares.

O código de 1989 não consente uma investigação sem términos.

Num determinado momento, o Ministério Público ou exerce a ação penal que se atua pedindo ao juiz, para as indagações preliminares, o reenvio para o juízo ou instaurando o processo previsto para os ritos especiais, ou deve pedir o arquivamento.

Para os termos das indagações, vejam-se os arts. 405, 406, 407 e 408 do Código de Processo Penal.

Deve ser lembrado que, nos casos expressamente previstos, é o próprio Ministério Público que emite o decreto de citação em juízo.

O arquivamento na substância é a autorização para não prosseguir.

Tal autorização tem seus pressupostos legais, que não podem ser ligados a critérios de oportunidade, justamente em virtude do princípio da obrigatoriedade do exercício da ação penal.

É verdade que, na realidade, tal princípio expresso na sessão processual do princípio de igualdade atualmente parece de fato vazio de conteúdo, visto o alto número dos negócios penais (27 milhões de notícias de reatos em 1995).

Todavia, tudo isso não influi sobre a disciplina processual do arquivamento.

A mesma deve ser requerida alternadamente ou porque é infundada a notícia do reato (art. 408 do CPP), ou porque (art. 411 do CPP) carece de uma condição de procedibilidade (por exemplo, falta de queixa), ou porque o reato é extinto (por exemplo, prescrição), ou porque não é previsto pela lei como reato.

As hipóteses de não-procedibilidade, extinção, irrelevância penal do fato são de fácil compreensão.

Maior complexidade apresenta a hipótese de ser sem fundamento a notícia do reato.

Ela não deve ser confundida com a macroscópica inexistência do fato ou com a conclamada inocência.

O não-fundamento da notícia do reato é, na realidade, definido pelo art. 125 das disposições de atuação, como não sustentável a acuação no juízo sobre a base dos elementos adquiridos no decorrer das indagações preliminares.

Se há falta e fundamento da notícia do reato, em outros termos, quando falte a *probable cause*, quando falte, em suma, a probabilidade da condenação.

Em síntese, o Ministério Público pode e deve pedir o arquivamento quando acha inútil o debate, porque falta a séria possibilidade que o investigado seja condenado.

Se quis prospectar a inconstitucionalidade de tal disciplina do arquivamento, a exceção foi repelida pela Corte Constitucional (sent. 88/91), enquanto a norma de que trata do art. 125 da disposição de atuação é a tradução no ponto acusatório do princípio de não superfluidade do processo.

Não se pode, em outros termos, pedir o reenvio ao juízo para se remeter à iniciativa do juiz do debate, mas somente percebendo uma concreta eventualidade de afirmação de responsabilidade do imputado.

O Ministério Público requer o arquivamento alegando todos os atos do seu fascículo do juiz para as indagações preliminares.

Do requerimento foi avisada a parte ofendida, que tenha feito pedido na notícia do reato ou com ato sucessivo.

Nenhum aviso é dado em outros casos para a pessoa ofendida que, portanto, tem o ônus de apresentar tal pedido se não quer correr o risco do fechamento do processo a seu dano sem ser ouvida.

O aviso para a pessoa ofendida contém a prescrição que a mesma, no término de dez dias, pode tomar vista dos atos e propor a oposição (art. 409 do CPP).

Salvo na hipótese de oposição, se o GIP acolhe o pedido, emite decreto motivado do arquivamento restituindo os atos ao Ministério Público.

Quando o GIP não achar de acolher o pedido de arquivamento, tem lugar um processo de câmara no contraditório entre o Ministério Público, o investigado e a pessoa ofendida.

Deve ser relevado somente como referência ao não respeito do contraditório caso possa propor recurso em cassação contra a ordenança de arquivamento que conclui o processo (Cass. Pen. Sez. Unite n. 24, de 3 de julho de 1995).

O juiz fixa portanto uma audiência que se desenvolve nas formas do art. 127 do CPP, do qual é dado aviso para as partes supra-indicadas e ao procurador geral na Corte de Apelação.

Tal último aviso é funcional para a avocação das indagações preliminares por parte do procurador geral, por faltado exercício da ação penal conforme o art. 412 do CPP.

A avocação *ex* art. 413 do CPP pode acontecer outrossim a pedido da parte ofendida.

Na audiência, as partes desenvolvem os respectivos argumentos, segundo o previsto pelo art. 127 do CPP para os ritos da câmara do conselho.

No êxito da mesma, o GIP pode emitir ordem de arquivamento recorrível, como se disse, pelas únicas razões inerentes à correta instauração do contraditório (por exemplo, falta de aviso de audiência para a pessoa ofendida).

Se não acha que subsistem os pressupostos para o arquivamento, os êxitos possíveis são dois.

O GIP pode, na verdade, dispor que o Ministério Público faça ulteriores indagações, ou dispor que ele formule a imputação.

Trata-se de uma hipótese de acusação coagida.

O sistema previsto pelo código aparece em contraste ao que se refere a disciplina do arquivamento com os princípios de um processo de partes.

Tal contradição parece, porém, inevitável, haja vista a exigência de garantir o princípio de obrigatoriedade do exercício da ação penal.

Em seguida à formulação da imputação que deve acontecer dentro dos dez dias da ordem do GIP, este último, nos dois dias sucessivos, fixa a audiência preliminar.

Neste ponto, o processo pode fechar-se somente com o reenvio para o juízo ou para a sentença de não-lugar para prosseguir.

Como se disse, a parte ofendida que tenha feito o pedido pode propor oposição ao requerimento de arquivamento.

Ela deve ser proposta para a pena de inadmissibilidade ao término de dez dias do aviso do requerimento.

A oposição para a pena de inadmissibilidade, não se deve limitar à contestação das razões pelo que o Minsitério Público pede o arquivamento, mas deve indicar o objeto da investigação supletiva e os relativos elementos de prova (art. 410 do CPP).

O DIP deve avaliar a inadmissibilidade da oposição e o não-fundamento da notícia do reato.

Se considera a oposição inadmissível ou infundada, a notícia do reato emite decreto motivado de arquivamento, caso contrário, se abre o processo precedentemente supradescrito, com a particularidade que se mais são as partes ofendidas, o aviso é notificado somente ao opoente.

Considerou-se recorrível em cassação o decreto que não se pronuncie sobre a admissibilidade da oposição (Cass. 10 de maio de 1994) da parte ofendida.

Nos processos atribuídos ao Tribunal em composição monocráfica, o processo é regrado pelo art. 554 do CPP. Se o GIP não acolhe o requerimento de arquivamento, ordena ao mesmo formular a imputação. Nem em caso de oposição fixa a audiência prevista pelo art. 409 do CPP (Sez. Um. 9 de junho de 1995).

O decreto e arquivamento não dá vida à *res iudicata*.

Na verdade, é possível a reabertura das indagações a pedido do Ministério Público e autorização do GIP motivada pela exigência de novas investigações (art. 414 do CPP).

Quando há autorização para a reabertura das indagações, o Ministério Público providencia, segundo o art. 335 do CPP, a inscrição de nome do investigado no específico registro das notícias do reato.

Na hipótese que seja ignorado o autor do reato, o Ministério Público, dentro de seis meses do registro da notícia, apresenta ao GIP requerimento de arquivamento ou de autorização para continuar as indagações.

Com decreto motivado, o GIP autoriza o arquivamento ou a continuação das indagações.

Se achar de individualizar o autor do reato, ordena sua inscrição no registro das notícias do reato.

Em todo caso, os atos são remetidos ao Ministério Público (art. 415 do CPP).

8. AUDIÊNCIA PRELIMINAR

No sistema originário do código, o Ministério Público, no fechamento das indagações preliminares, pedia o arquivamento ou instaurava um rito especial ou formulava a imputação e requeria o reenvio ao juízo para as indagações preliminares que para este fim se fixava específica audiência.

No atual sistema, introduzido com a Lei n. 479/99, conforme o art. 415 *bis*, o pedido deve ser precedido de um possível contraditório que intercorre exclusivamente entre as partes processuais, Ministério Público e imputado. O Ministério Público deve, na verdade, notificar ao imputado e ao defensor o envio da conclusão das indagações preliminares, depositando documentação relativa, portanto atuando a *discovery* de atividades de indagação. Ao término de vinte dias da notificação do aviso, o indagado tem a faculdade de apresentar memórias, produzir documentos, depositar documentação relativa às investigações do defensor, pedir ao Ministério Público para cumprir ato de indagação, bem como de se apresentar para deixar declarações ou pedir para ser submetido ao interrogatório.

Deve ser relevado como o sucessivo requerimento de reenvio para o juízo seja nulo na falta de aviso ou do convite a se apresentar ao interrogatório, se tempestivamente requerido.

O não-cumprimento dos atos de indagações requeridos, mesmo de dever, conforme o art. 358 do CPP, enquanto o Ministério Público deve cumprir também os acertamentos a favor do indagado, não encontra, ao invés, sanção processual.

Ao êxito dos adimplementos previstos pelo art. 415 *bis*, se não pede o arquivamento, o Ministério Público formula a imputação e pede o reenvio para o juízo.

O investigado torna-se, para todos os efeitos, imputado, e o pedido de reenvio para o juízo constitui exercício da ação penal. Com o requerimento deve ser depositado para o juiz, para as indagações preliminares, toda a documentação recolhida no decorrer das indagações. A violação da obrigação comporta o não serem utilizáveis os atos transmitidos (Cass. 4 junho 1933).

A função da audiência preliminar é aquela de "filtro", isto é, visando a evitar debates inúteis.

Ele é uma garantia a favor do imputado que, conforme o art. 419 do CPP, pode renunciar a ela pedindo o juízo imediato notificando a renúncia ao Ministério Público e à parte ofendida. No sistema introduzido com a Lei nº 479/99, ela assume, também, o papel de instrumento prodrômico para a definição antecipada dos processos.

O pedido do Ministério Público deve conter a contestação da acusação de forma clara e exata. Todavia, não sendo prevista nenhuma sanção, o indeterminado da mesma não determina sua nulidade. O juízo pode convidar o Ministério Público para integrar ou modificar a imputação (Corte Const. 131/1995), mas constitui provimento abnormal a declaração de nulidade do pedido por generalidade da contestação ou a falta da indicação da parte ofendida (Cass. 12 de dezembro de 1991).

A eventual nulidade do Juiz fixa a audiência, nomeando um defensor de ofício para o imputado que não o tem, nos termos porém ordinários, previstos pelo art. 418 do CPP, para a dada audiência da mesma.

A data e o local da audiência são notificados ao imputado e à pessoa ofendida, juntamente com o pedido de reenvio para o juízo.

O aviso é outrossim comunicado ao Ministério Público e notificado ao defensor. Ao defensor é dado o aviso da faculdade de tomar ciência dos atos depositados pelo Ministério Público e das coisas pertencentes ao reato.

O Ministério Público é convidado a transmitir a documentação relativa das indagações provadas depois do reenvio para o juízo.

O aviso ao defensor e o envio ao Ministério Público demonstram como na audiência preliminar deve atuar a plena *discovery* da acusação.

Não subsiste análoga obrigação nem ônus por parte da defesa que, como foi dito, pode pedir o juízo imediato, isto é, apresentar-se no debate sem a tramitação da audiência preliminar. Os avisos notificados devem acontecer pelo menos dez dias antes da data fixada para a audiência. Trata-se, no nosso parecer, de dez dias livres.

Deve ser lembrado que, conforme o art. 419 do CPP, nas disposições em matéria de notificação e dos termos relativos, são previstas a pena de nulidade. A omitida notificação do envio ao imputado determina uma nulidade absoluta e insanável relevável de ofício em todo estado e grau de processo (Cass. 20 de maio de 1993); entretanto, o omitido aviso para a parte ofendida constitui nulidade relativa e a exceção não pode ser levantada pelo imputado (Cass. 3 de fevereiro de 1992).

Se disse como a defesa não tenha uma obrigação de *discovery*. Ela pode avaliar, contradizer-se na sessão de audiência preliminar e em que limites.

Inadiável é porém o ônus de requerer o juízo abreviado antes que sejam formuladas as conclusões (art. 439 do CPP).

Sempre na audiência preliminar deverá ser demandada a aplicação da pena sob pedido *ex* art. 444 do CPP.

A audiência se desenvolve com o rito da câmara (art. 420 do CPP), isto é, está excluída a presença do público e das partes não interessadas. É, ao invés, necessária a presença do Ministério Público e do defensor.

Se está ausente aquele de confiança ou aquele de ofício precedentemente nomeado juiz nesta sessão, denominado juiz da audiência preliminar, designa como substituto outro defensor que se pode localizar imediatamente. Deve ser lembrado, conforme o art. 171 do Dec. Leg. 51/1998, instituidor do juiz único de primeiro grau e sucessivas modificações, que as funções do GUP não podem ser exercidas por quem tenha desenvolvido funções de GIP, no âmbito do mesmo processo. A audiência inicia com um controle da regularidade das notificações e das comunicações e da presença das partes.

Na sessão da audiência preliminar pode acontecer a constituição de parte civil do responsável civil e da pessoa civilmente obrigada para a pena pecuniária.

O GUP dispõe da renovação dos avisos, das citações, das comunicações e das notificações afetas de nulidade. A renovação do aviso da fixação de nova audiência é, outrossim, disposta quando é certo ou provável que o imputado não tenha tido conhecimento da audiência, se é certo ou provável que ele seja impedido para comparecer. Se regularmente citado, não impedido, e o imputado não comparece, o juiz o declara em contumácia.

O impedimento do defensor constitui outrossim causa de reenvio da audiência. De regra, o relatório é redigido de forma resumida, conforme determina o art. 140 do CPP, mas a pedido da parte está prevista a reprodução fonográfica ou audiovisual ou redação do relatório com a estenotipia.

Concluída a fase dos acertamentos relativos à constituição das partes e da admissão dos atos e dos documentos, tem início a discussão.

Pelo teor do art. 421 do CPP, pareceria que as questões relativas à nulidade ou à inutilizabilidade dos atos cumpridos no decorrer das indagações preliminares ou sucessivamente ao pedido de reenvio do juízo devam ser tratadas juntamente com o mérito.

Nada, na realidade, impede um tratamento preliminar das questões relativas à nulidade ou à inutilizabilidade dos atos de indagação, ficando certo que a decisão relativa não é autonomamente impugnável, mas a questão poderá ser levantada novamente com a impugnação da sentença de não-lugar proceder ou no debate em seguida do decreto que dispõe o juízo.

Quanto às questões de nulidade ou de inutilizabilidade dos atos de indagação do Ministério Público, discute-se sobre as normas ditadas pelo livro terceiro em matéria de prova sejam aplicáveis também na audiência preliminar e não somente no debate.

No nosso parecer, a resposta é positiva, salvo no caso em que resulte uma diversa *voluntas legis*.

Na verdade, tratando-se de atos que podem desembocar num provimento jurisdicional como a sentença em seguida a rito abreviado ou de pedido de aplicação da pena, ou utilizáveis no debate em seguida a contestações ou à leitura, não parece concordável que os princípios fundamentais relativos às provas não sejam atendidos.

Em linha geral, a discussão verte de qualquer forma sobre os atos de indagação preliminares, sobre os atos das indagações defensivas, sobre os atos e documentos admitidos pelo juiz antes da discussão.

Primeiramente toma a palavra o Ministério Público expondo os resultados das indagações preliminares e os elementos de prova que justificam o reenvio ao juízo.

O imputado pode fazer declarações e, a seu pedido, é interrogado pelo Juiz para a audiência preliminar a respeito do previsto pelos arts. 64 e 65 do CPP.

Sucessivamente tomam a palavra, na ordem, o defensor da parte civil da responsabilidade civil, a pessoa civilmente obrigada para a pena pecuniária e, finalmente, o defensor do imputado que expõem suas conclusões. Se o Juiz achar melhor decidir no estado dos atos, declara fechada a discussão.

Os epílogos da mesma deveriam ter o decreto que dispõe o juízo ou a sentença de não-lugar para proceder. Tais epílogos podem passar por ulteriores atividades.

Inovando a precedente normativa, o art. 421 *bis* prevê uma *ordem integrativa das indagações* quando elas forem por incompletas. Trata-se, na prática, de uma ordem ao Ministério Público e desenvolver ulteriores indagações na ótica da integração de elementos de prova a cargo do imputado para os fins do reenvio ao juízo e da avocação ao Procurador Geral junto da Corte de Apelação e de quanto dispõe o sucessivo art. 422 para os fins da sentença de não-lugar para proceder.

Na verdade, no lugar de dispor novos atos de indagação a cargo do Ministério Público, o juiz pode dispor também de ofício o acolhimento de meios de prova diante de si quando aparece evidente a sua decisão para os fins da sentença de não-lugar para proceder.

Deve ser relevado o amplo poder atribuído ao Juiz para as indagações preliminares a respeito da prova. De um lado, ele pode ordenar ao Ministério Público uma atividade integrativa de indagação, do outro, dispor, também, de própria iniciativa a admissão de meios de prova, aí incluída a perícia.

Tal poder de iniciativa probatória é, no nosso parecer, finalizada, não somente para a função de "filtro" em relação dos debates inúteis, em conseqüência de acusações ousadas por parte do Ministério Público, mas outrossim para a definição antecipada do processo e redutível do debate. Na verdade, a complexa atividade probatória prevista, uma vês efetuada, constitui um forte incentivo para a instauração do juízo abreviado e da aplicação da pena a pedido, que podem ser requeridos pelo imputado, quando houver a audiência preliminar dentro e não além até o momento de determinar as conclusões.

O acolhimento das provas acontece de acordo com um modelo inquisitório.

É o Juiz que interroga as testemunhas, os consultores técnicos, as pessoas imputadas em processos conexos ou coligados. Somente o interrogatório do imputados, a pedido da parte, acontece com o sistema do exame e do contra-exame.

Desenvolvidas as novas indagações ou acolhidas as provas, tem lugar a discussão final.

Deve ser lembrado, a respeito de que o Juiz da audiência preliminar não tem o poder de corrigir a imputação formulada pelo Ministério Público (Cass. 13 de outubro de 1993), isto é, não pode modificar o fato contestado, mas somente sua qualificação jurídica.

É porém possível, para evitar a regressão do processo, que o Ministério Público modifique a mesma imputação.

As hipóteses previstas pelo art. 423 CPP são duas: o fato é diverso, se se trata de um reato conexo conforme o art. 12, parágrafo 1º, letra *b*, ou de uma circunstância agravante, o Ministério Público procede à contestação oral para o imputado ou numa sua essência ao defensor que para tal fim o representa.

Se há diversidade do fato quando os elementos do reato sejam já essencialmente descritos na imputação, mas falte um *quid* que complete a situação do fato do reato assim como verificou-se.

A conexão se refere ao concurso formal de reato e o reato ligado pelo vínculo da continuação. As circunstâncias agravantes são aquelas previstas pela lei penal substancial.

Se o fato, ao invés, favorece hipóteses, isto é, novo é o fato (que se pode perseguir de ofício), que se acrescenta como ulterior hipótese de reato, sem o vínculo da conexão de que trata o art. 12, parágrafo 1º, letra *b*, a contestação será autorizada pelo GUP somente se concorrem o pedido do Ministério Público e o consentimento do imputado.

Logo depois do fechamento da discussão o GUP delibera.

Os epílogos possíveis são somente dois, isto é, a sentença de não-lugar para proceder ou o decreto que dispõe o juízo.

Outros provimentos eventuais seriam atos abnormais recorríveis para a cassação.

Obviamente fica todavia possível que o GUP remeta os atos para a Corte Constitucional, se foi acolhida uma exceção de inconstitucionalidade.

As fórmulas da sentença de não-lugar para proceder são aquelas taxativamente previstas pelo art. 425 do CPP e compreende novamente a extinção do reato, a não procedibilidade da ação penal, a não-relevância do fato, sua insubsistência, mesmo, o não cometimento do fato por parte do imputado, o defeito do elemento psicológico do reato, a não-punibilidade do imputado.

O GUP pode levar em conta as circunstâncias atenuantes e do balanço delas com as agravantes para os fins da sentença de não-lugar para proceder.

Não se pode pronunciar sentença de não-lugar para proceder se pela soltura pode conseguir a aplicação de uma medida de segurança.

Um certo relevo assumia a problemática relativa aos critérios com base nos quais a sentença de não-lugar para proceder devia ser pronunciada por insubsistência do fato, falta de seu cumprimento por parte do imputado ou defeito do elemento psicológico do reato.

Antes da Lei n. 105, de 8 de abril de 1993, na verdade, tais situações assumiam relevância somente se acompanhadas pelo requisito da evidência. Isto levava a considerar uma substancial diferença de critérios a serem adotados em relação ao arquivamento a respeito daqueles da sentença de não-lugar para proceder (Cass. 12 junho de 1993).

O não-lugar para proceder nas hipóteses aqui examinadas encontrava, em outros termos, ingresso somente na hipótese de total carência probatória ou de evidente prova positiva de inocência.

Não teria sido legítima, ao invés, uma sentença de não-lugar para proceder fundada sobre uma prognose de insustentabilidade da acusação em juízo.

Tal maneira de ver, desde então criticável, não tinha mais razão de ser depois da ab-rogação do requisito da evidência.

Os critérios que conduzem à sentença de não-lugar para proceder por razões de mérito devem ser considerados os mesmos que conduzem ao arquivamento.

O GUP é, em outros termos, obrigado a formular uma diagnose do material probatório que lhe foi oferecido e, considerando os possíveis desenvolvimentos probatórios no curso do debate, tratando-se o seu de um juízo sobre o estado dos atos, para formular uma prognose de *probable cause*.

Se falta uma série prospectiva de condenação, deve ser pronunciada sentença de não-lugar para proceder, e isto também no caso em que o material probatório se manifeste insuficiente e contraditório, e não haja sérias perspectivas que no curso do debate a situação possa modificar-se. A regra é hoje expressamente formulada no terceiro parágrafo do art. 425 do CPP.

O art. 426 do CPP dita os requisitos formais da sentença.

Deve ser frisado como se comportam a nulidade da sentença, o defeito de motivação, a falta do dispositivo e da subscrição do juiz.

A sentença pode conter estatutos acessórios como a declaração de falsidade dos atos e a condenação do querelante nas despesas e nos anos desde que haja culpa.

Contra tais cabos é prevista impugnação conforme o art. 428 do CPP.

A sentença de não-lugar para proceder é impugnável.

Quanto ao término, é preciso relevar que é de 15 dias como para todos os processos emitidos na Câmara de Conselho (Cass. 13 de abril de 1994).

Ele decorre pela leitura na audiência acompanhada pela motivação ou pela comunicação ou notificação do aviso de depósito se a motivação é diferida (Cass. 1º de dezembro de 1994).

Salvo que se trate de sentença relativa a contravenções punidas somente com a indenização ou com a pena alternativa, a sentença pode ser apelada pelo Procurador da República, pelo Procurador Geral e pelo imputado, salvo, neste único caso, que tenha sido declarado que o fato não subsiste ou que o imputado não o cometeu.

A apelação não pode ser proposta pela pessoa ofendida nem nos casos de injúria ou difamação, nem pela parte civil.

Um poder de impugnação cabe, como se disse, ao querelante, ao imputado e ao responsável civil, conforme o art. 427 do CPP, só limitadamente aos cabos relativos às despesas e aos danos.

A parte ofendida pode propor o recurso para a cassação somente na hipótese em que não houve notificação do aviso da audiência preliminar (art. 419, parágrafo 7º, do CPP).

A decisão sobre a apelação acontece na Câmara do Conselho nas formas previstas para os ritos da câmara pelo art. 127 do CPP.

Se é acolhida a apelação da parte acusadora, a Corte pronuncia decreto que dispõe o juízo ou modifica com fórmula menos favorável a sentença. No entanto, se acolhe a apelação do imputado, a Corte modifica em sentido mais favorável a fórmula da sentença.

Se a sentença é inapelável, é possível o recurso na cassação do Procurador da República, do Procurador Geral e do imputado.

Eles podem, outrossim, propor recurso imediato por cassação conforme o art. 569 do CPP.

Contra a sentença de não-lugar para proceder, emitida na sessão de apelação, pode ser proposta sempre pelas partes supra-indicadas o recurso por cassação.

A tratamento do recurso ocorre conforme o art. 661 do CPP na Câmara do Conselho.

A Corte de Cassação neste caso julga sobre os pedidos do Procurador Geral e sobre as defesas contidas nas memórias das outras partes sem a intervenção dos defensores.

Se não emite a sentença de não-lugar para proceder, o GUP emite o decreto que dispõe o juízo.

Seus requisitos são indicados pelo art. 429 do CPP.

Em particular, o decreto contém a identificação do imputado, a contestação da acusação, em forma clara e exata, a indicação do lugar, do dia e da hora do comparecimento diante do Tribunal ou da Corte do Tribunal Criminal.

Tais elementos são prescritos na pena de nulidade.

Deve ser relevado como em tema de contestação da acusação; antes da Lei n. 479/99, não se achava causa de nulidade a não-indicação dos artigos de lei porque não se criavam equívocos relativamente ao exercício da defesa (Cass. 3 de junho de 1991), nem se achava causa de nulidade a falta de indicação da data do fato (Cass. 9 de dezembro de 1993).

Em geral, se achava satisfeito o requisito da contestação quando a enunciação do fato fosse idônea para consentir o exercício do direito de defesa (Cass. 22 de novembro de 1994).

Se o Tribunal ou a Corte do Tribunal Criminal são constituídos de mais sessões, deve ser indicada a sessão diante da qual as partes devem comparecer.

O decreto não é motivado, para não criar o "prejuízo" para o juiz do debate. Ele, porém, indica as fontes de prova. Tal omissão, todavia, não determina nulidade (Cass. 27 de maio de 1994).

Entre a data do decreto e a data fixada para a audiência do debate deve intercorrer um término não inferior a 20 dias.

Dentro de tal término, o decreto deve ser notificado para a pessoa ofendida e ao imputado não presente e, de conformidade com o art. 133 das disposições de atuação, também às outras partes não presentes na audiência preliminar.

A falta de citação para o juízo da parte ofendida constitui uma nulidade de ordem geral para regime intermédio, relevável de ofício e dedutível no juízo de primeiro grau até a deliberação da relativa sentença (Cass. 19 de abril de 1993).

A omitida notificação para o imputado do decreto, que dispõe do juízo, constitui uma nulidade absoluta insanável.

O decreto que dispõe do juízo é ato não impugnável pelo princípio de taxação que regra as impugnações.

As eventuais nulidades concernentes os atos da audiência preliminar devem ser excluídas antes da abertura do debate (Cass. 17 de março de 1993).

Em conseqüência do decreto que dispõe do juízo se tem a formação do fascículo do debate que fica distinto do fascículo *do*

Ministério Público em virtude do princípio da formação privilegiada da prova do debate.

O fascículo do debate em conseqüência da Lei n. 497/99 é formado no contraditório das partes também com a fixação de uma própria audiência.

Além dos atos expressamente indicados nas letras de *a* e *b* do art. 431 do CPP, entre os quais os atos não repetíveis, os atos colhidos no incidente probatório, os documentos adquiridos no estrangeiro mediante rogação e os atos de rogatória acolhidos com a possibilidade do contraditório ulteriores atos podem ser adquiridos em virtude do acordo entre as partes.

Trata-se não somente dos atos contidos no fascículo do Ministério Público, mas também daqueles relativos à atividade de investigação defensiva.

Em substância, o acordo entre as partes torna utilizáveis para a decisão do debate os atos assumidos fora dele. O princípio do acordo da dignidade de prova para os atos de indagação, veremos adquirir particular relevo no âmbito dos ritos especiais.

Emitido o decreto que dispõe o juízo, o Ministério Público pode, de conformidade com o art. 430 do CPP, cumprir atividade integrativa de indagação para o fim dos próprios pedidos para o juiz do debate.

De tal atividade integrativa são excluídos os atos pelos quais é prevista a participação do imputado do defensor deste.

Achou-se, todavia, que sejam consentidas as atividades de perquisição e seqüestro (Cass. 17 de fevereiro de 1994). Ulteriores limites que operam também para o defensor são previstos pelo art. 430 *bis* do CPP.

A documentação relativa é colocada à disposição dos defensores que recebem o aviso do depósito pela secretaria do Ministério Público.

Conforme o art. 433, terceiro parágrafo, do CPP, a documentação relativa à indagação integrativa é inserida, outrossim, no fascículo do Ministério Público, quando as partes dela serviram-se para a formulação do pedido ao juiz do debate que ele as acolheu.

Acha-se que, em conseqüência disso, os atos são utilizáveis para as contestações e as leituras.

O trânsito em julgado da sentença de não-lugar para proceder não comporta a proibição de um segundo juízo *ex* art. 649 do CPP.

Produto de um juízo no estado dos atos, a sentença está sujeita à revogação, se sobrevêm ou se descobrem fontes de prova que sozinha ou juntamente àquelas já adquiridas podem determinar o reenvio para o juízo.

Sobre a idoneidade das novas provas para provocar a revogação, pode-se fazer referência a quanto previsto pela disciplina da revisão.

Deve-se tratar de provas *noviter repertae* ou *noviter productae*, isto é, tanto das que se tornaram disponíveis depois da sentença, quanto daquelas que, embora adquiríveis antes da sentença por qualquer razão, não foram adquiridas.

O pedido de revogação pode ser proposto somente pelo Ministério Público.

A parte ofendida poderá somente solicitar, neste sentido, o próprio Ministério Público.

Não se deve considerar necessário o processo de revogação, *ex* art. 35 do CPP, se a sentença foi pronunciada por defeito de uma condição de procedibilidade e depois ela veio a existir.

O Ministério Público poderá requerer, sem ulteriores formalidades, o reenvio para o juízo.

O requerimento é dirigido pelo Ministério Público ao GUP com a indicação de que as provas foram já acolhidas ou devem ser acolhidas.

No primeiro caso, o Ministério Público pedirá o reenvio para o juízo; no segundo, a reabertura das indagações. Se não declara a inadmissibilidade, o requerimento do GIP fixa a audiência na Câmara do Conselho a ser desenvolvido conforme o rito da Câmara *ex* art. 127 do CPP.

São avisados da audiência: o Ministério Público, o imputado, o defensor e a pessoa ofendida (art. 435 do CPP).

Com o êxito da sentença, o GIP, se não rejeita a instância, revoga a sentença. Em conseqüência da tal revogação, conforme o requerimento do Ministério Público, fixa a audiência preliminar, ou ordena a reabertura das indagações, fixando um término não superior a seis meses para o cumprimento delas.

Pelo art. 21 do Decreto-lei n. 51/1998, quando é revogada uma sentença de não-lugar para proceder em relação a reatos atribuídos ao conhecimento do Tribunal em composição monocrática, o juiz, a pedido do Ministério Público, emite decreto de citação para o juízo.

Tal disposição é eficaz desde 2 de janeiro de 2000.

Com o êxito das indagações, o Ministério Público pedirá depois o arquivamento ou o reenvio para o juízo (art. 436 do CPP).

Está previsto o recurso para a cassação contra as ordens que declaram inadmissíveis ou rejeitam os pedidos de revogação.

Tal recurso pode ser proposto somente pelo Ministério Público. Achou-se na verdade inadmissível o recurso proposto pela parte ofendida (Cass. 21 de janeiro de 1993).

Deve ser lembrado que não é contestável o provimento que acolhe o pedido de revogação (Cass. 26 de janeiro de 1994).

9. RITOS ESPECIAIS

O Livro VI do Código do Rito prevê os assim ditos processos especiais.

Eles respondem a exigências de economia e rapidez processuais. Dois deles, o rito abreviado e a aplicação de pena a pedido, têm a função de deflacionar o debate; o juízo imediato e aquele por diretíssimo excluem a audiência preliminar; o processo por decreto exclui todo contraditório.

A existência de processos especiais, especialmente os que derrogam o princípio da formação privilegiada da prova na sessão do debate, pode aparecer em contraste com os princípios próprios de um sistema processual acusatório.

Na realidade, como ensina a experiência do mundo anglo-saxão, o primeiro na época moderna a adotar tal sistema, o processo acusatório vive do paradoxo de ser ágil nos fatos pouco praticados. Somente 10% dos processos penais nos Estados Unidos vão diante do júri. Os outros casos encontram uma definição antecipada, em particular com o *plea bargaining*.

O fato não deve escandalizar.

Nem toda questão merece o crivo da audiência preliminar e a formação da prova na sessão do debate.

De um lado, o crivo da audiência preliminar aparece inútil no caso de confissão ou de arresto em flagrância de reato, do outro, há casos em que o debate não adiantaria nada para o imputado, quando os atos de indagação presumem que ele se revolveria num evidente acolhimento das provas a seu cargo. O que conta, na realidade, é que sempre seja reconhecido o direito do imputado ao "justo processo", quando este o peça.

De fato, também o processo por decreto leva ao debate quando o imputado o queira.

Não há portanto motivo de se queixar que numa ótica de razoável realismo o legislador favoreça os ritos alternativos.

O que conta é a garantia que seja sempre reconhecido o direito, para quem o requeira a celebração do debate com as regras do processo acusatório.

O rito abreviado, na atual formulação, é radicalmente diverso do abreviado "típico" previsto da originária formulação do Código de Rito. O rito pressupunha o *consentimento* do Ministério Púbico e o ser definível, o processo no estado dos atos.

Da precedente disciplina a atual formulação mantém exclusivamente a utilizabilidade como prova dos atos de indagação do Ministério Público em virtude do requerimento do imputado, modificando profundamente os outros pressupostos.

Conforme o art. 438 do CPP, o imputado pessoalmente ou por meio do procurador especial pode pedir que o processo seja definido no estado dos atos na audiência preliminar. O termo último é aquele que precede a exatidão das conclusões.

O pedido pode estar subordinado a uma integração probatória.

Não é pedido, em nenhum caso, o consentimento do Ministério Público.

Todavia, quando a integração probatória é requerida, o juiz dispõe do juízo se a mesma é compatível com a finalidade de economia processual própria do processo. O Ministério Público pode neste caso pedir a prova contrária e é possível a contestação supletiva.

A audiência se desenvolve na *Câmara do Conselho*, salvo que todos os imputados façam o pedido de audiência pública.

Se o processo não resulta definível no estado dos atos, o Juiz acolhe também de ofício as provas necessárias para os fins da decisão.

Neste caso, também é possível a *contestação supletiva* para o acolhimento das provas se observam as disposições previstas para a audiência preliminar, com as modalidades próprias do rito inquisitório.

A parte civil pode não aceitar o rito abreviado, evitando, desta forma, a suspensão do processo civil.

Terminada a discussão, o Juiz emite a sentença, que pode ser de condenação ou de soltura. Os atos ou os documentos utilizáveis conforme o art. 442 do CPP são aqueles relativos às indagações preliminares, cumpridos pelo Ministério Público ou pelo Juiz das mesmas indagações, a documentação das indagações supletivas cumpridas pelo Ministério Público depois do pedido de reenvio para o juízo e as provas acolhidas na audiência.

A definição do processo trâmite do rito abreviado é incentivada pelo legislador, que, como se disse a propósito da audiência preliminar, tende a favorecer a utilização do rito. Está, de fato, previsto *um prêmio* para a escolha do mesmo rito.

A medida da pena é, de fato, reduzida de um terço e a pena do ergástulo é substituída por aquela de reclusão de trinta anos.

Para as exigências de economia de rito correspondem *os limites da apelação* excluídos contra a sentença de soltura, quando tende a uma fórmula diversa.

Está, outrossim, excluída a apelação do Ministério Público ou a sentença de condenação, salvo que se trate de sentença que modifica o título de reato.

A aplicação de pena a pedido corresponde ao instituto do *plea bargaining* nos Estados Unidos, ao pacto intercorrente entre público acusador e imputado em relação a uma pena em medida consentida.

A estipulação no nosso ordenamento tem, porém, uma aplicação mais limitada do que alhures. A obrigação de exercer a ação penal *ex* art. 112 da Constituição italiana exclui, na verdade, em linha direta que o Ministério Público, diferentemente do "prosecutor" possa conceder a imunidade por certos reatos com o imputado que concorde para outros uma sanção.

No sistema italiano, no entanto, a pena detentiva concordada não pode superar os dois anos de reclusão ou de arresto sós ou unidos à pena pecuniária, considerando a diminuição até um terço, qual prêmio para a escolha do rito.

O acordo que pode partir da iniciativa do Ministério Público está submetido ao controle do juiz que verifica, não deve, ao contrário, soltar o imputado, *ex* art. 129 do CPP, a correção dos prospectos jurídicos e a proporcionalidade da pena.

Se acha correto o acordo, o juiz, com sentença, aplica a pena prevista do mesmo.

Se há constituição de parte civil, o juiz não decide sobre a demanda, mas pode condenar o imputado ao pagamento das despesas.

O pedido de aplicação da pena pode ser subordinado à conceição da suspensão condicional da mesma.

Particulares *feitos de prêmio* são previstos para a escolha da pena concordada. Além da diminuição até um terço, a sentença *ex* art. 444 do CPP não comporta a condenação ao pagamento das despesas de processo, nem aplicação de penas acessórias e de medida de segurança, salvo o confisco obrigatório. A sentença, outrossim, não tem eficácia nos juízos civis ou administrativos.

Ulterior efeito é a extinção do reato, em cinco anos se se trata de delito, em dois se se trata de contravenções, se o imputado não comete um delito ou uma contravenção da mesma índole. Nesse caso, a extinção do reato tem os mesmos efeitos da reabilitação e é possível uma sucessiva suspensão condicional da pena quando tenha sido aplicada uma sanção substitutiva ou uma pena pecuniária.

Se há audiência preliminar, o último termo para requerer a sentença para a pena estipulada é aquele da apresentação das conclusões (art. 446 do CPP). Se se procede a um juízo diretíssimo, o pedido pode ser formulado até a declaração de abertura do debate de primeiro grau. Se se procede ao juízo imediato sob impulso do Ministério Público, o pedido deve ser apresentado dentro de sete dias da notícia do decreto que dispõe o mesmo juízo.

Nesses termos, pode ser dado o consentimento também se precedentemente negado. De regra, a aplicação de pena a pedido exige o consentimento. Se, porém, a mesma foi precedentemente negada antes da declaração de abertura do debate, o imputado pode renovar o pedido e o juiz, se a considera fundada, pronuncia a sentença *ex* art. 444 do CPP.

Na sentença, a pena estipulada pode ser emitida sempre que tenha existido pedido tempestivo; outrossim, pelo juiz ao fechamento do juízo de primeiro grau ou no juízo de impugnação quando achou injustificado o dissenso do Ministério Público e o respeito do pedido.

No juízo de impugnação, todavia, o juiz se pronuncia na ação civil. A sentença para a pena estipulada é inapelável, salvo que o Ministério Público tenha manifestado o próprio dissenso.

O *juízo diretíssimo* regulado pelos arts. 449 e 452 do CPP se caracteriza para a apresentação direta diante do Juiz do debate do imputado arrestado na flagrância de reato por parte do Ministério Público, ou para a citação por parte deste último diante do juiz do debate do imputado livre.

Pressuposto no primeiro caso do rito é, portanto, o arresto em flagrância do imputado, que pode nas quarenta e oito horas do arresto ser conduzido diante do Juiz do debate para a convalidação do mesmo e o juízo; se o arresto já é convalidado, o imputado pode ser apresentado na audiência do debate nos quinze dias do arresto.

A citação para a audiência acontece na hipótese de que imputado, no estado de liberdade, tenha confessado. Tal audiência não deve ser sucessiva ao décimo quinto dia da inscrição no registro das notícias do reato previsto pelo art. 335 do CPP.

Dentro do mesmo término, pode ser apresentado para a audiência o imputado em estado de custódia cautelar que tenha confessado.

No juízo diretíssimo se aplicam as normas previstas para o debate salvo as simplificações em matéria de citação das testemunhas e o direito do imputado de pedir um termo de defesa.

Deve ser relevado, como o juízo diretíssimo instaurado, caso possa ter uma *transformação do rito* em rito ordinário se ele resulta promovido fora dos casos previstos pela lei, em rito abreviado a pedido do imputado, ou se concluir com uma sentença à pena estipulada.

O juízo imediato é o rito que, como o juízo diretíssimo, omite a audiência preliminar e é disposto com decreto pelo Juiz para as indagações preliminares.

Ele pode ter lugar, a pedido do Ministério Público (art. 453 do CPP), quando a prova parece evidente e o imputado tenha sido interrogado ou tenha tido a possibilidade de sê-lo.

Ele pode ser instaurado outrossim sob iniciativa do imputado que tenha renunciado à audiência preliminar. Neste caso, porém, o imputado não pode pedir o juízo abreviado conforme o art. 458 do CPP.

Se não ocorre a transformação do rito, se aplicam as normas relativas ao debate.

O juízo por decreto, se não há oposição por parte do imputado, se resolve numa condenação à pena pecuniária também em substituição da pena detentiva disposta pelo juiz para as indagações preliminares a pedido do Ministério Público. O processo é estritamente cartorário e é hoje admissível também para os reatos a querela, e o querelante tenha declarado não se opor.

Deve ser relevado como a pena pecuniária possa ir debaixo do mínimo edital, evidente incentivo para a não oposição, e o decreto penal não comporta o pagamento das despesas processuais nem a aplicação de penas acessórias. O mesmo não tem eficácia de julgado no processo civil ou administrativo.

O reato se extingue em cinco anos se se trata de delito, ou em dois, se se trata de uma contravenção e o imputado não comete um reato ou uma contravenção da mesma índole.

Como na hipótese de que trata o art. 445 do CPP, se extingue todo efeito penal e é possível uma sucessiva suspensão condicional da pena (art. 460 do CPP).

Ao término dos quinze dias da notícia do decreto, o imputado, bem como a pessoa obrigada para a pena pecuniária, podem propor oposição cuja declaração pode ser proposta também na chancelaria do juiz de paz onde se acha o oponente.

Com o ato de oposição, o oponente pode pedir a oblação do juízo imediato, o juízo abreviado ou a aplicação da pena pedida.

Deve ser relevado que no juízo conseqüente à oposição o imputado não possa pedir o juízo abreviado ou a aplicação da pena a pedido, nem apresentar demanda de oblação (art. 464 do CPP). Em todo caso, o juiz revoga o decreto penal.

No caso de condenação, pode ser aplicada também uma pena diversa e mais grave, e revogados os benefícios concedidos com o decreto. Se há absolvição porque o fato não subsiste, não é previsto pela lei como reato, ou é cometido na presença de uma causa de justificação e há um efeito extintivo da oposição também nas confrontações dos concorrentes no reato que não tenham proposto oposição.

Capítulo 5

O Debate e os Epílogos Sucessivos

1. O Debate

O debate é a audiência pública ao término da qual o juiz define, com sentença, o êxito da acusação contestada.

A oralidade e o contraditório constituem seus caracteres essenciais.

Sob o primeiro perfil deve ser dito como a oralidade seja constituída pela direta relação do Juiz com as declarações fonte de prova, como, por exemplo, os testemunhos. Aspecto da oralidade é outrossim a rapidez, isto é, a identidade do Juiz que assiste à formação das provas e que define o juízo. Constitui portanto nulidade insanável a mudança da composição do colégio durante o debate (Cass. 5 de setembro de 1992).

O contraditório se caracteriza pela plena participação de todas as partes aos atos processuais e, em particular, pela participação das mesmas na formação da prova.

O mesmo, portanto, não é somente interlocutor sobre a prova, mas intervenção dialética em sua formação.

O debate é, portanto, a sede privilegiada de formação da prova, mesmo se não conclusiva, e isto em razão da natureza das coisas e em virtude da vontade legislativa.

A iniciativa probatória é das partes (art. 190). Elas (art. 468) têm o ônus, para a pena de inadmissibilidade, de depositar a lista das testemunhas, dos peritos e dos consultores técnicos dos quais entendem pedir o exame sete dias antes da data fixada para o debate.

É outrossim necessário indicar, nas listas, as pessoas imputadas em processo conexo ou coligado.

Em co-relação com o art. 238, a parte que entende pedir a aquisição dos relatórios de prova de outro processo penal deve fazer expresso pedido deles juntamente com o depósito das listas.

A função da apresentação das listas é aquela de atuar a *discovery*, relativamente às provas das quais se entende obter o acolhimento.

O código não admite uma concepção esportiva da justiça com golpes de cena improvisados.

As partes podem outrossim pedir a autorização para a citação das pessoas indicadas nas listas, bem como daquelas de prova contrária sobre circunstâncias indicadas pelas outras partes. A autorização para a citação não prejudica a sucessiva decisão sobre a admissibilidade da prova.

Antes de dar início ao debate, o dia da audiência fixado para o mesmo, o Juiz verifica a regular constituição das partes.

Particular relevo é dado ao fato de que o imputado tenha podido ter conhecimento da citação em juízo ou seja impedido de comparecer. Em tais casos, é disposta a renovação da citação em juízo, suspendendo-se ou reenviando-se o debate. Em caso de impedimento depois da primeira audiência, o debate é reenviado ou suspenso e notificada a data da nova audiência para o imputado. De tais disposições se deduz *o direito do imputado a estar presente no debate*, direito, porém, compreendido no mais geral direito de defesa.

Aparece assim em contraste com tal direito e portanto em contraste com os arts. 3 e 24 da Constituição, malgrado o diverso aviso da Carta Constitucional do disposto do art. 146 *bis* das disposições de atuação, que prevê a presença do imputado dos delitos mais graves de criminalidade organizada em matéria "virtual" trâmite teleconferência. A disposição tem porém um término de eficácia até 31 de dezembro de 2000.

A diferença de outras ordenações é que a presença do imputado no debate é, porém, uma livre escolha. Se ele não comparece na primeira audiência sem ser impedido, é declarada a contumácia e é representado no debate pelo defensor. Na hipótese de comparecimento, a ordem de contumácia é revogada.

O acompanhamento coativo do imputado contumaz ou ausente na audiência é disposto exclusivamente para o fim de efetuar uma prova diversa do exame.

Efetuados os acertamentos em relação à constituição das partes, que além do que se disse a respeito do comparecimento do imputado referem-se à assistência de seu defensor, o seu eventual impedimento a comparecer, a presença da parte ofendida, da pessoa civilmente obrigada para a pena pecuniária, a constituição da parte civil e do responsável civil, tem lugar o tratamento das assim ditas questões preliminares. Ela é preclusa, de fato, se não acontecem logo depois os acertamentos supraditos.

As questões preliminares que ficam preclusas se atêm à competência por território e por conexão, às nulidades relativas, à constituição da parte civil, à citação e à intervenção do responsável civil e da pessoa civilmente obrigada para a pena pecuniária, a intervenção de entes e das associações exponenciais.

A mesma regra vale para as questões concernentes ao conteúdo do fascículo para o debate e à reunião ou à separação dos juízos, salvo em que a possibilidade de propor tais questões surja somente no curso do debate (art. 492).

Outras questões que se atêm sempre à regularidade da relação processual, mas não ao mérito, isto é, ao fundamento ou não da acusação, deveriam encontrar espaço também em fases sucessivas do debate. Achou-se, porém, que também as nulidades absolutas devem ser deduzidas preliminarmente à declaração de abertura do debate, porque a dedutibilidade de tais invalidades em todo estado e grau do processo concerne o momento da relevabilidade por parte do Juiz, não de meio com que o vício deve ser denunciado (Cass. 24 de abril de 1991).

Finalmente, ocorridos os acertamentos em relação à constituição das partes e resolvidas com ordem as questões preliminares, o Juiz ou o Presidente, se há um colégio que julga, declara aberto o debate. O auxiliar que assiste o Juiz dá leitura da imputação.

O Ministéio Público indica os fatos que entende provar e as provas das quais pede a admissão.

Sucessivamente, na ordem que é prevista para o tratamento de cada questão, os defensores da parte civil, do responsável civil, a pessoa civilmente obrigada para a pena pecuniária e do imputado, por sua vez, indicam os fatos que entendem provar e pedem a admissão das provas (art. 493).

Na prática, todas as partes processuais indicam seus "temas de prova", as hipóteses de fato que entendem sustentar e fazem requerimento do acolhimento dos meios probatórios para convalidá-los.

A diversa dicção normativa do art. 493 na formulação originária relativamente ao Ministério Público, que "expõe sucintamente os fatos objeto da imputação", enquanto as outras partes "indicam os fatos que entendem provar", é fato achar uma profunda diferença entre a exposição introduzida pelo Ministério Público e a exposição dos temas de prova das outras partes processuais. Expor os fatos deveria significar, na verdade, narrar os fatos de forma ordenada e explicar, ao passo que indicar os fatos que se entendem provar equivaleria à sua mera individualização.

Tal impostação, todavia, não parece aceitável no âmbito e um processo em relação ao qual o Juiz não tem conhecimento preventivo do material probatório, salvo alguns atos, e no qual a prova se forma, ao invés, diante dele. Admitir uma diversa e mais ampla possibilidade introdutória às teses da acusação relativamente àquelas das outras partes é o mesmo que determinar um injustificado estabelecimento a favor da primeira, em contraste com um rito processual que quer ser caracterizado, no debate, pela igualdade das partes.

A questão é, de qualquer forma, resolvida pela nova dicção do art. 493 em seguida da Lei n. 479/99.

As provas a serem requeridas são, antes de tudo, aquelas indicadas nas listas *ex* art. 468 (testemunhos, perícias, consultas de parte de exame de imputados em processo conexo ou coligado) e aquelas do mesmo gênero não indicadas tempestivamente por impossibilidade. Devem, outrossim, ser requeridas nesta fase as outras provas, como, por exemplo, a inspeção, a experiência judiciária, a perícia diversa ou ulterior relativamente àquela já efetuada, o exame das partes. Deve ser relevado que, se não requerido, não há lugar para o exame do imputado.

Ele poderá, no curso do debate, de qualquer forma, fazer as declarações oportunas (art. 494).

A prova contrária deve, outrossim, ser requerida nesta fase sem a necessidade que seja indicada nas listas (Cass. 4 de julho de 1995).

Quanto às provas documentais, é controvertido se o seu acolhimento deve ser requerido, também, com exposição introdutória ou o pedido possa ser feito, também, sucessivamente.

A segunda opinião parece preferível, ficando, porém, firme o princípio que trata o art. 495, parágrafo 3º, ou seja, que deve ser garantido para as outras partes processuais o direito de examinar os documentos exibidos (Cass. 22 de novembro de 1994).

As partes podem depois concordar com o acolhimento no fascículo do debate de atos contidos no fascículo do Ministério Público, bem como da comunicação relativa à atividade de investigação defensiva.

Sobre o pedido probatório se abre o contraditório. Com seu êxito, o Juiz decide com ordenança sobre a base dos critérios de que tratam os arts. 190 e 190 *bis*.

Conseqüentemente, devem ser acolhidas todas as provas que sejam pertinentes e não supérfluas.

Em linha de princípio, as partes têm o direito, de fato, ao acolhimento de tais provas.

Em derrogação a tal princípio nos processos relativos aos reatos previstos no art. 51, parágrafo 3º *bis* (reatos de máfia, seqüestro de pessoa, associação para a venda de substâncias estupefacientes), o exame das pessoas imputadas em processo coligado e conexo ou as testemunhas que tenham já feito depoimento em sessão incidente probatório, ou cujos relatórios de declarações foram adquiridos conforme o art. 238, é admitido somente se o Juiz o achar absolutamente necessário.

A mesma disposição se aplica nos processos de reatos contra a liberdade sexual, se o exame diz respeito a uma testemunha menor de 16 anos.

Ao contrário, o Juiz devia admitir, como já vimos, sem necessidade de prévia indicação nas listas do imputado e o Ministério Público com prova contrária, mais exatamente, deverá admitir as provas indicadas pelo primeiro para descargo sobre fatos que constituem objeto das provas a cargo, e pelo segundo, sobre fatos que constituem objeto das provas a descargo. Exemplificando, se em relação à imputação o imputado tem direto à prova de álibi, o Ministério Público tem o direito de obter a contra-prova sobre o imputado.

Questões relativamente à admissibilidade das provas podem ser colocadas no curso do debate.

Em relação a elas, o Juiz pode revogar ou modificar com ordenança os provimentos adotados conforme o art. 495 depois da exposição introdutória.

Uma vez admitidas as provas entre as partes, tem início *a instrução do debate* que inicia com as provas requeridas pelo Ministério Público e sucessivamente pelas outras partes, segundo a ordem que se tem precedentemente indicada. A violação de tal ordem não comporta, porém, nenhuma nulidade ou outra conseqüência processual, é sempre salvado o acordo entre as partes para uma diversa ordem.

Inspirando-se no modelo acusatório de *common law*, o novo código introduziu *o exame direto* e o *contra-exame* das testemunhas. A tal modelo de excussão se inspira depois a disciplina do exame das partes privadas, dos peritos e dos consultores técnicos.

Os pedidos são dirigidos diretamente para a testemunha da qual a parte pediu o exame (*direct examination*). As outras partes podem depois dirigir à testemunha examinada, diretamente, as perguntas naquilo que se define o contra-exame (*cross-examination*).

O Juiz ou o Presidente pode outrossim dirigir pergunta à testemunha somente depois do exame e o contra-exame. É sempre faculdade da parte que o pediu, porém, fechar o exame. Regras particulares valem para o exame do menor, do enfermo de mente, do menor vítima de reatos contra a liberdade sexual (art. 498).

É previsto, outrossim, quando se procede para os delitos indicados no art. 1, parágrafo 3º *bis*, o exame a distância.

O exame se desenvolve trâmite, perguntas que devem verter sobre *fatos determinados*. São proibidas perguntas que podem prejudicar a sinceridade das respostas, como as perguntas intimidadoras, e as que subordinam, que subentendem uma ameaça ou uma lisonja para a testemunha.

No exame direito, são proibidas as perguntas que tendem a sugerir respostas, as assim ditas perguntas sugestivas.

Nesse âmbito, encontram-se as perguntas implicativas que dão como pressuposto um fato não documentado, ou como admitido um fato que, na realidade, a testemunha não referiu.

A proibição de perguntas sugestivas não é válida para o contra-exame, que visa a negar ou, quando não, experimentar a credibilidade das testemunhas.

Na sessão do contra-exame, devem portanto considerar-se admissíveis não somente as perguntas que têm por objeto as circunstâncias sobre as quais se desenvolveu o exame direto, mas todas as perguntas para o controle da veracidade da testemunha ou a sua capacidade de perceber, lembrar ou narrar os fatos.

Quem dirige o debate cuida para que o exame da testemunha seja conduzido sem lesar o respeito da pessoa. O exame testemunhal é, por sua natureza, oral, mas a testemunha pode ser autorizada a consultar, por ajuda à memória, documento por ele redigido.

Sobre oposição das partes ou também de ofício, o Presidente ou o Juiz intervem para garantir a coerência do exame.

A violação das proibições probatórias deve considerar-se causa de inutilizabilidade das respostas dadas pelas testemunhas.

Importante relevo assume a *disciplina das contestações do exame testemunhal*. Se, na verdade, o rito acusatório se caracteriza pela formação privilegiada da prova na sessão do debate, na oralidade e no contraditório, a utilização das precedentes declarações feitas pelas testemunhas deveria, quando muito, limitar-se a um efeito "desacreditante", constituir um ensaio de atendibilidade do mesmo, não prova do fato afirmado antes do debate. Tal era, em última análise, a originária impostação do código, mas tal não é mais, em conseqüência de sua involução inquisitória, que consentiu a recuperação para os fins probatórios do material investigativo acolhido no curso das indagações preliminares.

Na atual formulação do art. 500, as contestações têm lugar quando subsiste deformidade entre as declarações feitas no debate e as precedentes declarações, ou a testemunha recuse ou omita em tudo ou em parte de responder sobre as circunstâncias objeto das precedentes declarações.

Para os fins das contestações, são utilizáveis os atos contidos no fascículo do Ministério Público.

Elas atuam mediante a leitura, depois que sobre as circunstâncias a serem contestadas a testemunha tenha deposto ou se omitido de responder.

Em virtude do disposto normativo, são portanto utilizáveis as sumárias informações feitas para a Polícia Judiciária sobre iniciativa da mesma ou sobre delegação da Polícia Judiciária, bem como as declarações feitas ao mesmo Ministério Público.

Também foram utilizáveis para as contestações a querela (Cass. 9 de novembro de 1995) e a denúncia pela parte lesada (Cass. 4 de outubro de 1995), os atos de individualização fotográfica e pessoal cumprido pelo Ministério Público ou pela Polícia Judiciária (Cass. 15 de junho de 1994), o conhecimento (Cass. 25 de setembro de 1995), o reconhecimento da voz (Cass. 12 de janeiro de 1996), bem como as declarações acolhidas no curso da atividade de indagação do Ministério Público depois do reenvio para o juízo (Cass. 13 de novembro de 1995).

O efeito das contestações é, conforme o parágrafo 3º do art. 500, previsto como chave de avaliação, por parte do Juiz, da credibilidade da testemunha. Mas, na realidade, os efeitos são bem mais amplos.

As contestações, de fato, tornam utilizáveis as declarações feitas precedentemente ao debate para os fins da decisão.

De acordo com o parágrafo 4º do art. 500, na verdade, quando subsiste deformidade a respeito do conteúdo da disposição, as declarações utilizadas para as contestações são acolhidas no fascículo do debate e constituem prova dos fatos neles afirmados e subsistem outros elementos de prova que confirmam sua atendibilidade.

Esta condição aparece nos fatos evanescentes, considerando-se suficiente um qualquer elemento de verificação do tipo objetivo que não necessariamente confirme o fato específico, mas somente o quadro general do conto (Corte Const. 24/94). Na realidade, a regra se resolve num ônus de motivação que nada acrescenta aos princípios gerais de avaliação da prova.

Nenhuma condição para a utilização probatória das precedentes declarações subsiste quando para as modalidades das disposições ou por outras circunstâncias emersas pelo debate resulte que a testemunha tenha sido ameaçada ou lisonjeada ou surjam outras situações que tenham comprometido a genuinidade do exame (parágrafo 5º do art. 500).

Plena utilizabilidade probatória, enfim, têm as declarações utilizadas para as contestações feitas pela testemunha diante do GIP, conforme o art. 422.

As modalidades previstas para o exame testemunhal se aplicam também para *o exame dos peritos e dos consultores técni-*

cos, com a particularidade que têm eles em todos os casos a de consultar notas escritas, documentos e publicações que possam ser acolhidos também de ofício.

Distinto do testemunho é o *exame das partes*.

A parte civil trata-se (quando não é testemunha) do responsável civil, da pessoa civilmente obrigada para a pena pecuniária e do imputado para os quais é prevista a incompatibilidade com o papel de testemunha (art. 197).

Diferentemente das testemunhas, as partes privadas não são obrigadas a fazer declarações no debate, mas são examinadas a pedido delas ou com seu consentimento. Elas, também, não assumem o empenho, *ex* art. 497, de dizer a verdade e não esconder nada do que conhecem.

De relevo prático é, em particular, o exame do imputado, que pode trazer elementos de prova em próprio favor, mas também contra a si mesmo e contra terceiros, sobretudo os co-imputados.

Quanto às modalidades, elas são previstas para o exame testemunhal segundo a seqüência, exame direto, contra-exame e fechamento do mesmo por parte de quem pediu o acolhimento da prova.

Os defensores dos entes e das associações exponenciais não podem propor perguntas dirigidas às testemunhas, aos peritos, aos consultores técnicos e às partes privadas, mas solicitar ao Juiz que proponha as perguntas e peça o acolhimento dos novos meios de prova.

Também para o exame das partes é previsto o mecanismo das *contestações* do Ministério Público, trâmite da leitura das declarações precedentemente feitas e contidas no fascículo do Ministério Público. A contestação deve ser feita somente se sobre os fatos ou sobre as circunstâncias a serem contestadas a parte já tenha deposto.

O efeito das contestações é, antes de tudo, aquele de consentir o juízo de credibilidade da pessoa examinada.

No entanto, disciplina do código não pára, neste efeito. No que diz respeito, de particular maneira, ao imputado, as declarações feitas por ele, precedentemente no decorrer do processo, são utilizáveis para os fins probatórios também se modificadas ou retraídas na sessão do debate. Mais especificamente, entram no fascículo do debate as declarações acolhidas pelo Ministério Público ou pela Polícia Judiciária sobre delegação do mesmo, as declarações feitas ao GIP na sessão do interrogatório do imputado submetido à medida cautelar pessoal, o interrogatório feito ao GIP na sessão de revogação ou substituição das medidas cautelares, o interrogatório feito em sessão de convalidação do arresto ou da captura, o interrogatório feito para o Juiz na sessão de audiência preliminar.

A recuperação para os fins probatórios de quanto declarado precedentemente é de total evidência e normalmente de relevante importância, tratando-se, muito freqüentemente, de confissões do reato ou de acusações em relação aos co-imputados que no debate são modificadas ou retratadas.

Também deve ser lembrado, conforme a atual formulação do art. 238, que se tenha afirmado o princípio assim dito da "transmigrabilidade" dos atos de um processo ao outro, pelo que os relatórios de outros processos podem ser utilizados para as contestações da norma dos arts. 500 e 503 com os mesmos efeitos.

Um relevo particular assume os poderes de *intervenção oficiosa do Juiz relativamente ao acolhimento das provas*. O processo acusatório é, por sua natureza, de um processo de partes, caracterizado pela iniciativa probatória das partes. Em tal contexto o Juiz assume uma posição de terceireidade, de árbitro de uma lide que ele cuida, que se desenvolva segundo as regras que depois define. Em tal contexto, parece razoável que o mesmo indique às partes temas e provas novos ou mais amplos para a complementação do exame ou possa dirigir perguntas para as testemunhas, para os peritos, para os consultores técnicos e para as partes provadas já examinadas, assim como prevê o art. 506.

Dificilmente compatível com a posição de terceireidade é, ao invés, *o poder do Juiz de dispor de ofício para o acolhimento das provas*.

Tal poder, na verdade, é previsto, também, nas hipóteses excepcionais no sistema de *common law*, mas ele não é de fato exercido porque sentido em contraste com o sistema processual acusatório.

Conforme o art. 507, terminado o acolhimento das provas, o Juiz, se resulta absolutamente necessário, pode dispor, também, de ofício na admissão de novos meios de prova.

Tal poder expressamente se estende ao acolhimento dos meios de prova relativos aos atos do fascículo do Ministério Público e à documentação da atividade defensiva que com o consentimento das partes foram acolhidos no fascículo para o debate.

Uma parte pode portanto pedir o acolhimento das provas diversas daquelas acolhidas, *ex* art. 495, quando do encerramento da instrução probatória.

A instância não é assistida pelo direito privado do art. 190, mas é remetida à avaliação discricionária do Juiz. Até aqui, porém, fica-se no âmbito do esquema do processo movido pela iniciativa as partes.

O poder de dispor de ofício no acolhimento das provas está, ao invés, fora do *aversary system*, resolvendo-se inevitavelmente na intervenção a favor de uma parte. Ele pode justificar-se em casos excepcionais somente em vista da realização da efetiva igualdade de uma parte com a outra, em conseqüência de uma manifesta inércia ou incapacidade do representante da acusação ou da defesa.

Segundo tal critério, o art. 507 deveria ser interpretado no sentido de que, terminada a instrução probatória, isto é, assumidas as provas requeridas pelas partes, na ausência da instância de parte, devendo-se verificar um tema de prova decisivo para os fins do juízo, o juiz deponha a admissão de uma prova não precedentemente disposta.

Casos práticos que podiam ter sido resolvidos com uma dosagem de bom senso (em geral Ministérios Públicos que não tinham depositado a lista, *ex* art. 468) têm, ao invés, levado as Sessões Unidas (Cass. SS.UU. 6 de novembro de 1992) e a Corte

Constitucional (Corte Const. Sent. 111/1993) a dar uma interpretação extensiva do disposto no art. 507, no sentido que o Juiz possa, também, na ausência de iniciativa probatória das partes, dispor do acolhimento de qualquer meio de prova, entendendo-se a referência à instrução probatória cumprida em limite temporal, decorrido o qual o juiz pode exercer o poder de integração probatória, também no caso em que não tenha havido nenhuma precedente atividade das partes.

A afirmação está em contraste com o ditado normativo porque a referência que o art. 507 faz aos novos meios de prova pressupõe necessariamente que tenha havido a admissão e o acolhimento de provas precedentes. Todavia, a mesma constitui agora *ius receptum*, isto é, regra na praxe não mais discutível.

Tal modo de intepretar a norma é todavia significativamente indicativo da resistência para conceber o processo como processo de partes. Ele se liga diante da configuração do processo como processo do Juiz, que não somente justifica, mas é protagonista ativo da iniciativa probatória.

Mesmo que em abstrato, depois, tal protagonismo possa ser exercido a favor de todas as partes, na praxe concreta, ele se resolve numa atividade auxiliar e integradora da atividade do Ministério Público.

Como conseqüência do sacrifício que se tem repetidamente tido ocasião de relevar, processo acusatório, por sua natureza, é caracterizado pela *oralidade e rapidez na formação da prova, e obviamente pelo contraditório*. A oralidade encontra um limite *nas leituras*, entendida como forma de aquisição probatória que deve ser distinta das contestações das quais se disse.

A leitura, que pode ser substituída pela indicação dos atos utilizáveis (art. 511), pode tornar-se necessária para a natureza do ato, sobretudo em relação à sua não-repetibilidade originária (exemplo: sumárias informações da testemunha morrente, relatório de seqüestro) ou sobrevinda. Verdade é, porém, que uma excessiva dilatação dos atos legíveis em relação ao sujeito que os assumiu (Polícia Judiciária, Ministério Público, outro Juiz), ou fora das hipóteses de não-repetibilidade, desnatura a natureza acusatória do processo e, em particular, a oralidade do debate.

Tal desnaturação, na realidade, pode se dizer efetuada em seguida às intervenções da Corte Constitucional do Legislador, e conseqüentemente, outrossim, da interpretação jurisprudencial.

A leitura tem por objeto os atos contidos no fascículo do debate, isto é, aqueles originariamente inseridos, *ex* art. 431, e aqueles sucessivamente acolhidos. A salvaguarda da oralidade está prescrita quando tenha lugar o exame, a leitura das precedentes declarações da pessoa depois do mesmo exame, assim como a leitura da relação pericial está disposta somente depois do exame do perito (art. 511).

Somente para os fins de acertar as condições de procedibilidade é, ao invés, prevista a leitura da querela e da instância. Não parece, portanto, concordante a leitura da mesma para os fins probatórios para se ter o querelante tornado não encontrável (Cass. 2 de dezembro de 1993).

Separando-se da originária impostação na atual formulação, o código deu amplo espaço ao fenômeno da assim dita transmigração dos atos processuais. De conformidade com o art. 238, ao invés, é admitido o acolhimento dos relatórios de prova de outro processo penal se se trata de provas acolhidas no incidente probatório ou no debate, bem como dos relatórios de provas de um juízo civil que tenha sido definido com sentença transitada em julgado.

É de qualquer forma admitido o acolhimento da documentação de atos que, por causas originárias sobrevindas, se tenham tornado não repetíveis.

Os relatórios de provas de outros processos são utilizáveis em relação ao imputado que a eles consinta e na ausência do consentimento *para os fins das contestações,* conforme os arts. 500 e 503, do qual se disse a propósito do exame testemunhal e das partes privadas. É previsto o direito da parte para pedir o exame das pessoas, mas tal direito encontra um limite de quanto previsto pelo art. 190 *bis,* que, como já foi relevado, comporta um enfraquecimento do direito ao contraditório.

Deve ser lembrado, de conformidade com o art. 238 *bis*, que podem ser outrossim acolhidas como provas de fato nelas acertado as sentenças que se tornaram irrevogáveis.

Como documentos, *ex* art. 234, podem ser acolhidas também as sentenças não transitadas em julgado que não têm plena valência probatória, mas que podem ser utilizadas pelo Juiz para extrair elementos de juízo (Cass. 16 de janeiro de 1996).

Tratando-se de documentos e não de atos, o acolhimento das mesmas não exige o processo de leitura, *ex* art. 511.

Modificando a originária disciplina – deve ser lembrado em conformidade com a atual formulação do art. 512 –, a impossibilidade sobrevinda da repetição torna possível o acolhimento mediante a leitura não somente dos atos cumpridos pelo Ministério Público ou pelo GIP, mas também aqueles acolhidos pela Polícia Judiciária.

Tratando-se de uma derrogação do princípio da oralidade e da rapidez, a impossibilidade de repetir o ato deve ser rigorosamente acertada. Trata-se de um juízo de prognose póstuma pelo que o juiz do debate deve reportar-se ao momento das indagações preliminares em que seria possível experimentar o incidente probatório para avaliar se teria sido provável a intervenção de fatores que teriam tornado o ato não repetível, sem que se possa atribuir alguma relevância do acertamento *ex post* de tais circunstâncias (Cass. 23 de janeiro de 1995).

Um dos aspectos mais atormentados e no centro das polêmicas políticas foi e é a questão relativa ao regime de *utilização das declarações do imputado feitas precedentemente* no debate que naquela sessão se torne contumaz, ausente ou se recuse a responder. Estritamente ligada a essas questões é aquela relativa à disciplina das declarações feitas *pelos imputados em processo conexo ou coligado* que no debate se valem da faculdade de não responder. Trata-se da questão relativa ao art. 513, mas que na realidade compreende outrossim os arts. 238 e 210 do Código de Rito. Mas em geral a mesma diz respeito a dois princípios. O primeiro é o direito do imputado de ficar calado, de não se auto-acusar (*nemo tenetur se detegere*). O segundo se refere ao direito à confrontação o *right of confrontation* de quem é acusado em relação ao acusador.

A relevância prática está na atualidade de processos em que o imputado não somente confessou, mas também acusou outros, e no debate recuse a assim dita colaboração processual.

Exemplificando, as hipóteses mais relevantes dizem respeito às declarações feitas pelo imputado no curso do mesmo processo, aquelas feitas pelo imputado concorrente no reato em relação ao qual se procedeu separadamente, aquelas feitas pelo imputado de um reato cuja prova influi na prova de outro reato ou de uma circunstância.

A problemática não investe obviamente somente no momento do acolhimento da prova, mas também naquele de sua avaliação, *ex* art. 192.

A formulação originária do art. 513 era no sentido de que quando o imputado fosse contumaz ou ausente ou se recusasse a responder, fosse, a pedido de parte, dada leitura das declarações feitas pelo mesmo ao Ministério Público e ao GIP no decorrer das indagações preliminares ou na audiência preliminar.

Utilizável como o é hoje, portanto, a confissão no fato próprio e igualmente as acusações a cargo de terceiros.

Em seguida da sentença n. 60/1995 da Corte Constitucional, trâmite de leitura utilizado para os fins da decisão era o interrogatório feito outrossim diante da Polícia Judiciária sobre delegação do Ministério Público.

As pessoas imputadas, *ex* art. 210, em processo conexo ou coligado a pedido de parte eram acompanhadas coercitivamente para o debate ou examinadas em domicílio ou em trâmite de rogatória internacional.

Na impossibilidae de se obter a presença dos declarantes, era dada leitura das declarações feitas que se tornavam assim utilizáveis. A leitura não era, porém, prevista na hipótese em que elas se valessem da faculdade de não responder.

Com a sentença n. 254/1992, a Corte Constitucional declarava justamente a inconstitucionalidade do art. 513 na parte em que não previa que em tal caso o Juiz desse leitura dos atos.

Com o Decreto-lei n. 356, de 8 de junho de 1992, convertido na Lei n. 267, de 7 de agosto 1992, vinha, porém, modificado o art. 238 que consentia a leitura dos atos de outro processo se se tratava de provas acolhas no incidente probatório ou no debate.

O sistema resultante pelo concomitante operar da Corte Constitucional e do legislador era no sentido que justamente nos processos para os reatos mais graves (máfia) ou mais relevantes (tangentopoles) o debate vinha esvaziado de toda oralidade ou de todo contraditório, fundando-se essencialmente sobre a leitura de declarações feitas fora dele por parte de sujeitos não certamente os mais confiáveis.

Na ótica de um novo equilíbrio em sentido de garantia do sistema processual com a Lei n. 267, de 7 de agosto de 1992, providenciou-se entre os outros a modificação dos arts. 238, 513 e 514.

Com a modificação do art. 238, introduzindo-se o art. 2 *bis*, limitou-se à utilizabilidade dos relatórios de prova acolhidos em outro processo, relativos às pessoas imputadas em processo conexo ou coligado.

A utilizabilidade dos mesmos trâmites de leitura é limitada aos imputados cujos defensores tenham participado do acolhimento das mesmas provas.

O art. 513 era modificado, radicalmente, introduzindo-se o princípio do consentimento para a utilização em relação a terceiros das declarações do imputado e do indagado em processo conexo ou coligado.

Mais exatamente no sistema da sucessiva formulação do art. 513, se no debate o imputado era contumaz ou ausente ou se recusava a fazer o exame, era, a pedido da parte, dada leitura das declarações feitas por ele e relatadas no Ministério Público à Polícia Judiciária sobre delegação do Ministério Público ao GIP no decorrer das indagações preliminares ou na audiência preliminar. A utilização das declarações em relação a terceiros era, todavia, subordinada a seu consentimento. Na prática, a confissão precedentemente feita era sempre utilizável; as acuações em relação a terceiros concretamente os co-imputados, não eram utilizáveis sem uma atitude colaborativa.

Se as dclarações haviam sido feitas por pessoas indicadas no art. 210, sempre a pedido de parte, era disposto o acompanhamento coercitivo do declarante, o exame em domicílio ou a rogatória internacional ou o exame previsto pela lei com as formas do contraditório. Se isso não era possível, se aplicava, e se aplica, a disciplina do art. 512. Era e é possível, em outros termos, a *leitura-acolhimento* quando o exame for impossível por fatos imprevisíveis no momento das declarações.

Quando o imputado, *ex* art. 210, se vale da faculdade de não responder, a leitura dos relatórios com as declarações era admissível somente com o acordo das partes, na ausência do qual as precedentes declarações eram inutilizáveis.

Para os fins de salvaguardar, porém, o meio de prova, *ex* art. 392, é experimentável o incidente probatório em relação ao indagado e das pessoas indicadas pelo art. 210 e os relatórios do mesmo são utilizáveis, *ex* art.511.

Como já se disse, depois interveio a sentença n. 361/1998 da Corte Constitucional que, com base no princípio da não-dispersão dos meios de prova, com decisão aditiva, declarou a ilegitimidade constitucional dos arts. 513, 210, 238 do Código na parte em que, no caso de recusa a responder do imputado ou do imputado em processo conexo ou coligado, não prevêem que se possa dar lugar às contestações conforme o art. 500, parágrafos 2º *bis* e 4º, do CPP.

Formalmente, a situação não era idêntica àquela anterior a junho de 1997, quando a Corte introduziu a *leitura-contestação*, *ex* art. 500, e não restabelecia a *leitura-acolhimento, ex* art. 511. Nos fatos, porém, a restauração do mecanismo previsto pelo Decreto-lei n. 356, de 8 de junho de 1992, havia acontecido, não existindo diferença concreta no prático desenvolvimento processual entre as duas hipóteses no silêncio do declarante.

Verdade porém é que a não introdução do novo texto do art. 111 da Constituição, conforme a Lei Const. n. 2, de 23 de novembro de 1999, a tal sistema tornou-se impraticável.

Pelo que se disse antes a respeito do texto constitucional, devem ser consideradas, de quaisquer formas, inutilizáveis as declarações *hétero-acusatórias* do co-imputado em processo conexo ou coligado que se tenha sempre voluntariamente recusado a responder no contra-exame do imputado ou de seu defensor.

Uma limitada utilização de tais declarações aparece possível somente em via transitória para os processos em curso no dia 7 de janeiro de 2000.

Mesmo amplamente estendida, a disciplina das leituras é todavia sempre caracterizada pelo princípio de *taxação*. Conforme o art. 514, está, portanto, proibida a leitura das declarações para a Polícia Judiciária, para o Ministério Público, para o GIP, fora os casos previstos. É, todavia, admissível a leitura das declarações feitas na audiência preliminar na presença do imputado ou de seu defensor se o exame aconteceu com método da *direct* e da *cross examination*.

Fora dos casos consentidos, é proibida a leitura dos relatórios e da documentação da atividade de Polícia Judiciária.

De tais atos, o oficial ou o agente da Polícia Judiciária pode-se servir somente para a consulta em ajuda à memória.

No decorrer do debate, é possível uma modificação da imputação por parte do Ministério Público, trâmite da contestação do imputado de um *fato diverso* (art. 516), de um *reato concorrente* ou de uma *circunstância agravante*.

Sobre o ponto, revemos quanto foi dito na sessão da audiência preliminar.

A contestação é admissível desde que o reato ou a circunstância não impliquem a competência de um Juiz superior. Se, em seguida à modificação, o reato pertence ao conhecimento do Tribunal em composição colegial, em vez de monocrática, a observância das disposições sobre a composição do Juiz deve ser revelada ou excluída a pena de decadência imediatamente após a contestação ou na audiência de reenvio em seguida à concessão de um término para defesa ou àquela de reenvio indicada no relatório notificado por extrato com a contestação para o imputado contumaz.

Se o *fato* é, ao invés, *novo*, a contestação é admissível somente com o consentimento do imputado e não deriva disso o impedimento pela rapidez dos processos.

Regra fundamental é aquela co-relação entre a imputação e as sentenças (art. 521). O Juiz pode dar ao fato uma diversa qualificação jurídica, desde que o reato não exceda a própria competência, nem resulte atribuído ao tribunal em composição colegial, ao invés de monocrática, nem resulte entre aqueles para os quais é prevista a audiência preliminar e esta não seja efetuada. Se o fato resulta diverso de como é contestado ou a nova contestação resulte efetuada fora dos casos previstos pela lei, os atos são remetidos ao Ministério Público.

Se por uma diversa definição jurídica ou para as novas contestações o fato resulta atribuído ao tribunal em composição colegial, em vez de monocrática, o Juiz outrossim dispõe a remessa dos atos ao Ministério Público.

O vício de contestação é causa de nulidade (art. 521).

Se o vício da contestação diz respeito a um fato novo, a um reato concorrente ou uma circunstância agravante, a sentença de condenação é nula na parte relativa não àquela regularmente contestada.

O epílogo do debate se há com a discussão. Terminada a instrução probatória, tomam em ordem suas conclusões o Ministério Público, os defensores da parte civil, do responsável civil, da parte civilmente obrigada para a pena pecuniária e do imputado.

Para pena de nulidade, se a requerem, o imputado e o defensor devem ter a palavra por último.

2. A Sentença

A sentença é o ato pelo qual o Juiz define o juízo, declinando a própria competência ou soltando ou condenando o imputado.

Ela é deliberada na Câmara do conselho logo após o encerramento do debate.

Concluída a deliberação, o Presidente redige e subscreve o dispositivo. A seguir é redigida a motivação.

Quando não é possível proceder à motivação, ela deve ser redigida dentro de trinta dias da pronúncia, salvo que pela particular complexidade seja necessário estabelecer um término mais longo até noventa dia das pronúncia.

A sentença é lida na audiência (publicada) e depositada na chancelaria.

De relevo particular é quanto está disposto relativamente às sentenças de soltura. Elas se distinguem em sentenças e não devem proceder (art. 529) quando está em defeito uma condição de procedibilidade ou é duvidosa sua existência, ou de absolvição quando se atém ao mérito da imputação. Conforme o art. 530, "Se o fato não subsiste, se o imputado não o cometeu, se o fato não constitui reato ou não é previsto pela lei como reato ou se o reato foi cometido por pessoa não imputável ou não punível por outra razão, o juiz pronuncia a sentença de absolvição, indicando a sua causa no dispositivo".

"O juiz pronuncia sentença de absolvição, também, quando falta, é insuficiente ou é contraditória a prova que o fato subsiste, que o imputado o cometeu, que o fato constitui reato ou que o reato foi cometido por pessoa imputável."

"Se há prova de que o fato foi cometido na presença de uma causa de justificação ou de uma causa pessoal de não-punibilidade, ou há dúvida sobre a existência das mesmas, o juiz pronuncia sentença de absolvição conforme o parágrafo 1º."

"Com a sentença de absolvição o juiz aplica, nos casos previstos pela lei, as medidas de segurança."

O dado mais significativo é que, diferentemente do Código Rocco, não se pode encontrar novamente a sentença de absolvição por insuficiência de prova. A dúvida implica a soltura do imputado.

A regra é conforme o princípio da presunção de inocência ou de qualquer forma de não-culpabilidade do imputado. Se as provas não são suficientes, o mesmo deve ser solto sem sombra de dúvida. Igualmente, o novo código estabelece, não atendendo a jurisprudência precedente que também a dúvida sobre a existência das causas de justificação comporta a absolvição do imputado.

Mas, em geral, a regra do juízo exprime um princípio ético-cognoscitivo. Os juízos humanos podem ser falazes, e são de qualquer forma convencionais; a culpabilidade portanto do imputado com a aplicação da conseqüente sanção pode ser afirmada somente quando considerada além de qualquer razoável dúvida.

3. O Processo Diante do Tribunal em Composição Monocrática

No texto originário do Código de Rito, no livro oitavo, era disciplinado o processo diante do Pretor.

Com a abolição do ofício do Pretor e da Procuradoria da República do município, devia ter achado aplicação diante do Tribunal em composição monocrática a normativa prevista para aquele escritório judiciário. A perda de garantia porém teria sido demasiado elevada considerada a maior esfera de atribuições do Tribunal composto por um só juiz relativamente à competência atribuída ao Pretor. Tinha-se sentido, depois, a necessidade de limitar a mesma esfera de atribuições do mesmo Tribunal originariamente prevista para os reatos punidos há 20 anos de reclusão.

Em linha de princípio, diante do Tribunal em composição monocrática, observa-se por quanto aplicáveis as normas contidas nos livros precedentes do código, salvo as exceções expressamente previstas.

Para as contravenções ou para os delitos punidos com a pena da reclusão, no máximo não superior a quatro anos, mesmo se cumprida a pena pecuniária, bem como os ulteriores reatos taxativamente indicados no art. 550 do CPP, a ação penal é exercida pelo Ministério Público *com citação direta para o juízo*.

Para os outros delitos fica então a garantia *da audiência preliminar*.

A citação direta atua mediante a notificação do imputado ao seu defensor e à pessoa ofendida do decreto de citação a juízo formado pelo Ministério Público. Entre os requisitos do mesmo, indicados pelo art. 552, para a pena de nulidade, há a contestação em forma clara e exata, a indicação do juiz competente para o juízo da data e do lugar do comparecimento.

O decreto é outrossim nulo se não é precedido pelo aviso da conclusão das indagações, *ex* art. 415 *bis*, e do convite notificado a se apresentar para o interrogatório quando tenha sido requerido pelo imputado.

O decreto deve ser notificado, pelo menos, sessenta dias antes da data da audiência, ou nos casos de urgência, pelo menos quarenta e cinco dias antes.

Pelo art. 555 do CPP, a lista das testemunhas, parte dos consultores técnicos, bem como das provas indicadas no art. 210, devem ser apresentadas sete dias antes, sob pena de inadmissibilidade.

Antes da declaração de abertura do debate pode ser apresentado o pedido de aplicação da pena a pedido; sempre dentro do mesmo término, o imputado pode pedir ao juízo abreviado para formular requerimento de oblação.

Em linha geral, a disciplina dos ritos especiais é aquela diante do Tribunal em composição colegial com algumas particularidades para o juízo diretíssimo, que prevê, entre outro, a apresentação direta do imputado arrestado em flagrância de reato na audiência para a confirmação e o contextual juízo por parte dos oficiais e agentes de Polícia Judiciária que executaram o arresto, sobre a base da imputação formulada pelo Ministério Público.

Também o debate se desenvolve segundo a normativa relativa ao Tribunal em composição colegial.

Com o consentimento das partes, o relatório pode ser redigido em forma resumida também fora dos casos previstos pelo art. 140 do CPP.

A pedido das partes, o exame das testemunhas, peritos, consultores técnicos, partes e pessoas indicadas no art. 210 do CPP pode ser conduzido diretamente pelo Juiz sobre a base das perguntas e contestações propostas pelo Ministério Público e pelo defensor (art. 559 do CPP).

Tal disposição pode revelar-se perigosa pela forma acusatória do rito se o consentimento fosse apresentado usualmente e não em casos excepcionais.

4. AS IMPUGNAÇÕES

São denominados meios de impugnação os remédios contra a afirmada injustiça de um processo jurisdicional. A regra fundamental é aquela da *taxação* dos meios de impugnação. É a lei que determina quais provimentos sejam impugnáveis e qual seja o meio (art. 568).

São porém sempre recorríveis para a cassação os provimentos jurisdicionais restritivos da liberdade pessoal e as sentenças, salvo aquelas relativas à competência. O direito de impugnação cabe a quem é expressamente conferido pela lei e é necessário para propor impugnação *ter interesse*. A proposição da impugnação deve ser dirigida para obter um resultado útil, não a abstrata aplicação de um princípio jurídico antes do que outro.

A errada qualificação do meio de impugnação não incide sobre a admissibilidade da mesma.

Novidade de relevo é a possibilidade do *imediato recurso para a cassação*, em lugar da proposta de apelação.

No que diz respeito às impugnações propostas pelo Ministério Público, deve ser lembrado que elas não são condicionadas às conclusões precedentemente acolhidas.

Às exigências de praticidade é devida a regra da participação na apelação, a pedido do Ministério Público que apresentou as conclusões em primeiro grau (art. 570).

O imputado pode propor impugnações pessoalmente ou por meio do procurador especial. Pode propor outrossim o defensor do mesmo no momento do depósito do provimento.

A parte civil e a parte ofendida e os entes exponenciais não podem propor a impugnação direta para obter a modificação dos efeitos penais da sentença. A regra se explica com o caráter público da ação penal.

Todavia, por quanto se refere aos reatos de injúria e difamação, a pessoa ofendida pelo reato, constituída parte civil, pode propor impugnação também para os efeitos penais. Tal possibilidade configura uma espécie de ação penal privada em segundo grau, consentida excepcionalmente somente para os reatos de injúria e de difamação.

A impugnação pode ser proposta também somente para os interesses civis (art. 573).

Neste caso, se observam as formas do rito penal.

A diferença do Código Rocco é que, em geral, se distingue entre o ato de impugnação e a apresentação dos motivos. O ato de impugnação no novo rito é unitário e deve conter tanto a declaração de impugnação quanto a apresentação dos motivos.

A impugnação deve ser apresentada na chancelaria do Juiz que emitiu o processo de impugnação. É focalizada, todavia, a apresentação da impugnação na chancelaria do juiz de paz quando as partes privadas se encontram ou por um agente consular. A impugnação pode ser depois transmitida via correio registrado, ou por telegrama. Deve ser lembrado como a lei prevê a impugnação além da forma dos termos indicados pelo art. 585. Quanto à ordenança do debate, as mesmas não são impugnáveis separadamente pela sentença, salvo aquela relativa à liberdade pessoal. Acerca *dos efeitos* da impugnação, eles são *devolutivos, extensivos* e *suspensivos*.

Em virtude do efeito *devolutivo*, o Juiz de grau superior tem cognição sobre os pontos da controvérsia, e limitadamente a estes, salvo as questões releváveis de ofício, a cujos motivos se referem.

Quanto ao efeito *extensivo*, ele exige que a impugnação por um dos imputados, desde que não fundada sobre os motivos exclusivamente pessoais, adianta também para os outros imputados *concorrentes* no reato.

No caso de reunião de mais processos por reatos diversos, o efeito extensivo – sempre que os motivos sejam exclusivamente pessoais – opera com referimento às violações da lei processual.

O efeito *suspensivo* implica a não-execução do processo até o êxito do juízo de impugnação. A regra não tem aplicação contra os provimentos em matéria de liberdade pessoal.

Quanto aos meios de impugnação contra as sentenças, deve ser dito que eles sejam tradicionalmente distintos em ordinários e extraordinários, conforme a sentença, ou seja, revogáveis ou não revogáveis.

Os meios de impugnação ordinários contra as sentenças são a apelação e o recurso para a cassação.

A apelação pode ser proposta tanto por razões de fato como por legitimidade. O Juiz da apelação contra as sentenças do Tribunal, e o Juiz para as indagações preliminares, é a Corte de Apelação.

Juiz de segundo grau das impugnações propostas contra as sentenças da Corte do Tribunal criminal é a Corte do Tribunal criminal de Apelação.

O recurso por cassação diante da Corte de Cassação pode ser proposto por motivos de legitimidade indicados pelo art. 606:

"a) exercício por parte do juiz de um poder reservado pela lei a órgãos legislativos ou administrativos ou não consentido aos próprios poderes;

b) inobservância ou errônea aplicação da lei penal ou de outras normas jurídicas, das quais se deve ter em conta na aplicação da lei penal;
c) inobservância das normas processuais estabelecidas para a pena de nulidade, de inutilização, de inadmissibilidade ou de decadência;
d) não acolhimento de uma prova decisiva, quando a parte fez pedido dela conforme o art. 495, parágrafo 2º;
e) falta ou manifesta motivação não lógica, quando o vício resulta pelo texto do provimento impugnado."

"O recurso, além dos casos e com os efeitos determinados por particulares disposições, pode ser proposto contra sentenças pronunciadas em grade de apelação ou inapeláveis."

"O recurso é inadmissível se é proposto por motivos diversos àqueles consentidos pela lei ou manifestamente infundados, fora dos casos previstos pelos arts. 569 e 609, parágrafo 2º, por violações de lei não deduzidas com os motivos da apelação."

Observe-se, em particular, como em consideração ao direito à prova, estatuído no novo código, que falta de acolhimento de uma prova decisiva possa constituir expresso motivo do recurso.

Meio de impugnação extraordinário é o recurso por revisão diante da Corte de Apelação contra as sentenças de condenação ou dos decretos penais de condenação que se tornaram irrevogáveis.

Os casos de revisão são aqueles indicados pelo art. 630:

"a) se os fatos estabelecidos como fundamento da sentença ou do decreto penal de condenação não podem conciliar-se com aqueles estabelecidos numa outra sentença penal irrevogável pelo juiz ordinário ou por um juiz especial;
b) se a sentença ou decreto penal de condenação acharam a subsistência do reato a cargo do condenado em conseqüência de uma sentença do juiz civil ou adminis-

trativo, sucessivamente revogada, que tenha decidido uma das questões prejudiciais previstas pelo art. 3º ou uma das questões previstas pelo art. 479;

c) se depois da condenação sobrevieram ou se descobrem novas provas que, sozinhas ou unidas àquelas já avaliadas, demonstram que o condenado deve ser solto conforme dispõe o art. 631;

d) se é demonstrado que a condenação foi pronunciada em conseqüência de falsidade em atos ou em juízo ou de outro fato previsto pela lei como reato."

Deve-se notar que, tendo sido tirada a sentença de absolvição por insuficiência de provas, os casos de revisão, não consentidos pelo Código Rocco, deveriam agora, ao invés, encontrar a possibilidade de acolhimento conforme a letra *c* do art. 630, de maneira particular quando haja contradição ou insuficiência de prova acerca da responsabilidade do imputado.

5. O JULGADO

A sentença ou o decreto penal, quando têm sido experimentados inutilmente os meios de impugnação ordinários ou sejam decorridos os termos para a impugnação, se tornam irrevogáveis. A intangibilidade do julgado, qualquer que seja o conteúdo, responde a uma exigência de certeza das situações jurídicas, certeza que pode achar um limite somente nas hipóteses da revisão. A irrevogabilidade ou intangibilidade do julgado tem como corolário a assim dita regra do *ne bis idem*. Pelo art. 649, o imputado absolvido ou condenado não pode ser submetido novamente a processo penal pelo mesmo fato, nem se diversamente configurado pelo título (exemplo, peculato em lugar de apropriação indébita), o grau (exemplo, homicídio consumado em lugar daquele tentado), ou as circunstâncias (exemplo, furto agravado em lugar de furto simples).

A irrevogabilidade da sentença implica sua executividade. Outrossim, a sentença penal irrevogável que não está vinculada aos limites de prova próprios do juízo civil ou administrativo tem sua eficácia também fora dos efeitos penais.

O acertamento dado pela sentença de condenação penal em seguida ao *debate* tem eficácia de vínculo se respeitada a *vacatio in iudicium* quanto à subsistência do fato, à sua ilicitude penal, à afirmação do cometimento do fato por parte do imputado (art. 651). A mesma eficácia compete à sentença pronunciada em seguida ao juízo abreviado, salvo se a parte civil tenha manifestado oposição a tal rito, no juízo civil ou administrativo, para a restituição ou o ressarcimento do dano.

O mesmo efeito de vínculo nos mesmos juízos compete à sentença de absolvição, quanto ao acertamento que o fato não subsiste ou que o imputado não o cometeu ou que o fato foi cumprido no exercício de um dever e de uma faculdade legítima com relação do danificado que se tenha constituído ou tenha estado em grau de se constituir parte civil no processo penal, salvo se a ação civil tenha prosseguido na própria sessão, ou iniciada depois dos términos para a constituição de parte civil no processo penal (art. 652).

O julgado de absolvição tem outrossim eficácia de vínculo no processo disciplinar quanto ao acertamento de que o fato não subsiste ou que o imputado não o cometeu.

Também, enfim, o julgado penal determina os efeitos de que trata o art. 654: "Em relação ao imputado, à parte civil e ao processo penal, a sentença penal irrevogável de condenação tem eficácia de julgado no juízo civil ou administrativo, quando neste se diverge acerca de um direito ou a um interesse legítimo cujo reconhecimento depende do acertamento dos mesmos fatos materiais que foram objeto do juízo penal, desde que os fatos acertados tenham sido considerados relevantes para o fim da decisão penal e desde que a lei civil não ponha limitações à prova da posição subjetiva controversa".

Apêndice de Atualização à Sétima Edição

Capítulo 1

Garantias de Efetividade do Direito de Defesa

Sob o empurro propulsor da entrada em vigor do novelado art. 111 da Constituição, o legislador adotou provimentos legislativos visando a garantir uma defesa efetiva.

Com a Lei n. 134, de 29 de novembro de 2000, elevou-se a 18 milhões a renda anual para a admissão ao patrocínio das despensas do Estado (patrocínio gratuito), prevendo-se, assim, a possibilidade de nomear um investigador privado autorizado, e não consulente técnico.

Na prática, quem se encontra nas condições previstas pela lei pode escolher um defensor inscrito no próprio álbum guardado pelo Conselho da Ordem Forense, cuja retribuição cabe ao Estado.

Com a Lei n. 60, de 6 de março de 2001, modificou, ao invés, a disciplina da defesa de ofício.

As linhas de fundo da novela são aquelas da *garantia de profissionalização* do defensor de ofício, *a centralização distrital* em fornecer o nominativo do defensor de ofício, a *garantia da retribuição*.

Sob o primeiro perfil deve ser relevado como nos elencos predispostos pelo Conselho da Ordem, de conformidade com o art. 29 das disposições de atuação, podem ser inscritos, a pedido, somente aqueles que estejam na posse de um atestado de idoneidade deixado ao término dos cursos de atualização profissional organizados pelo Conselho da Ordem ou pelas Câmaras Penais.

De tal atestado se pode prescindir somente comprovando dois anos de exercício profissional na área penal. De tal disposição se pode deduzir a tendência ao reconhecimento especialístico da profissão de advogado criminalista, e ao reconhecimento da relevância publicística das Câmaras Penais territoriais e da União das Câmaras Penais.

Quanto à centralização distrital, deve ser relevado, como disposto no "novelado" art. 97 do Código de Rito, os Conselhos da Ordem forense de cada distrito da Corte de Apelação, mediante um próprio ofício centralizado, predisponham o elenco dos defensores que, a pedido da autoridade judiciária ou da Polícia Judiciária, estão indicados para os fins da nomeação.

O escopo da normativa é aquele de chegar a um método informatizado para a individuação do defensor de ofício com o escopo de evitar todo condicionamento do mesmo. Uma escolha (do defensor) por parte da autoridade judiciária é possível, de acordo com o disposto no art. 97, somente nos casos de urgência.

Ponto delicado da defesa de ofício foi sempre o trabalho gratuito da mesma, circunstância certamente não estimulante para uma vigorosa defesa.

De qualquer forma, o legislador procurou atalhar o fenômeno.

Dizendo logo que na comunicação, *ex* art. 369 *bis*, que estabelece quanto à nomeação do defensor de ofício, se informa claramente ao indagado a indefectibilidade da defesa técnica, e informado-o da obrigação de retribuir o defensor de ofício, salvo a admissão ao patrocínio gratuito, o sistema tende a garantir a retribuição deste último.

Na verdade, conforme o art. 32 das disposições de atuação, o defensor de ofício que sem fruto tente a execução forçada sobre os bens do assistido insolvente é retribuído pelo Estado.

Sempre o Estado, ainda, providencia o pagamento nas hipóteses de indagado, imputado ou condenado que não se consegue achar sempre, segundo as normas relativas ao patrocínio de quem não tem nada.

As intervenções normativas representam, sem dúvida, um passo adiante para os escopos da garantia de uma defesa efetiva.

Deve-se observar, porém, que o limite da renda de 18 milhões parece modesto, mas, sobretudo, não foi levado em consideração um conceito relativo ao não ter.

Na verdade, também, o abastado pode não ser possuidor em relação a maxiprocessos destinados a durar anos.

Por quanto se refere à defesa de ofício, deve-se relevar como o pagamento dos honorários seja de qualquer forma adiado para a definição da prática e ao êxito da infrutífera execução no caso de insolvência do assistido, que, na maioria dos casos, é hipótese normal.

Sob o perfil da efetividade da defesa, assume importância a nova disposição do art. 108 do CPP.

Na verdade, com tal disposição se estabelece o direto do novo defensor, do imputado ou do defensor de ofício a um término não inferior aos sete dias para preparar a defesa nos casos de renúncia, revoca incompatibilidade ou abandono do precedente defensor.

Tal término, para a defesa, pode ser reduzido a 24 horas somente no caso de consentimento do imputado ou do defensor, ou no caso de situações que podem levar à libertação do imputado ou à prescrição do reato.

Capítulo 2

Indagações Defensivas

Com a Lei n. 397, de 7 de dezembro de 2000, no quinto livro do Código de Rito relativo às indagações preliminares, foi inserido o título sexto *bis* que regula as investigações defensivas, isto é, aquelas conduzidas pelo defensor de uma das partes privadas, não somente do imputado no decorrer das indagações preliminares, mas também fora delas.

A norma, uma vez em vigor, representa o ponto de chegada de uma tendência que, partindo do art. 38 – hoje revogado – das disposições de atuação do Código de Rito, que reconhecia ao defensor o direito de desenvolver indagações a favor do próprio assistido, passou mediante reconhecimento do poder de submeter ao juiz o resultado das próprias indagações quanto às decisões a serem adotadas, chegou agora a uma extensa regulamentação.

A mesma (norma) deve ser enquadrada na vontade de realizar da maneira mais ampla possível a *paridade das partes* no processo.

Na formulação originária, na realidade, a faculdade de desenvolver as indagações defensivas era mais enquadrada no âmbito do *direito de se defender provando*, conforme o art. 190 do CPP.

Escopo da indagação defensiva era aquele, em outras palavras, da preparação no processo com a finalidade de dirigir ao Ministério Público instâncias de desenvolvimento das indagações, conforme dispõe o art. 358 do CPP, ou de assunção dos meios de prova para o juiz.

A atual norma vai muito além. Seja mesmo nos limites ínsitos no sistema processual, a indagação defensiva se torna *atividade potencialmente formativa da prova* em analogia com a atividade do Ministério Público.

É, em síntese, a *paridade das partes* o escopo da nova norma.

Na verdade, conforme o art. 391 *octies*, ao fechamento das indagações preliminares, o fascículo do defensor é inserido no fascículo do Ministério Público. Isso significa que os atos de indagação defensiva podem se tornar, para todos os efeitos, prova em particular com a instauração do juízo abreviado.

Depois, quanto ao acordo das partes na audiência preliminar, *ex* art. 433, 2º parágrafo, as indagações defensivas podem ser adquiridas pelo fascículo do debate, tornando-se, por isso, utilizáveis para a decisão.

Análoga aquisição é também prevista no debate conforme o art. 493 do CPP.

Deve ainda ser relevado como no debate das declarações inseridas no fascículo do defensor as partes podem servir-se (delas) de acordo com os arts. 500, 512 e 513.

Conseqüentemente, além do uso para o fim de fazer apreciar o fato de que pode ser atendido o declarante, as declarações assumidas pelo defensor, na fase das indagações preliminares, podem se tornar prova quando o exame de uma pessoa resulte que (a mesma) não se pode achar por causa de uma impossibilidade imprevisível sobrevinda, nas hipóteses de lisonjas ou coerções, e nas hipóteses de consentimento para sua aquisição.

Deve ser relevado ainda como deve ser inserida no fascículo do debate a documentação de atos não repetíveis cumpridos por ocasião do acesso nos lugares, apresentada no decorrer das indagações preliminares ou na audiência preliminar.

São inseridos no fascículo do debate também os relatórios dos atos não repetíveis cumpridos pelo defensor, com a observância do contraditório com o Ministério Público.

A equiparação da atividade das indagações do defensor com aquelas do Ministério Público encontra porém limites da mesma natureza da função defensiva.

O defensor não deve apresentar ao juiz todos os atos da própria indagação, diferentemente do Ministério Público, mas pode *apresentar os elementos de prova a favor do próprio assistido.*

O mesmo (defensor) *não tem poderes coercitivos* análogos aos do Ministério Público, mas, pelo contrário, deve avisar a pessoa que pretende entrevistar quanto à faculdade de não responder ou de não fornecer as declarações. No caso de recusa em responder, o defensor pode pedir ao Ministério Público a oitiva da pessoa informada sobre os fatos, ou, como alternativa, pode pedir ao juiz que se prossiga com incidente probatório na assunção da testemunha ou do exame da pessoa indagada, imputada no mesmo processo ou em processo conexo ou coligado também fora das hipóteses de que trata o art. 392 do CPP.

Para falar com pessoa submetida às indagações ou imputada no mesmo processo ou processo conexo ou por um reato coligado, o defensor é avisado quanto à pessoa que deve assistir à entrevista.

Para a entrevista com pessoa presa é necessária a autorização do juiz.

O defensor pode pedir documentos no poder da administração pública, mas, no caso de negação, deve pedir o seqüestro.

Para o acesso a lugares privados ou não abertos ao público, na ausência do consentimento de quem tem a sua disponibilidade, é necessária a autorização do juiz.

O acesso aos lugares de habitação é consentido somente para verificar as marcas ou os outros efeitos materiais do reato.

Um ulterior limite à atividade defensiva do defensor é dado pelo poder de segregação do Ministério Público, que pode vedar, não além de dois meses, as pessoas ouvidas de comunicar os fatos objetos da indagação dos quais têm conhecimento.

Quanto aos sujeitos legitimados para as indagações, eles são perceptíveis no defensor, no substituto, nos investigadores privados autorizados ou nos consultores técnicos.

No caso de investigações preventivas, isto é, no caso que se instaure o processo penal, o defensor deve ter o apropriado mandato e não pode cumprir atos para os quais é necessária a intervenção da autoridade judiciária.

A entrevista defensiva pode assumir várias formas, isto é, aquela do colóquio informal, da recepção da declaração escrita, da verbal.

Em todos os casos, deve ser avisada a pessoa entrevistada do escopo do colóquio de suas intenções sobre sua formalização, da obrigação de declarar se a mesma é imputada ou indagada no mesmo processo, ou num processo conexo ou por um reato ligado, da faculdade de não responder, da proibição de revelar as perguntas eventualmente feitas pela Polícia Judiciária ou pelo Ministério Público e as respostas dadas.

O defensor e o seu substituto podem depois formalizar a entrevista numa declaração escrita à qual deve ser acrescida uma relação ou proceder à redação de um adequado relatório.

Nesse caso, as declarações assumidas podem assumir a vaidade probatória da qual se falou precedentemente, se observadas as formalidades de lei previstas, a pena de não ser utilizável.

No decorrer das indagações preliminares, está prevista a formação do *fascículo do defensor* em relação aos atos de indagação que o defensor produz, tendo em vista uma decisão a ser adotada ou na sua eventualidade.

Depois do fechamento das indagações preliminares, o fascículo do defensor conflui no fascículo do Ministério Público.

O defensor pode outrossim desenvolver atividade integrativa de indagação em cada estádio ou grau de processo, na execução penal e para promover o juízo de revisão (art. 327 *bis* do CPP).

Concebida antes da "novelação" do art. 111 da Constituição como instrumento para limitar o ultrapoder do Ministério

Público no âmbito de um debate esvaziado pela oralidade e pelo contraditório, em virtude da particular intervenção da Corte Constitucional, a norma sobre as indagações defensivas em abstrato apreciável para aspiração à aplicação do princípio da *paridade das partes* deixa, porém, adito a preocupações para os desenvolvimentos futuros.

Esta não regula simplesmente uma atividade livre, informal, visando ao direito do exercício da prova, mas mais uma atividade dirigida à formação da prova pelo que foi dito.

Inevitavelmente ela comporta uma *publicação* da atividade de defesa – as falsas declarações ao defensor são punidas como aquelas dadas ao Ministério Público – com pesadas responsabilidades não somente deontológicas, mas penais para o mesmo defensor.

Em virtude do benefício legislativo a favor do rito abreviado e para a aquisição de atos com o consenso das partes, o risco que mais ocorre é aquele da difusão de um modelo processual no qual cada parte desenvolva autônomas atividades probatórias, que devem ser submetidas ao juiz para suas avaliações na ausência da oralidade e do contraditório.

É fácil prever que a maior paridade formal alcançada das partes possa então se traduzir numa disparidade substancial a favor da acusação.

Capítulo 3

Várias Modificações Legislativas

Nos limites de um manual dirigido mais a sublinhar os aspectos político-culturais do que desenvolver a integral exegese técnica normativa, lembram-se algumas relevantes inovações intervindas no decorrer dos anos 2000 e 2001.

Com a finalidade de evitar solturas por decadência dos términos de custódia cautelar com o Decreto-lei n. 341, de 2000, convertido na Lei n. 4, de 2001, previu-se a possibilidade para os procedimentos relativos a delitos de criminalidade organizadas, que o juiz pronunciando a sentença dispunha a separação dos procedimentos (art. 533 do CPP) e possa redigir um texto *fracionado pela motivação* para cada um dos procedimentos separados (art. 544 do CPP).

Relativamente à introdução do art. 624 *bis* (furto na moradia e furto com arrombamento), previu-se expressamente o arresto obrigatório em flagrância por tal delito.

Quanto à validade do arresto por determinados delitos, a medida coercitiva pode ser disposta também fora dos limites de pena previstos pelos arts. 274, parágrafo 1º, letra *c*, e 280 (reclusão superior, no máximo, a quatro anos para a custódia no cárcere, três anos para as outras medidas coercitivas).

Sempre no âmbito das medidas cautelares introduziu-se a medida coercitiva *do afastamento da casa familiar* em relação a violências em família.

Resultam atualmente modificados, em seguida, ao assim dito "decreto anti-soltura", os arts. 303, 304, 307, no sentido de uma recuperação dos términos da custódia cautelar não exauridos na fase precedente.

Com o novo texto do art. 275 *bis*, introduziu-se o assim dito bracelete eletrônico para o arresto domiciliar do imputado.

Sempre no âmbito das medidas cautelares, deve ser lembrada a reforma do art. 275 do CPP *no que diz respeito à adoção de medidas cautelares* com a sentença de condenação em grau de apelação.

Ao emitir a sentença de condenação, o juiz deve de fato avaliar se emergiram exigências cautelares relativamente à fuga do imputado ou à reiteração dos reatos.

Quando existem exigências cautelares e a condenação se refere a um dos delitos previstos pelo art. 380, parágrafo 1º, e este resulte cometido por sujeito já condenado nos cinco anos precedentes por delitos da mesma índole, as medidas cautelares pessoais são sempre dispostas.

Com a reforma dos arts. 327, 348, parágrafo 3º, e 354, parágrafo 2º, do CPP, colocou-se o acento no âmbito da *atividade autônoma* de Polícia Judiciária, enquanto resultam extensos os términos máximos para as indagações preliminares para ulteriores reatos, previstos pelo art. 407 do CPP "novelado".

Em matéria de impugnações, deve ser assinalada a reforma do art. 593 do CPP, pelo que atualmente são inapeláveis exclusivamente as sentenças de condenação à pena da indenização e as sentenças de soltura são de não-procedência relativas a contravenções punidas somente com a pena de indenização ou pena não alternativa.

De relevo é a instituição junto à Corte de Cassação de uma "seção filtro" para a declaratória de inadmissibilidade dos recursos.

Com a Lei n. 128, de 26 de março de 2001, foi introduzido depois o art. 625 *bis,* que insere *o recurso extraordinário em cassação por erro material ou de fato.*

O erro material é aquele que não determina a nulidade do ato e cuja modificação não comporta uma modificação essencial do mesmo ato.

Por erro de fato deve-se entender, ao invés, um erro na leitura de atos internos ao juízo de cassação (por exemplo, errônea declaratória de admissibilidade do recurso).

Deve ser ainda invocado como o sistema das videoconferências tenha sido prorrogado até o dia 31 de dezembro de 2002.

Em tema de *rito abreviado*, deve ser assinalado como o processo determine uma fase autônoma para os fins da custódia cautelar.

De conformidade com o "novelado" art. 441 *bis* do CPP, a modificação da imputação consente ao imputado pedir o prosseguimento do processo nas formas ordinárias, chegando-se, assim, a uma transformação do rito.

Deve ser assinalado que para os fins dos benefícios premiáveis, a pena é reduzida de um terço, ao ergástulo é substituída a pena da reclusão de trinta anos, à *pena do ergástulo com o isolamento diurno,* no caso de concurso de reatos, o reato continuado, é substituída por aquela *do ergástulo*.

No que diz respeito, *o julgado* deve ser relevado no sentido da nova formulação do art. 653 do CPP; a sentença penal de condenação – mesmo aquela da pena pactuada – tem eficácia de julgado no juízo disciplinar, quanto ao fato, à sua ilicitude e à afirmação que o imputado cometeu.

Capítulo 4

Lei de Atuação do Justo Processo

Sancionado o princípio, com a novela constitucional do art. 111, do contraditório na formação da prova do processo penal e aquele correlato das não utilizáveis declarações acusatórias de quem voluntariamente se subtrai do contraditório, necessariamente surgiu a necessidade de uma lei de atuação dos ditames constitucionais.

Na verdade, de um lado colocou-se a necessidade de adaptar as normas do Código de Rito ao princípio do contraditório, do outro, aquela de garantir a efetividade do contraditório no positivo.

Se, em verdade, a participação para a formação da prova se configura como direito da parte privada para a garantia da própria posição, tal direito não se pode resolver exclusivamente numa regra de exclusão probatória.

No âmbito do equilíbrio de interesses constitucionalmente garantidos é necessário reconhecer o direito do Estado de maneira que o contraditório aconteça.

Tal direito atua principalmente com as normas substanciais e de rito que regulam o testemunho, ofício que compreende a obrigação de dispor e dizer a verdade.

O problema principal para resolver, para os fins da atuação do contraditório, é aquele relativo ao imputado como fonte de prova, mas exatamente aquele relativo às declarações do imputado hétero-acusatórias que depois venham a se subtrair do contraditório do debate.

Viu-se, com tal problema, a chave principal de toda a reforma constitucional do art. 111.

É evidente a presença de vários interesses: o direito do imputado ao silêncio, o direito do acusado no confronto com o acusador, o direito do Estado para o acertamento judicial da verdade e à repressão dos reatos.

Uma equilibrada solução ao conflito está no reconhecimento que o direito do imputado ao silêncio é, na realidade, o direito a não se incriminar com as próprias declarações; é o *privilege against selbst incrimination*, o significado mais prenhe do princípio *nemo tenetur se detegere*.

Se é assim, resulta claro que, uma vez que o imputado tenha acusado a si próprio e outros, o direito do silêncio não tenha nenhuma razão, pouco ou nada adiantando o silêncio sucessivo sobre o fato próprio ao mesmo imputado (art. 513 do CPP).

Não deve ser vista nenhuma razão depois, porque o imputado que nega o fato próprio mas acusa terceiros não deve assumir a veste de testemunha.

A efetividade do contraditório na formação da prova, que assume ser critério epistemológico seja mesmo temperado por exceções do processo penal previsto pela Constituição, deve, então, normativamente ser perseguido.

A garantia da efetividade do contraditório podia ter sido atuada, portanto, sobre a base do princípio da obrigação do testemunho para quem, como imputado, tivesse dado declarações hétero-acusatórias, pré-debates sobre a base do princípio da assunção da qualidade de testemunha de quem viesse a render na fase de incidente probatório ou no debate, sempre como imputado, declarações hétero-acusatórias, salvo o limite de que trata o parágrafo 2º do art. 198 do CPP, quando possa emergir sua responsabilidade penal em virtude do privilégio contra a auto-incriminação.

A própria escolha feita pelo legislador, na realidade, peca por excesso ou por defeito relativamente a este esquema.

Depois de uma longa gestação parlamentar, foi finalmente varada a Lei n. 63, de 1º de março de 2001, e expressamente em atuação pelo art. 111 da Constituição.

Deve ser relevado, antes de tudo, como modificado o resultado do art. 64 do Código de Rito, em matéria de interrogatório, estabelecendo-se a pena de inutilizável além da advertência da faculdade de não responder aquele da *sempre possíveis utilizáveis declarações dadas pelo interrogatório nas suas confrontações*.

Ulterior aviso previsto é aquele da *possibilidade de assumir a veste de testemunha em caso de declarações hétero-acusatórias* com referência aos arts. 197 e 197 *bis*.

A inobservância de tal aviso não comporta somente as não utilizáveis declarações, mas, outrossim, a impossibilidade de assumir a veste de testemunha sobre fatos objeto das declarações.

Para a garantia do contraditório resultam modificados os arts. 190 *bis* e 238 do CPP. No sentido do art. 190 *bis*, que põe limitações ao direito da prova, previsto pelo art. 190, nos processos de criminalidade organizada ou de violência sexual, se o exame diz respeito a menor de 16 anos, quando é pedido o exame de uma testemunha ou de uma pessoa imputada em processo conexo ou ligado e estas tenham feito já declarações na fase de incidente probatório ou em debate *no contraditório* com a pessoa em relação à qual as mesmas declarações são utilizadas ou declarações cujos relatórios foram adquiridos conforme o art. 238, o exame é admitido somente se se refere a fatos e circunstâncias diversas daquelas das precedentes declarações ou se o juiz ou algumas das partes o achem necessário sobre a base de específicas exigências.

A limitação do direito à prova pressupõe, portanto, que de qualquer forma o contraditório tenha havido, e tal limitação vem menos se tem por objeto fatos diversos daqueles que constituíram o objeto das precedentes declarações ou surjam específicas exigências.

Sempre no sentido da garantia do contraditório é a nova formulação do art. 238 do CPP, que regula a assim dita transmigração dos atos processuais.

No sentido da dita disposição, é admitida a aquisição dos relatórios de provas de outro procedimento penal desde que se trate de provas assumidas no incidente probatório ou no debate.

É admitida, outrossim, a aquisição de prova assumida num juízo civil definido com sentença transitada em julgado.

Em tais casos, porém, os relatórios das declarações são utilizáveis contra o imputado somente se o seu defensor participou da assunção da prova ou se em suas confrontações faz estado a sentença civil.

Como é dado ver a utilização dos relatórios de outro processo penal, é de regra condicionada da efetividade do precedente contraditório.

Do resto da disposição pareceria, ao invés, que tal efetividade não seja pedida para as declarações assumidas no processo civil definido com autoridade do trânsito em julgado da sentença.

A disposição em tal sentido parece censurável, considerando-se a possibilidade da contumácia do imputado, seja o modo de assunção das provas no processo civil fundado sobre capítulos de prova que contêm perguntas sugestionáveis vedadas nos sentidos do art. 499, 3º parágrafo, do CPP.

Tratando-se de provas não necessariamente assumidas em contraditório e mais não ritualmente assumidas, seguindo o Código de Rito, parece percebível o contraste entre esta parte do art. 238 do CPP e o art. 111 da Constituição.

No sentido do 3º parágrafo do art. 238, é de qualquer forma admitida a aquisição de *atos não repetíveis*. Sempre para evitar, porém, a elisão do contraditório na formação da prova, se a não repetição dos atos sobreveio à aquisição dos relatórios, é admitida somente se devida a fatos ou circunstâncias imprevisíveis.

Fora dos casos supra-indicados, os relatórios de declarações podem ser utilizados somente em relação ao imputado que consinta isso.

Na ausência do consentimento, uma limitada utilização é possível somente para as contestações nos sentidos dos arts. 500 e 503 do CPP.

Salvo a limitação prevista pelo art. 190 *bis*, o art. 238 prevê, de qualquer forma, expressamente o direito da parte, conforme o art. 190, de obter o exame das pessoas das quais se adquiriram as declarações.

A garantia da oralidade no texto do novo art. 195 do CPP é assegurada com a proibição do testemunho "do relatório" dos oficiais e agentes de Polícia Judiciária.

A proibição é relativa aos atos assumidos no curso do processo, e relatados, e encontra a sua razão na possível elisão da proibição de leitura estatuída pelo 2º parágrafo do art. 514, relativo aos relatórios e à documentação da atividade cumprida pela Polícia Judiciária.

Mas a inovação mais relevante da lei de atuação do justo processo é dada pela *redimensionalidade do direito ao silêncio do imputado sobre o fato alheio*.

Dessa forma, o legislador quis garantir positivamente a efetividade do contraditório.

Tal redimensionalidade atuada especialmente com a reforma do art. 197 e a introdução da do art. 197 *bis* é realizada mediante a tipicidade de categorias de imputados em relação à conexão ou à coligação entre os procedimentos e em relação ao estado da sua vicissitude processual.

A incompatibilidade em assumir o cargo de testemunha permanece para os *co-imputados do mesmo reato e na hipótese de processo conexo conforme o sentido do art. 12, parágrafo 1º, letra a* (novelado), isto é, na hipótese de concurso ou cooperação no reato ou de determinação do evento com condutas independentes, até que não seja intervinda sentença de condenação, de soltura ou de aplicação de pena irrevogável.

Não podem ser, outrossim, assumidos como testemunhas os imputados em *processo conexo conforme norma do art. 12, parágrafo 1º, letra c, ou de um reato coligado conforme a norma do art. 371, parágrafo 2º, letra b* (novelado).

Trata-se de processo relativo a reato cometidos para executar ou ocultar outros, ou, se se trata de reatos dos quais uns foram cometidos por ocasião dos outros ou para conseguir ou garantir ao culpado ou a outros o proveito, o preço, o produto ou a impunidade, ou que tenham sido cometidos por mais pessoas em dano recíproco umas das outras, ou a prova de um reato ou de uma sua circunstância influi sobre a prova de um outro reato ou de uma outra circunstância.

A incompatibilidade para testemunhar cessa, porém, com o trânsito em julgado da sentença de soltura, de condenação ou de pena pactuada. *A incompatibilidade não opera quando a pessoa ritualmente advertida, ex art. 64, parágrafo 3º, letra c, tenha feito declarações a cargo de terceiros.*

Ditando em positivo a disciplina da obrigação de testemunho, o art. 197 *bis* do CPP estatui, ao invés, a assunção da *qualidade de testemunha* a todos os imputados em *caso de conexão ou de reato coligado* quando houve o *trânsito em julgado* da sentença de soltura de condenação ou de pacto.

Não é preciso o trânsito em julgado da sentença na hipótese de conexão de conformidade com o art. 12, letra c (conexão teleológica) ou de reato coligado quando o imputado ritualmente advertido da possibilidade de ser assumido como testemunha tenha feito declarações a cargo de terceiros. Nesse caso, o imputado assume o cargo de testemunha.

É somente neste último caso que subsiste uma co-relação entre as precedentes declarações feitas pelo imputado e a obrigação de testemunho.

O trânsito em julgado da sentença relativa ao próprio processo comporta, ao invés, para todos, indistintamente, aos imputados a assunção da obrigação do testemunho. Tal extensão parece excessiva. Se pense na hipótese do imputado absolvido que, mesmo não tendo nada a temer mais sob o perfil penal, se pode encontrar constrangido a fazer declarações de qualquer forma prejudiciais para a própria reputação.

No caso do imputado-testemunha assumido depois do trânsito em julgado da sentença de condenação, vale, todavia, para ele um limite para a obrigação de testemunhar, no sentido de que ele não pode estar obrigado a depor sobre fatos para os quais foi pronunciada *sentença de condenação*, se no processo tinha negado a própria responsabilidade ou no caso de *pena pactuada* não tinha feito nenhuma declaração.

Outro limite para a obrigação de testemunhar vale para o imputado em processo conexo, conforme o art. 12, parágrado 1º, letra c, ou por reato coligado cuja posição não tenha sido definida com sentença transitada em julgado e tenha feito declarações hétero-acusatórias.

O mesmo, na verdade, não pode estar obrigado a depor sobre fatos que concernem à própria responsabilidade. Se reafirma desta maneira, neste caso cabe o direito a não se auto-incriminar por parte do imputado.

Deve, porém, ser relevado como em concreto pareça dificilmente operativa a distinção entre fato próprio e fato alheio.

Para garantia do imputado testemunha é prevista a presença de um defensor. Diferentemente dos outros textos, o mesmo é, portanto, um *teste assistido*.

Para ulterior garantia do imputado, testemunha, o 5º, parágrafo do art. 197 *bis* estatui outrossim as não inutilizáveis declarações feitas pelo imputado-testemunha em relação a si mesmo no processo a seu cargo, no processo de revisão da sentença de condenação e em qualquer juízo civil ou administrativo relativo ao fato objeto dos processos e das sobreditas sentenças.

Oporunamente, para garantia de uma correta decisão, o 6º parágrafo do art. 197 *bis* chama a regra do juízo de que trata o 3º parágrafo do art. 192. As declarações do imputado, testemunha, devem, de qualquer forma, ser corroboradas por elementos de verificação que confirmam sua antendibilidade.

A assunção da qualificação de testemunha, na verdade, não enfraquece que aquelas necessárias avaliações de prudências das declarações do imputado que chamam na reidade ou co-reidade não comportando a qualificação de testemunha maior confiabilidade no sentido substancial.

De resto, a regra da *corroboration* vale nos países de *common law*, onde, desde muito tempo, imputado que sobe para depor sobre o banco das testemunhas assume a qualidade de testemunho.

Em conseqüência da disciplina agora ilustrada, resulta modificado o art. 210 do CPP.

Os imputados no processo conexo, nos sentidos do art. 12, parágrafo 1º, letra *a*, em relação aos quais se procede ou se procedeu separadamente e que não podem assumir o cargo de testemunha, na falta de definição dos processos separados com sentença transitada em julgado, têm a obrigação de se apresentar para o juiz, que pode dispor seu acompanhamento coativo. As mesmas pessoas são assistidas por um defensor, que tem o direito de participar do exame, e são advertidas da *faculdade de não responder*.

O exame acontece conforme as regras do exame testemunhal previstas pelos arts. 194, 195, 498, 499 e 500.

As mesmas disposições se aplicam a pessoas imputadas nas outras hipóteses de processos conexos ou por reatos coligados que não fizerem em precedência declarações concernentes à responsabilidade do imputado.

Elas são advertidas da faculdade de não responder, e, outrossim, se pretendem responder, elas assumirão a qualidade de testemunha.

Nesse caso, além das precedentes regras, aplica-se-ão, ao exame, as disposições relativas às declarações de empenho de dizer a verdade, *ex* art. 497 do CPP, e aqueles de que trata o art. 197 *bis*, em particular sobre os limites do dever de testemunhar e aquelas relativas às garantias de não utilizáveis em suas confrontações. Também fora das precedentes declarações hétero-acusatórias, o imputado, nos casos supra-indicados, pode, então, assumir a veste de testemunha.

Além das disposições de necessária coordenação impostas pela nova normativa que interessam mais disposições do código e que comportaram alguns retoques em várias disposições do código – veja-se a respeito os arts. 294, 351, 362 do Código –, de vem ser frisadas algumas modificações em sentido de garantias relativas à fase das indagações preliminares.

Conforme o 2º parágrafo do art. 203, as inutilizáveis declarações feitas por informadores não interrogados, nem assumidos em sumárias informações, operam também nas fases diversas do debate, e tal disposição se reverbera no art. 267 para os fins da avaliação dos graves indícios de reato para os fins das interceptações de comunicações.

Para os fins da avaliação de graves indícios de culpabilidade, conforme o art. 273, deve-se considerar a necessidade das verificações em consonância com os chamamentos na criminalidade e co-criminalidade e da proibição de utilização das declarações "de relato" de quem não indique as pessoas ou a fonte das notícias, das não utilizáveis das declarações dos informadores não ritualmente examinados ou assumidos nas sumárias informações das proibições de utilização das interceptações de comunicações.

Fundamental importância assume, para os fins da plena atuação do contraditório na formação da prova, a *disciplina das contestações do exame testemunhal*.

O novo texto do art. 500 do CPP, na verdade, reproduz em boa parte aquilo originário de 1988, readmitido o princípio do contraditório na formação da prova entendido em sentido estrito.

As precedentes declarações feitas pela testemunha e contidas no fascículo do Ministério Público (que compreende as indagações defensivas) podem ser utilizadas para contestar o conteúdo da disposição testemunhal. Pressuposto das contestações é a divergência entre quanto precedentemente declarado e quanto a testemunha declara no debate.

Tais precedentes declarações relativamente às quais é previsto o controle do presidente mediante a exibição do relatório, uma vez lidas, podem ser avaliadas para os fins da credibilidade da testemunha. Salvo quanto previsto pelos parágrafos 4º e 6º do art. 500 do CPP, em nenhum caso as mesmas são adquiridas pelo fascículo do debate e são, portanto, utilizáveis como provas.

Isso importa em particular que, na hipótese de divergência entre quanto precedentemente declarado e quanto declarado no debate, somente as declarações feitas naquela circunstância constituem elementos probatórios, obviamente que devem ser avaliadas.

O significado da avaliação está claro: por prova formada no contraditório, o legislador entende somente aquela formada com a participação das partes. Não é acolhido um conceito mais extenso de contraditório pelo qual o mesmo seria realizado também pela só confrontação com a testemunha em relação às suas precedentes declarações. O novo texto do art. 500 do CPP reproduz, portanto, a originária cesura do código entre a fase das indagações preliminares e debate. Fato, salvo este princípio, que nada impede, pelo nosso parecer, que as contestações possam servir simplesmente para refrescar a memória da testemunha.

O 3º parágrafo do "novelato" art. 500, de maneira não lingüisticamente feliz, mas a intenção está clara, regula a recusa do teste a se submeter ao exame ou ao contra-exame de uma das partes. Nesse caso, não se realizando plenamente o contraditório, deriva disso a não utilizável prova. Exemplificando na hipótese de recusa da testemunha em cargo de submeter ao contra-exame, as declarações feitas na fase de exame do Ministério Público não serão utilizáveis a cargo do imputado interessado nas declarações. Não será igualmente utilizável a prova do álibi se a testemunha recuse o contra-exame do Ministério Público.

O consentimento da parte interessada de qualquer forma consente a utilização das declarações.

O 4º parágrafo do art. 500 do CPP, na aplicação do texto do 5º parágrafo do art. 111 da Constituição, estabelece, ao invés, a aquisição no fascículo do debate das declarações precedentemente feitas pela testemunha no curso das indagações preliminares e a utilizável daquelas feitas no debate no caso de recusa em submeter-se ao exame ou ao contra-exame de uma das partes, quando o mesmo resulte coagido ou lisonjeado para que não deponha ou deponha em falso.

Sobre a aquisição, nesse caso trâmite de leitura, decide o juiz, prévios os acertos considerados necessários a pedido das partes.

Abre-se, portanto, *um processo* incidente pelo qual não são previstas formalidades particulares, dirigido ao acerto dos elementos concretos para achar que a testemunha tenha sido submetida a violência, ameaça, oferta ou promessa de dinheiro ou outra utilidade.

As declarações testemunhais assumidas, *conforme o art. 422 do CPP, pelo juiz para as indagações preliminares* podem ser acrescidas ao fascículo do debate a pedido das partes se utilizadas para as contestações. Nesse caso, elas são utilizáveis como prova nas confrontações das pessoas que participaram da sua assunção.

O ocorrido contraditório consente razoavelmente uma derrogação à censura das fases processuais, audiência preliminar e debate.

Conforme o parágrafo 7º do art. 500, sobre o acordo das partes, são acrescidas ao fascículo do debate as declarações precedentemente feitas pela testemunha contidas no fascículo do Ministério Público.

O art. 503 do CPP, que disciplina *o exame das partes* privadas, resulta apenas retocado pela reforma normativa para meros fins de coordenação.

Do contrário, é porém mudado o todo quadro de referimento.

O mesmo prevê que para os fins da contestação das disposições da parte civil, do responsável civil, da pessoa civilmente obrigada para a pena pecuniária, do co-imputado e do imputado, as partes podem servir-se das declarações precedentemente feitas contidas no fascículo do Ministério Público.

Para as declarações lidas, para as contestações, vale a regra estabelecida para as declarações chamada novamente na fase do exame testemunhal.

Elas devem ser avaliadas para os fins da credibilidade, isto é, não constituem prova.

Conforme o parágrafo 5º do art. 503 do CPP, porém, as declarações do imputado às quais o defensor tinha direito de assistir, assumidas pelo Ministério Público ou pela Polícia Judiciária sobre delegação do Ministério Público, são acrescidas no fascículo do debate e, portanto, utilizáveis como prova se usadas para as contestações. Análoga regra vale para as declarações feitas pelo imputado ao juiz em seguida à medida cautelar pessoal, no processo de revogação para a substituição das medidas cautelares, na fase de avaliação do capturado ou do arresto e na fase da audiência preliminar.

Nenhuma dúvida aparece que em tal caso as precedentes declarações possam valer como prova em relação ao imputado que as fez.

Problemático é, ao invés, o fato de que as mesmas possam ser utilizadas em relação aos outros imputados ou co-imputados, não subsistindo nenhum dado literal que valha para excluir tal possibilidade.

Para a solução negativa se deve prevenir considerando o princípio do contraditório como cânone constitucional epistemológico do processo.

Única possível exceção de não utilizável *contra alios* das precedentes declarações feitas na audiência preliminar com as modalidades de que tratam os arts. 498 e 499, com a participação do outro imputado em relação ao qual as declarações foram feitas ou pelo seu defensor, tendo, neste caso, o interessado sempre participado para a formação da prova.

Por quanto se refere *à leitura das declarações feitas pelo imputado no curso das indagações preliminares ou na audiência preliminar, a nova formulação do art. 513 substancialmente propõe de novo a originária formulação da Lei n. 267, de 1997, antes da intervenção da Corte Constitucional, com as modificações necessárias em seguida à introdução dos arts. 197, 197 bis e 210 do CPP.*

Na hipótese de contumácia, ausência ou recusa do imputado a se submeter ao exame, o 1º parágrafo do art. 513 prevê a leitura das precedentes declarações feitas pelo imputado ao Ministério Público, à Polícia Judiciária sobre delegação do Ministério Público ou ao juiz no curso das indagações preliminares ou na audiência preliminar.

Tais declarações, porém, não podem ser utilizadas em relação a outros, salvo o consentimento.

A tal regra de não utilizável relativa se faz, porém, exceção no caso em que emergem coerções ou lisonjas.

Se as declarações foram feitas, ao invés, por pessoas indicadas pelo 1º parágrafo do art. 210, isto é, por imputados em concurso ou cooperação no mesmo reato ou que determinaram com condutas independentes o mesmo evento para os quais se procedeu separadamente, e que não podem, portanto, assumir o papel de testemunha, aplica-se uma articulada disciplina.

Antes de tudo, o juiz dispõe, segundo os casos, o acompanhamento coativo do declarante ou o exame em domicílio ou a rogatória internacional, ou o exame com a garantia do contraditório.

Se não é possível obter a pessoa do declarante ou proceder ao exame de suas declarações, é dada a leitura conforme dispõe o art. 512 do CPP, quando a impossibilidade de repetição dependa de fatos ou circunstâncias imprevisíveis no momento do depoimento.

A exceção ao contraditório encontra, neste caso, justificação no texto constitucional.

Na hipótese de recusa de responder por parte do declarante, a leitura, ao invés, é possível somente com o acordo das partes.

Se as declarações tanto do imputado quanto do imputado conexo foram feitas na fase do incidente probatório das mesmas, dá-se leitura conforme o art. 511.

O art. 526 do CPP, na originária formulação, estabelecia porém o princípio no sistema, que o juiz não pudesse utilizar outras provas para os fins da decisão diversas daquelas legitimamente adquiridas no debate.

A tal disposição "pedagógica" acrescentou-se o parágrafo 1º *bis*, que reproduz o texto constitucional pelo que a culpabilidade do imputado não pode ser provada sobre a base de declarações feitas por quem, por livre escolha, subtraiu-se sempre voluntariamente ao exame por parte do imputado ou de seu defensor.

Também tal disposição como aquela do parágrafo 1º pode parecer supérflua, não se duvidando de forma alguma da operabilidade direta da norma constitucional.

Toda a disposição do art. 526 poderia, portanto, se justificar com a fobia, porém não infundada, do legislador para a rebelião do juiz contra a lei processual.

Faz-se também observar como o parágrafo 1º *bis* do art. 526 do CPP possa ter uma justificação como norma de fechamento que afirma novamente o princípio epistemológico do contraditório.

Neste caso, recuperaria significado também o 1º parágrafo do art. 526.

Em síntese, a decisão deve ser fundada sobre provas legitimamente adquiridas, mas a legitimidade da aquisição não consente uma afirmação de responsabilidade sobre a base de declarações de quem se tenha subtraído sempre ao contraditório por livre escolha.

Tal norma assim viria, por exemplo, a colocar um limite aos atos utilizáveis com o consentimento das partes.

Capítulo 5

Juiz de Paz

Em atuação da Lei Delegada n. 468, de 24 de novembro de 1999, o Governo italiano adotou o Decreto-lei n. 274, de 24 de agosto de 2000. Em 2 de janeiro de 2002, em conseqüência do novo envio, entra em vigor a normativa relativa ao juiz de paz competente em matéria penal.

Não se trata de mera reforma do ordenamento judiciário que atribui à magistratura honorária a competência para julgar reatos considerados de menor alarme social.

Na realidade, tudo deve ser relevado como são modificadas as sanções relativas aos reatos submetidos ao conhecimento do juiz de paz. O legislador não interveio sobre as individuais disposições normativas, mas colocou de forma geral uma co-relação entre competência do juiz de paz e sistema de sanção.

Na prática, conforme o art. 52, ficando firme que para os reatos punidos somente com a pena da multa ou do ressarcimento continuam a ser aplicadas as precedentes disposições, em alternativa da pena pecuniária, são aplicáveis as sanções da *permanência domiciliar* de, no máximo, 45 dias de trabalho de *utilidade pública* até seis meses. Trata-se de sanções penais a serem consideradas para todos os feitos *penais principais*. Com isso, o sistema das penas do Código Penal é modificado. Fato ainda mais significativo é que o trabalho de utilidade pública pode, *ex* art. 54, ser aplicado somente a pedido do condenado. A permanência domiciliar comporta a obrigação, *ex* art. 53, de ficar em lugar de moradia privada ou lugares equivalentes no sábado e no domingo, mas a pedido do condenado a pena pode ser espiada em dias diversos ou de forma continuada. Analogamente, o trabalho de utilidade pública que comporta seis horas semanais, e não mais de duas horas diárias de prestação, pode, a pedido do condenado, ser desenvolvido por um tempo superior, computando-se duas horas de trabalho como um dia de execução. Está prevista a conversão no caso de insolvência das penas pecuniárias em trabalho substitutivo (art. 55) ou permanência domiciliar.

A violação das obrigações relativas é punida, *ex* art. 56, com a reclusão de até um ano. Deve ser relevado como a permanência domiciliar não se configure como estado de detenção.

Mas além da modificação do Código Penal em matéria de sanções, devem ser lembradas duas causas extintivas do reato: *a particular tenuidade do fato* (art. 34) e *a reparação do dano e a eliminação das conseqüências do fato* (art. 35).

A primeira causa extintiva encontra já um precedente no art. 27 do DPR n. 448, de 22 de setembro de 1988, relativo ao processo a cargo dos menores.

Deve-se notar que a mesma não configura uma carência de ofensa que valha para excluir o reato, quanto uma tenuidade do significado ofensivo do mesmo, que pode conduzir à improcedência, salvo o interesse da pessoa ofendida no curso das indagações preliminares, ao prosseguimento do processo, ou à sua oposição ao debate na declaratória da cláusula extintiva.

Deve-se notar como a suspensão condicional da pena, *ex* art. 60, não possa ser disposta para os reatos de competência do juiz de paz.

A disposição que poderia ser censurada de inconstitucionalidade encontra a sua razão no fato de que, em vista da eminente *função conciliatória* do juiz de paz (art. 2º) e a possibilidade de causas extintivas do reato, *ex* arts. 34 e 35, como acima lembrado, com conseqüente presumida limitada emissão de sentenças de condenação, o instituto tiraria todo meio de parar ao processo.

Por análogas razões devem considerar-se que sejam inaplicáveis, *ex* art. 62, as sanções substitutivas, *ex* art. 53 e seguintes da Lei n. 689, de 24 de novembro de 1981.

Vindo ao ordenamento processual do juiz de paz, deve ser relevado *como a competência* dele seja taxativamente indicada pelo art. 4 do Decreto-lei n. 274/2000. De fato se trata de contravenções de escasso relevo e também de modesta aplicação prática. Maior relevo assume, ao contrário, a competência atribuída com referência a alguns delitos contra a pessoa – pancadas, lesões pessoais leves, lesões culposas puníveis mediante queixa da parte (não todas), injúria, difamação, ameaça, furtos puníveis mediante queixa e outros reatos menores contra o patrimônio. Trata-se de reatos em relação aos quais a atribuição de competência é correlata à função *conciliatória* expressamente demandada ao mesmo juiz de paz (art. 2º).

De maneia supérflua, o decreto rebate a competência do tribunal para os menores.

Órgãos judiciários são (art. 1º) o procurador da República junto do Tribunal em cujo distrito tem sede o juiz de paz e o mesmo juiz de paz.

Na fase das investigações preliminares, é competente o juiz de paz onde tem sede o Tribunal do distrito (art. 5º).

Em linha geral, no processo diante do juiz de paz aplicam-se as disposições do código, além daquelas do decreto.

As exceções, todavia, são relevantes e juntamente com as disposições do mesmo decreto configuram um processo distinto em relação ao ordinário.

Não se aplicam, na verdade, as normas relativas *ao incidente probatório, ao arresto em flagrância e à captura de indiciados de delito, às medidas cautelares pessoais, à prorrogação para as indagações e, enfim, às normas relativas aos ritos especiais.*

A competência por território é dada pelo lugar onde foi cometido o reato.

A conexão por matéria opera no único caso de concurso formal de reatos, aquela por território somente nas hipóteses de concurso de pessoas e de concurso formal.

As atividades de indagação são atribuídas à *iniciativa autônoma da Polícia Judiciária*.

Cumpridas as indagações, se a notícia do reato resulta fundada, apresenta-se uma relação escrita ao Ministério Público e pede a autorização para a citação em juízo dentro do término de quatro meses da aquisição da mesma notícia (art. 11).

A diferença do previsto pelo Código de Rito é que a Polícia Judiciária pode cumprir uma autônoma e mais extensa atividade de indagação.

Fica, porém, com o Ministério Público o poder de formular a imputação, exercendo a ação penal (art. 15) de distribuir, se recebeu ele mesmo a notícia do reato, diretrizes (art. 12), de autorizar a Polícia Judiciária (art. 13) a cumprir determinados atos como os interrogatórios, as confrontações com o investigado, as inquirições ou os seqüestros.

Recebida a relação da Polícia Judiciária, o Ministério Público pode providenciar pessoalmente para ulteriores indagações ou dar as diretrizes (art. 15).

O término das indagações é fixado em quatro meses da inscrição da notícia do reato.

A inscrição tem lugar em seguida à transmissão da relação, *ex* art. 11, ou desde o primeiro ato de indagação desenvolvido pessoalmente pelo Ministério Público.

O juiz de paz "distrital" pode autorizar a prorrogação das indagações por dois meses.

Se é pedido o arquivamento, a parte ofendida que tenha feito o pedido ou que tenha apresentado o recurso imediato ao juiz é informada. A oposição não dá lugar, porém, à audiência em câmara de conselho, mas a processo cartorário. Se não acolhe o pedido de arquivamento, o juiz dispõe ulteriores indagações ou a imputação coativa.

Como foi dito, não é previsto o incidente probatório no sentido do art. 392 do CPP. Todavia, no curso das indagações, o juiz de paz "distrital" poderá assumir as provas não reenviáveis.

Sucessivamente ao fechamento das provas, providenciará o juiz de paz competente para o debate.

Sempre o juiz "distrital", no curso das indagações, poderá dispor do seqüestro preventivo e conservativo, o seqüestro de que trata o art. 368 do CPP, a autorização para diversas interceptações e providenciar sobre o pedido de reabertura das indagações.

Para os reatos que se podem perseguir de ofício, ou aqueles de queixa de parte pelo que *não seja apresentado o recurso imediato*, o Ministério Público formula a imputação. É a *Polícia Judiciária*, porém, que *providencia para a citação em juízo* diante do juiz de paz, formando o ato e providenciando a sua notificação. O ato, além de indicar o dia e a hora do comparecimento, deve conter *a contestação da acusação* com a indicação das provas das quais se pede a admissão e a indicação das circunstâncias sobre as quais deve verter o exame das testemunhas e dos consultores técnicos (art. 20) para a pena de nulidade.

Para os reatos que podem ser perseguidos sob queixa está porém previsto um recurso imediato ao juiz de paz, cujos requisitos são fixados para a pena de inadmissibilidade do art. 21. Em particular, deve ser relevado como tal ato deva indicar *a pessoa que se cita em juízo* e o fato que *lhe é debitada em forma clara e exata*. O recurso produz os mesmos efeitos da apresentação da queixa e a constituição de parte civil deve acontecer em contestação ao recurso com o mesmo ato ou separadamente.

É sempre necessária a assistência do defensor.

Não se trata de uma ação penal privada.

Na verdade, é sempre ao Ministério Público que o recurso deve ser previamente comunicado antes do depósito ao juiz de paz competente que formula a imputação, confirmando ou modificando a acusação contida no recurso (art. 25). Função do recurso é o "pulo" da fase das indagações preliminares.

Se o recurso é considerado admissível e é apresentado ao juiz de paz competente, este fixa com decreto a audiência de convocação das partes. O decreto é notificado juntamente com o recurso ao Ministério Público, para a pessoa citada em juízo e para seu defensor, devendo-se entender por este último aquele nomeado de ofício com o decreto. Sempre no término de 20 dias o recorrente notifica o decreto para as pessoas ofendidas e conhecidas.

Caso sejam mais de uma, é consentido a elas a intenção com os mesmos direitos do recorrente a constituir-se parte civil. A falta do comparecimento das pessoas ofendidas às quais foi notificado o decreto equivale à renúncia do direito ou à remissão de queixa (art. 28).

Os ônus das partes são análogos aos previstos pelo art. 468 do CPP, pelo que se atém à indicação das testemunhas, peritos, consultores técnicos e imputados em processo conexo ou coligado.

Quando se trata de reatos que se podem perseguir sob queixa, o juiz deve promover *a conciliação das partes*. Para tal fim, pode também dispor do reenvio da audiência e valer-se de estruturas públicas ou privadas territoriais.

Se a conciliação não consegue ou se trata de reatos que podem ser perseguidos de ofício e não haja oblação, o juiz providencia analogamente no que prevê o Código de Rito para a admissão e para a assunção das provas.

A falta de comparecimento do recorrente, *ex* art. 21, comporta a improcedência do recurso, salvo a fixação de nova audiência devido a caso fortuito ou a força maior.

A condução do debate é análoga àquela diante do Tribunal em composição monocrática. O relatório de audiência é, porém, de regra, redigido em forma resumida.

A motivação da sentença pode ser também ditada em relatório da audiência.

É prevista a possibilidade de uma *integração da sentença* se requerida a execução continuativa da detenção domiciliar infligida, ou a sua substituição com a prestação do trabalho de utilidade pública.

Por quanto se refere às imputações, há *limites de apelação* quer do Ministério Público quer do imputado.

O primeiro pode propor a apelação contra as sentenças de condenação que aplicam uma pena diversa daquela pecuniária e contra aquelas de soltura por reatos punidos com pena alternativa.

O imputado pode propor apelação contra as sentenças de condenação que aplicam uma pena diversa daquela pecuniária.

No caso de pena pecuniária, a apelação é consentida somente se há impugnação relativa ao começo de condenação para o ressarcimento do dano.

No caso do imputado, o Ministério Público pode propor recurso por cassação.

Nos mesmos casos nos quais é consentida a impugnação do Ministério Público, o recorrente, *ex* art. 21, isto é, aquele que tenha proposto recurso imediato para o juiz de paz, pode propor impugnação também para efeitos penais.

Com o indeferimento ou a declaração de inadmissibilidade da mesma, o recorrente está condenado ao reembolso das despesas processuais do imputado e do responsável civil, e, em caso de culpa grave, pode ser condenado também ao ressarcimento do dano.

Juiz de apelação é o Tribunal do distrito em que tem sede o juiz de paz.

O Tribunal julga em composição monocrática.

A anulação da sentença relativamente ao imputado contumaz não comparecido por caso fortuito ou força maior ou que, sem querer, tenha ignorado a citação em juízo, ou que não se pode encontrar sem sua culpa, comporta o reenvio para o juiz de paz.

Bibliografia

A) Doutrina penal italiana

ALTAVILLA, *Manuale di diritto penale, parte generale,* Napoli, 1934.

ANTOLISEI, *Manuale di diritto penale, parte generale,* 14ª ed., Milano, 1997.

ANTOLISEI, *Manuale di diritto penale, parte speciale,* vol. I, 12ª ed., Milano, 1996.

ANTOLISEI, *Manuale di diritto penale, parte speciale,* vol. II, 12ª ed., 1997.

AA.VV., *Diritto penale in trasformazione,* aos cuidados de Marinucci-Dolcini, Milano, 1985.

BATTAGLINI, *Diritto penale, parte generale,* 3ª ed., Padova, 1949.

BETTIOL-PETTOELLO-MANTOVANI, *Diritto penale, parte generale,* 12ª ed., Padova, 1986.

BOSCARELLI, *Compendio di diritto penale, parte generale,* 2ª ed., Milano, 1967.

CARACCIOLI, *Manuale del diritto penale,* Padova, 1998.

CARNELUTTI, *Lezione di diritto penale. Il reato,* Milano, 1943.

CAVALLO, *Diritto penale,* voll. I-III, Napoli, 1955-62.

DE MARSICO, *Diritto penale, parte generale,* Napoli, 1969.

FIANDACA-MUSCO, *Diritto penale,* 3ª ed., Bologna, 1995.

FIANDACA-MUSCO, *Diritto penale, parte speciale,* 2ª ed., Bologna, 1997.

FLORIAN, *Parte generale del diritto penale,* 4ª ed., Milano, 1934.

FROSALLI, *Sistema penale italiano,* voll. I-III, Torino, 1958.

GRISPIGNI, *Diritto penale italiano,* 2ª ed., Milano, 1952.

GUADAGNO, *Manuale di diritto penale,* Roma, 1962.

LEONE, *Elementi di diritto e procedura penale,* 5ª ed., Napoli, 1981.

MAGGIORE, *Diritto penale, parte generale,* vol. I, tomo I e II, 5ª ed., Bologna, 1951.

MANTOVANI, *Diritto penale, parte generale,* 3ª ed., Padova, 1992.

MANZINI, *Istituzioni di diritto penale italiano, parte generale,* 9ª ed., Padova, 1949.

MANZINI, *Trattato di diritto penale italiano*, voll. I-X, 4ª ed., Torino, 1961-64.

MARINI, *Elementi di diritto penale, parte generale*, voll. I-II, Torino, 1978-79.

MARINI, *Lineamenti del sistema penale*, 2ª ed., Torino, 1988.

MARINUCCI-DOLCINI, *Corso di diritto penale*, Milano, 1995.

MUSOTTO, *Corso di diritto penale, parte generale*, Palermo, 1964.

NUVOLONE, *Il sistema del diritto penale*, 2ª ed., Padova, 1982.

PADOVANI, *Diritto penale*, 4ª ed., Milano, 1996.

PAGLIARO, *Principi di diritto penale, parte speciale*, 8ª ed., Milano, 1998, 1992.

PANNAIN, *Manuale di diritto penale, parte generale*, 4ª ed., Torino, 1967.

PETROCELLI, *Principi di diritto penale*, vol. I, 3ª ed., Napoli, 1964.

PISAPIA, *Istituzionedi diritto penale*, 3ª ed., Padova, 1975.

RAMACCI, *Istituzioni di diritto penale*, Torino, 1988.

RANIERI, *Manuale di diritto penale*, 4ª ed., Padova, 1968.

RIZ, *Lineamenti di diritto penale*, Bolzano, 1998.

ROMANO-GRASSO, *Commentario sistematico del codice penale*, voll. I-II, Milano, 1995, 1996.

SABATINI GU., *Istituzioni di diritto penale, parte generale*, vol. I, Catania, 1943.

SALTELLI-ROMANO DI FALCO, *Commento teorico-pratico del codice penale*, voll. I-IV, 3ª ed., Roma, 1956.

SANTANIELLO-MARUOTTI, *Manuale di diritto penale, parte generale*, Milano, 1990.

SANTORO, *Manuale di diritto penale*, voll. I-V, Torino, 1958-68.

TESAURO, *Istituzioni di diritto e procedura penale*, Napoli, 1964.

VANNINI, *Manuale di diritto, parte generale*, Milano, 1951.

VINCIGUERRA, *La riforma del sistema punitivo nella L. 24 novembre 1981*, n. 689, Padova, 1983.

VINCIGUERRA, *Diritto penale italiano*, Padova, 1999.

B) Doutrina processual italiana

ALTAVILLA, *Lineamenti di diritto processuale penale*, Napoli, 1946.

AMODIO-DOMINIONI, *Commentario del nuovo codice di procedura penale*, voll. I-III, Milano, 1989-90.

ANDRIOLI, *Appunti di procedura penale*, Napoli, 1965.

AA.VV., *Contributti allo studio del nuovo codice di procedura penale*, aos cuidados de Canzio-Ferranti-Pascolini, Milano, 1989.

AA.VV., *Commento al nuovo codice di procedura penale*, aos cuidados de Chiavario, voll. I-III, Torino, 1989-98.

AA.VV., *Il nuovo processo penale dalla codificazione all'attuazione*, Milano, 1991.

AA.VV., *Il nuovo processo penale. Dalle indagini preliminari al dibattimento*, Milano, 1989.

AA.VV., *Il processo penale negli Stati Uniti d'America*, Milano, 1988.

AA.VV., *I riti differenziati nel nuovo processo penale*, Milano, 1990.

AA.VV., *La giustizia penale e la fluidità del sapere: ragionamento sul metodo*, Padova, 1988.

AA.VV., *La sentenza in Europa*, Padova, 1988.

AA.VV., *Manuale di diritto processuale penale*, voll. I-II, Milano, 1990.

AA.VV., *Profili del nuovo processo penale*, aos cuidados de Garavoglia, Padova, 1988.

AA.VV., *Um nuovo códice per uma nuova giustizia*, Padova, 1989.

AA.VV., *Il Códice di Procedura Penale, Esperienze, Valutazioni, Prospettive*, Milano, 1994.

BALLAVISTA-TRANCHINA, *Lezioni di diritto processuale penale*, 10ª ed., Milano, 1987.

BONAVOLONTÀ, *Nuovissimo manuale di procedura penale*, Milano, 1994.

CARNELUTTI, *Lezioni sul processo penale*, voll. I-IV, Roma, 1946-49.

CARNELUTTI, *Principi del processo penale*, Napoli, 1960.

CARPONI-SCHITTAR-HARVEY-CARPONI-CAPONI-SCHITTAR, *Modi dell'esame e del contresame*, Milano, 1992.

CHIAVARIO, *Processo e garanzie della persona*, Milano, 1982.

CARULLI-MASSA, *Lineamenti del nuovo processo penale*, Napoli, 1994.

CHIAVARIO, *La riforma del processo penale*, 2ª ed., Torino, 1990.

CHILIBERTI-ROBERTI-TUCCILLO, *Manuale pratico dei procedimenti speciali*, Milano, 1990.

CHIAVARIO, *Processo penale: um codice fra storia e cronaca*, Torino, 1996.

CONSO, *Istituzioni di diritto processuale penale*, 3ª ed., Milano, 1992.

CONSO-BARGIS, *Glossario della nuova procedura penale*, Milano, 1992.

CONSO-GREVI, *Profili del nuovo codice di procedura penale*, 4ª ed., Padova, 1996-1998.

CORDERO, *Procedura penale*, 5ª ed., Milano, 2000.

CRISTIANI, *Manuale del nuovo processo penale*, Torino, 1989.

DE MARSICO, *Diritto processuale penale*, 4ª ed., aos cuidados de Pisapia, Napoli, 1966.

DALIA-FERRAIOLI, *Manuale di diritto processuale penale*, Padova, 1999.

FLORIAN, *Diritto processuale penale*, 3ª ed., Torino, 1939.

FERRUA-GRIFANTINI-ILLUMINATI-ORLANDI, La prova nel dibattimento penale, Torino, 1999.

FOSCHINI, Sistema del diritto processuale penale, voll. I-II, 2ª ed., Milano, 1966-68.

GAITO, Questioni nuove di procedura penale. I giudizi semplificati, Padova, 1989.

GALASSO, Il pretore nel nuovo codice di procedura penale, Milano, 1991.

GRISPIGNI, Diritto processuale penale, Roma, 1945.

ILLUMINATI-SPANGHER-VOENA, Casi e questioni di diritto processuale penale, Milano, 1995.

LEONE, Trattato di diritto processuale penale, voll. I-III, Napoli, 1961.

LEONE, Manuale di diritto processuale penale, 13ª ed., Napoli, 1988.

LEONE, Istituzioni di diritto processuale penale, voll. I-II, Napoli, 1965.

LOZZI, Lezioni di procedura penale, Torino, 2000.

MANZINI, Istituzioni di diritto processuale penale, 12ª ed., Padova, 1967.

MANZINI, Trattato di diritto processuale penale italiano, voll. I-IV, 6ª ed., Torino, 1967-72.

MASSARI, Il processo penale della nuova legislazione italiana, Napoli, 1934.

MERCONE, Diritto processuale penale, Napoli, 1995.

NAPPI, Guida al nuovo codice di procedura penale, 6ª ed., Milano, 1997.

NOBILI, Il principio del libero convincimento del giudice, Milano, 1974.

NOBILI, La nuova procedura penale, Bologna, 1989.

PAOLOZZI, Il procedimento alternativo per decreto penale, Milano, 1988.

PAGLIARO-TRANCHINA, Istituzioni di diritto e procedura penale, Milano, 1996.

PISAPIA, Compendio di procedura penale, 8ª ed., Padova, 1988.

PISAPIA, Lineamenti del nuovo processo penale, 2ª ed., Padova, 1989.

PISANI-MOLARI-PERCHINUNNO-CORSO, Manuale di procedura penale, Bologna, 1996.

RANIERI, Manuale di diritto processuale penale, 5ª ed., Padova, 1965.

SABATINI GU., Principi di diritto processuale penale, voll. I-II, Catania, 1948-49.

SANTORO, Manuale di diritto processuale penale, Torino, 1954.

SCARANO, Istituzioni di diritto processuale penale, Napoli, 1956.

SIRACUSANO, Introduzione allo studio del nuovo processo penale, Milano, 1989.

SIRACUSANO-GALATI-TRANCHINA-ZAPPALÀ, Diritto processuale penale, Milano, 1996.

TAORMINA, Diritto processuale penale, Torino, 1995.

TESAURO, Istituzioni di diritto e procedura penale, Napoli, 1964.

TUREL-BUONOCORE, Il nuovo rito penale. Manuale pratico-operativo di procedura penale, Feletto (UD), 1989.

TONINI, La prova penale, 3ª ed., Padova, 1999.

TONINI, Manuale di Diritto Penale, Milano, 1999.

VANNINI-COCCIARDI, Manuale di diritto processuale penale italiano, 1ª ed., Milano, 1986.

C) Doutrina penal estrangeira

BASILEA GARCIA, Instituições de direito penal, São Paulo (s/ data).

BAUMANN, Strafrecht, Allegemeiner Teil, 7ª ed., Bielefeld, 1975.

BELING, Grundzüge dês Strafrechts, 11ª ed., Tübingen, 1930.

BOCKELMANN, Strafrecht, Allegemeiner Teil, 4ª ed., Munchen, 1987.

BOUZAT-PINATEL, Traité de droit et de criminologie, voll. I-III, 3ª ed., Paris, 1975.

BRUNO, Direito penal, voll. I-IV, 4ª ed., Rio de Janeiro, 1972.

CUELLO COLÓN, Derecho penal, 16ª ed., Barcelona, 1971.

DEL ROSAL, Tratado de derecho penal espanhol, voll. I-II, Madrid, 1968-72.

DONNEDIEUE DE VABRES, Traité élementaire de droit criminel et de législation pénal compare, 3ª ed., Paris, 1947.

FONTAN BALESTRA, Derecho penal, 6ª ed., Buenos Aires, 1969.

FRANK, Das Strafgesetzbuch für das deutsche Reich, 18ª ed., Tübingen, 1931.

HALL, General Principles of Criminal Law, 2ª ed., 1960.

HIPPEL (VON), Manuale di diritto penale (trad. it. Vozzi), Napoli, 1936.

HORROW, Grundiss des osterreichischen Strafrechts, Wien, 1952.

JESCHECK, Lehrbuch des Strafrechts, Alleemeiner Teil, 3ª ed., Berlin, 1978.

JIMENEZ DE ASUA, Tratado de derecho penal, voll. I-IV, Buenos Aires, 1956-62.

KOHLRAUSCH-LANGE, Strafgesetzbuch, 43ª ed., Berlin, 1961.

LISZT (VON)-SCMIDT, Lehrbuch des deutschen Strafrechts, 26ª ed., Berlin, 1932.

MAGALHÃES NORONHA, Direito penal, 3ª ed., São Paulo, 1965.

MAYER, Strafrecht, Allegemeiner Teil, Stuttgart, 1967.

MAURACH-ZIPF, Strafrecht, Allegemeiner Teil, 5ª ed., Heidelberg-Karlusruhe, 1977.

MEZGER, Diritto penale (trad. it. Mandalari), Padova, 1935.

NOVOA MONREAL, Curso de derecho penal chileno, Santiago, 1966.

NOWAKOWSKI, Das osterreichische Strafrecht in seinen Grundzügen, Graz, 1955.

RITTLER, Lehrbuch des osterreuchischen Strafrechts, Allegemeiner Teil, vol. I, 2ª ed., 1954.

ROQUE DE BRITO, Direito penal, parte geral, Recife, 1977.

SAUER, Allegemeine Strafrechtslehre, 3ª ed., Berlin, 1955.

SCHMIDHÄUSER, *Strafrecht, Allegemeiner Teil*, 3ª ed., Tübingen, 1922.

SCHONKE-SCHRODER, *Strafgesetzbuch Kommentar*, 22ª ed., München, 1985.

SMITH-HOGAN, *Criminal Law*, 4ª ed., London, 1978.

SOLER, *Derecho penal argentino*, Buenos Aires, 1963.

STEFANI-LEVASSEUR, *Droit pénal général*, voll. I-II, 9ª ed., Paris, 1976.

STRATENWERTH, *Strafrecht, Allegemeiner Teil*, 2ª ed., Koln-Berlin, 1976.

WELZEL, *Das deutsche Strafrecht*, 11ª ed., Berlin, 1969.

ZAFARONI, *Manual de derecho penal, parte general*, Buenos Aires, 1977.

D) Doutrina processual estrangeira

AA.VV., *Procedure penali d'Europa*, Padova, 1998.

BASSIOUNI, *Criminal Law and its processes*, Springfield, 1969.

BELING, *Deutsches Reichsstrafprozessrecht*, Berlin-Leipzing, 1928.

HAMPTON, *Criminal procedure*, 3ª ed., London, 1982.

HENKEL, *Strafverfahrensrecht*, Stuttgart, 1959.

HIPPEL (VON), *Das deutsche Strafprozess-Lehrbuch*, Marbug, 1941.

KERN-RONN, *Strafverfahrensrecht*, 17ª ed., München, 1982.

LA FAVE-ISTRAEL, *Criminal Procedure*, St. Paul, 1996.

LÖWE-ROSENBERG, *Die Strafprozessordnung und das Gerichtsverfassungsgesetz mit Nebengesetzten, Grosskommentar*, vol. I, 23ª ed., Berlin, 1976.

PETERS, *Strafprozess*, 2ª ed., Karlsruhe, 1966.

ROEDERS, *Lehrbuch des österreichischen Strafverfahrensrechts*, Wien, 1963.

ROXIN, *Strafprozessrecht*, 10ª ed., München, 1984.

SAUER, *Allegemeine Prozessrechtslebre*, Berlin, 1951.

SCHMIDT, *Lehrkommentar zur Strafprozessordung und zum Gerichtsverfassungsgesetz*, Teil I, Göttingen, 1952.

ZANDER, *Cases and materials in the English Legal System*, London, 1996.